古典文獻研究輯刊

四　編

潘美月・杜潔祥　主編

第8冊

孔衍《春秋後語》研究

康世昌　著

國家圖書館出版品預行編目資料

孔衍《春秋後語》研究／康世昌著 — 初版 — 台北縣永和市：
花木蘭文化出版社，2007〔民96〕

目 2+236 面；19×26 公分
（古典文獻研究輯刊 四編；第8冊）

ISBN：978-986-6831-23-2（全套精裝）
ISBN：978-986-6831-01-0（精裝）
1.（晉）孔衍 - 學術思想 - 經學 2. 春秋（經書）- 研究與考訂
621.7 96004386

ISBN - 9866831010

古典文獻研究輯刊
四 編 第八冊 ISBN：978-986-6831-01-0

孔衍《春秋後語》研究

作　者 康世昌
主　編 潘美月 杜潔祥
企劃出版 北京大學文化資源研究中心
出　版 花木蘭文化出版社
發行所 花木蘭文化出版社
發行人 高小娟
聯絡地址 台北縣永和市中正路五九五號七樓之三
電話：02-2923-1455／傳眞：02-2923-1452
電子信箱 sut81518@ms59.hinet.net
初　版 2007年3月
定　價 四編30冊（精裝）新台幣46,500元

作者簡介

康世昌
出生地：南投縣鹿谷鄉
現職：國立嘉義大學中文系副教授
學歷：中國文化大學中國文學研究所博士
經歷：台北市華岡藝校、實踐大學、花蓮師範學院
著述：孔衍《春秋後語》研究、漢魏六朝家訓研究

提　要

1、**研究目的**　孔衍《春秋後語》曾流行於唐、五代之間，然自南宋以下，逐漸衰微。自元吳師道用以校《戰國策》後，世人不見原書，亡佚至今已四百餘年。明代以後雖有輯本行世，然皆不完備，輯佚者如鄭良樹〈春秋後語輯校〉，為敦煌寫卷出現後，據以輯校之第一人，然未及善加利用，故遺失頗多。今欲得一較全備之《後語》輯本，尚付闕如。因而輯出較前人完備的《後語》，是本論文的第一目的。其次前人對此書的認識，每不能詳確，或因材料不足而判斷錯誤；今撰此論文，可澄清前人對此書的誤解，並申說此書的性質、內容、體例。希望對此書有更進一步的了解。這是本論文的第二目的。

2、**文獻**　所用《後語》的基本材料有巴黎、倫敦所藏十一號漢文寫卷（P5034V、P5523V、羅氏舊藏《秦語》P2702、P5010、S713、P3616、P2872V、P2589、P2569、S1439），以及古注、類書、地理志、佛教經疏、童蒙書等，凡引及《後語》而足為參校者，皆在運用之列。至於中國的經、史、子、集四部書，日文、法文、英文等研究論著，凡涉及本論文研究主題者，亦頗相參佐。

3、**研究方法**　先整理敦煌殘存《春秋後語》寫卷，再收輯古書所徵引之《後語》，兩相比勘，得一較完備的輯本。而後以此輯本為基礎，運用歸納、演繹等方法，探討此書的諸多問題。

4、**研究內容**　本論文分研究篇與輯校篇兩部分，研究篇包含五章：(1）孔衍之生平及其著述。(2）孔衍撰述《春秋後語》之方法與態度。(3)《春秋後語》之流傳。(4）今存《春秋後語》諸本考述。(5)《春秋後語》及注之價值。輯校篇則以《後語》十卷七國之編次，分卷錄出，並附校文案語，儘量求其符合《後語》原貌。

5、**研究結果**　前人輯本以鄭良樹為最完備，然僅得二萬四千餘字。本論文所輯《後語》，本文約四萬九千餘字，注文約六千餘字，較鄭輯本多出一倍。且內容之編排儘量恢復原本形態，較之鄭氏多以《國策》為依歸，未顧及其本身體例者，似尤近於孔衍本旨。其次論述《後語》之流傳、亡佚、撰述體例、取材來源、注本考訂，此多前賢所未述及，或雖述及而頗涉臆測，未為允當。因並詳加考訂，澄清其未當，補充其不足，庶幾可見此書之始末。

目錄

緒　言

孔衍《春秋後語》內容載戰國時之人事言行。自元吳師道用以校《國策》後，世人不見原書，蓋亡佚至今，四百有餘年矣。

明、清以降，輯此書者有《說郛》、王謨《漢魏遺書鈔》，王輯本搜羅較多，約得七千餘言，然其時未覩敦煌寫卷，且古注、類書取資稍略，故遺漏尚多。今人鄭良樹續撰《春秋後語輯校》，其前言云：「因據古注、類書、說郛本、鳴沙石室佚書及英京所藏卷子本，廣爲搜羅，輯成此編，都一百零九條；約二萬四千餘言，視王謨輯本多出二倍。」爲今所見《後語》諸輯本中最全備者。

然而就今所可見敦煌漢文《後語》寫卷共計十一號，而鄭氏所輯僅用其四，其餘七號寫卷可爲補充校訂者甚多；且古注、類書之搜輯，未能超出王謨之範疇，而頗有遺失；又全編只分七國，不別卷數，內容歸屬，又頗依《國策》，未能顧及《後語》之著作體例。故而今人欲用較全備之《後語》輯本，實有重新輯校之必要；此余所以撰此論文之一因也。

又前人研究《後語》，尚有未當與不足。如羅振玉考訂《後語》之亡佚年代，以爲在宋、元之際。此其失在未見元吳師道校注《國策》所引《後語》佚文多有獨得，並詳出注文也。至於此書之流傳概況、撰述體例、取材來源、注本考訂及其價值，多前賢所未述及，或雖提及而未能詳確。此則余所以撰此論文之二因也。

然則綜合前人研究概況，諸人所以未能深入而確切者，以其未能全面掌握《後語》材料，論述自然有所偏頗。故今欲探討《後語》一書，捨重新輯佚一途，別無所擇。茲因囊括敦煌十一號寫卷，並自古注、類書、地理志、佛教經疏等引書中，詳加搜求，以成「輯校篇」。得《後語》本文四萬九千餘字，注文六千餘字，略有原秩十分之四、五，並稍復其十卷七國之舊觀。而後以此輯本爲礎石，進一步研討前人之論述，則每可辨明其是非，補充其未備，成就「研究篇」五章五萬餘字。

余自收集資料，以至撰成此論文，經歷二年有餘。其間多蒙王師三慶之指引斧正與父母之支持。又撰述間承潘師石禪、陳慶浩先生、鄭阿財老師、郭長城學長等提供資料，在此致最高謝忱。並祈海內方家有以指正是幸。

中華民國七十七年四月二十三日
康世昌謹識於華岡

世昌撰此論文，至於今十九年矣，承蒙主編先生厚愛，欄入《古典文獻研究輯刊》四編刊行問世，在此特致感謝之忱。年來爲俗務所羈，輾轉任職於華岡藝校、實踐大學、花蓮師院、嘉義大學，未能全面改寫本書，頗感遺憾。今逢出版，僅就其中甚覺不妥處，及部分錯別字加以修正改訂，希望有識方家指正。

2007.2.28　又識於嘉義大學中文系

壹、研究篇

第一章　孔衍之生平及其著述

第一節　孔衍生平

孔衍生平多見載於《晉書》九一〈儒林傳〉，餘如郭頒《魏晉世語》、《書鈔》、《初學記》、《御覽》等引何法盛《晉中興書》，亦有述及，然不出《晉書》範疇。唯〈在窮記〉一文，乃孔氏自述西晉太安二年（303）前後之生活梗概，今散見類書之中，雖星光片羽，彌足珍貴，可補本傳之不足。

茲略依年譜形式，概述其生平。而所據如《晉書》本傳，吳仕鑑、劉承幹所作《晉書斠注》，及個人查考所得，列敘於生平概述文後，以明根據。

晉武帝泰始四年（268），孔衍生。

孔衍字舒元，魯國人。孔子二十二世孫，然以非嫡傳，故不受封。祖乂，魏時任濟南相，正始中爲散騎常侍諫議大夫，官至大鴻臚。父毓，晉小中正司空司馬，官至征南軍司。

《晉書》本傳：「以太興三年卒於官，年五十三。」姜亮夫《歷代人物年里碑傳綜表》即據以回推，定於此年生。

本傳：「孔衍字舒元，魯國人，孔子二十二世孫也。祖文，魏大鴻臚。父毓，征南軍司。」

《斠注》：「《書鈔》五十七（中書侍郎）、七十四（太守上）引《晉中興書》均作『孔演』。《御覽》二百二十（中書侍郎）引《晉中興書》作『孔演字元舒』。」《晉書》點校本校勘記：「《隋書・經籍志》、《唐書・藝文志》俱作『孔衍』。」案：四庫全書本《說郛》卷五九上郭頒《魏晉世語》、《經典釋文・敘錄》、《史通・六家篇》、《日本國見在書目錄》、伯二五六九《後語》略出本〈韓語〉下，並與本傳同。諸書徵引亦兩者並書，如《御覽》四三六勇四、四四○貞女中、四六二游說下並作「孔演漢魏春秋」，而《三國志》三一裴松之注引作「孔衍漢魏春秋」。

又案：衍非嫡傳，故不受封。孔尚任《孔子世家譜》載其前後先祖子孫頗詳，茲不贅述。又衍為魯國人，《書鈔》六九記事參軍引《晉中興書・會稽孔錄》附孔衍事，湯球輯九家《晉書》從之。此蓋涉孔瑜而誤。《元和姓纂》六「孔」姓下有「會稽山陰」云：「後漢末潛避地會稽，遂為郡人，潛子竺生恬、愉。」愉與衍約同時。知《書鈔》六九誤引，《書鈔》五七中書侍郎引《晉中興書》作「魯國孔錄」者不誤。

《斠注》：「案《魏志・三少帝記》有『散騎常侍諫議大夫孔乂奏』〈倉慈傳〉稱『沛國孔乂』注引《孔氏譜》『孔乂字元儁，為散騎常侍，上疏規諫，至大鴻臚。』是『文』字為『乂』之譌。」

案：《斠注》說是，今從之。又孔尚任《孔子世家譜》三、孔繼汾《闕里文獻考》九四並以孔乂為衍祖，亦其證。《御覽》二六一良太守中引《魏志》〈倉慈傳〉「孔乂」作「孔義」。又《三國志》十六〈倉慈傳〉稱「濟南相魯國孔乂」，並可證《斠注》之說。

又案：《晉書》四七〈傅玄傳〉：「魯國小中正、司空司馬孔毓，四移病所，不能接賓。」

晉武帝咸寧五年（279），**衍十二歲。**

《晉書》本傳：「衍少好學，年十二，能通詩書。」

晉武帝太康八年（287），**衍二十歲。**

《晉書》本傳：「弱冠，公府辟，本州舉異行直言，皆不就。」

晉惠帝太安二年（303），**衍三十五歲。**

作〈在窮記〉一文，敘太安二年家遭賊亂，擄掠一空。時有隰陽令述祖、趙太龍、義陽太守孫仲開、彭城王等知衍窮困，相與贈饋濟助。

案：〈在窮記〉為孔衍自述生平第一手史料。嚴可均《全晉文》一二四共輯四則，頗有缺漏，今條述於次：

> 太安二年六月，賊遂來入門。時家見有（「有」《類聚》作「在」）絹布三千餘疋，及衣被器物，皆令婢使輦出，著庭中，恣其所取。由是皆競取財物，不暇復見殺。（「由是」以下十二字據《類聚》補。）　（《御覽》八一七絹、《類聚》八五絹）

案：嚴輯只引《類聚》，無「太安二年六月」句，今以《御覽》引為底本，校以《類聚》。

> 遭亂之後，隰陽令述祖送四幅被一領。　（《書鈔》一三四被）

案：嚴輯據陳謀刊本，「幅」字下有「絳」字。

遭亂後，趙太龍送粟十斛，給車牛從載，博作慕。去秋所種粟豆値疾病無復鋤治者，收各數十斛，並以自供。雖飢餓，不乃之絕也。　（《秘府略》八八三稷）

案：本條嚴氏失輯。「博作慕」句恐有譌脫。

趙太龍以鶉二十枚奉上老母　（《御覽》九二四鶉）

案：嚴輯「太」作「大」，與說郛（四庫全書本）卷六十〈在窮記〉輯本同。

遣信與義陽太守孫仲開相聞，告其困乏。得絹二疋；壞車一乘，賣得絹三疋；以糴米一石，橡三斛。食口三十五人，百日之中，以此自活，人皆鵠節，無復血色。　（《御覽》四八六窮）

案：嚴輯引《御覽》譌作「四五六」。「三斛」作「二斛」。此蓋敘太安二年六月遭亂後，三月間生活拮据之狀。

彭城王送橡飯十斛　（《御覽》八五〇飯）

案：此條嚴氏失輯，又《書鈔》一四四飯：「孔舒元在窮記：舒到宛墓下傳注曰八日彭城王送橡飯十斛宗宛送」文辭錯亂，亦載此事，嚴氏不收。

又《說郛》卷六十（四庫全書本）有孔元舒（「元舒」爲「舒元」之倒，此承《御覽》九二四鶉所引而誤）〈在窮記〉二十則，除首則與《御覽》九二四引同外，其餘文辭不類〔註1〕，恐非〈在窮記〉文，故不錄。

晉惠帝永興二年（305），衍三十八歲。

衍以太安二年，家遭賊亂，因避地江東。永興間元帝爲安東將軍，引衍爲參軍，專掌記室。時書令殷積，而衍每以稱職見知。

《晉書》本傳：「避地江東，元帝引爲安東參軍，專掌記室。書令殷積，而衍每以稱職見知。」

案：本傳載元帝引孔衍爲安東參軍，在「中興初，與庾亮俱補中書郎。」前，知其事猶在建武元年（317）之前也。考《晉書》六〈元帝紀〉：「東海王越之收兵下

〔註1〕後十九則依次爲「袁象贈庾易蜂硯」「陳後主常令八婦人劈綵牋，製五言詩。」「虞翻笑鄭玄不識古文」「王粲好驢鳴」「魏受禪碑，王朗文，梁皓書，鍾繇鐫，謂之三絕。」「廣南以竹爲硯」「右軍三十三書蘭亭，三十七書黃庭。」「顏眞卿小鬟曰剪綵，僮曰銀鹿。」「謝太傅墓碑，但樹貞石，初無文字。」「劉殷有七子，五子各授一經，一授太史，一授漢書，一門之內七業俱興。」「倉鶊爲鐥，可以療妬。」「陸澄讀易，三年不解意義，王儉戲云書廚。」「老子入西戎，造摴蒲五木。」「劉孝綽善草隸，自以書似父，乃變爲別體。」「郗氏，羲之妻也，甚工書。」「陶弘景借人書，隨誤治定。」「南朝呼筆四管爲一床」「柳下季死，妻自誄，門人不能損一字。」中多涉文書之事，與諸類書所引迥別，又如「陳後主」「顏眞卿」「劉孝綽」皆在衍後，不當稱述，蓋爲他書混入〈在窮記〉中。

邳也，假帝輔國將軍。尋加平東將軍、監徐州諸軍事，鎮下邳。俄遷安東將軍、都督楊州諸軍事。越西迎大駕，留帝居守。永嘉初，用王導計，始鎮建鄴。」又元帝父東海王越西迎惠帝，乃在光熙元年（306）正月（見《晉書》四〈惠帝紀〉），則元帝任安東將軍在永興二年（305）以前可知，衡以前文孔衍以太安二年遭賊亂，則其任安東參軍在永興一、二年之間可據以推知也。

又案：《書鈔》五七中書侍郎、六九記室參軍，《御覽》二四九記室參軍引《晉中興書》，「元帝」作「中宗」，「令」作「命」。

晉元帝建武元年（317），衍五十歲。

《晉書》本傳：「中興初，與庾亮俱補中書郎，明帝之在東宮，領太子中庶子。于時庶事草創，衍經學深博，又深識舊典，朝儀軌制多取正焉。由是元、明二帝並親愛之。」

《斠注》：「《御覽》二百二十引《晉中興書》作『中書侍郎』。」案：「中書郎」《書鈔》五七引同《御覽》，六六引《中興書》與本傳同。又「明帝之在東宮，領太子中庶子。」又見《書鈔》六六太子中庶子、《御覽》二四五太子中庶子引《晉中興書》；《御覽》引「明帝」作「肅宗」，蓋其廟號。

《斠注》：「《通典》四十八引孔衍〈宗廟藏主室論〉、一百三引孔衍〈禁招魂葬議〉。」案：又《通典》九八引孔衍〈乖離論〉、一〇三引孔衍〈答李瑋難禁招魂葬議〉，並見嚴可均《全晉文》一二四。又「于時庶事草創」以下，又見《書鈔》五七中書侍郎、《初學記》十一中書侍郎、《御覽》二二〇中書侍郎、二四五太子中庶子引《晉中興書》。

案：《晉書》七三〈庾亮傳〉：「中興初，拜中書郎，領著作，侍講東宮。」其職務與孔衍略同。又明帝司馬紹以建武元年三月立爲太子（見《晉書》六〈元帝紀〉），是衍爲太子中庶子在此後也。

晉元帝太興二年（319），衍五十二歲。

《晉書》本傳：「王敦專權，衍私於太子曰：『殿下宜博延朝彥，搜揚才俊，詢謀時政，以廣聖聰。』敦聞而惡之，乃啓出衍爲廣陵郡。時人爲之寒心，而衍不形於色。」

《斠注》：「案：《書鈔》七十四引《晉中興書》『孔演爲廣陵郡相』，本傳脫一相字。」案：《斠注》說是。《經典釋文・序錄》敘《春秋》撰注者有「孔衍《集解》十四卷」注云：「字舒元，魯人，東晉廣陵相。」又《隋志》一「凶禮」下注云：「晉廣陵相孔衍撰」卷三「兵林」下注云「東晉江都相孔衍撰」，又《史通・六家篇》云

「晉廣陵相魯國孔衍」，並有「相」字，亦可為證。

案：《晉書》九八〈王敦傳〉：「初，敦務自矯厲，雅尚清談，口不言財色。既素有重名，又立大功於江左，專任閫外，手控強兵，群從貴顯，威權莫貳，遂欲專制朝廷，有問鼎之心。」衍蓋有見於此，故告明帝必廣聖聰，遭遺邊陲，亦所不懼。其後三年，元帝永昌元年（322），王敦果反（事具載《晉書．王敦傳》）。

晉元帝太興三年（320），衍卒，時五十三歲。

《晉書》本傳：「雖郡鄰接西賊，猶教誘後進，不以戎務廢業。石勒嘗騎至山陽，敕其黨以衍儒雅之士，不得妄入郡境。視職朞月，以太興三年卒於官，年五十三。」

又本傳云：「衍雖不以文才著稱，而博覽過於賀循，凡所撰述，百餘萬言。子啓，廬陵太守。」

案：賀循見《晉書》六八本傳，本傳云：「循少玩篇籍，善屬文，博覽眾書，尤精禮傳。」。孔衍著述，詳本章第二節。

第二節　孔衍著述

孔衍著述甚豐，惜無完本存於今，茲就歷代書目載錄，參以章宗源《隋書經籍志考證》、姚振宗《隋書經籍志考證》、文廷式《補晉書藝文志》等，列表說明於後：

書　　名	卷	著　　錄	備　　註
1. 凶禮	1	《隋志》一禮類	馬國翰《玉函山房輯佚書》有輯本〔註2〕。
2. 琴操	3	A. 《隋志》一樂 B. 《舊唐志》上樂 C. 《新唐志》一樂，作一卷。 D. 《宋志》一樂，作「琴操引」。 E. 《日本國見在書目錄》樂家。 F. 《崇文總目》（錢輯本）一樂。 G. 陳振孫《直齋書錄解題》，作一卷。	王謨《漢魏遺書鈔》有輯本。據陳振孫云《新唐志》及其經眼已非完本。
3. 春秋公羊傳集解	14	A. 《隋志》一春秋「梁有春秋公羊傳十四卷孔衍集解」蓋《七錄》文。 B. 《釋文》敘錄「孔衍公羊集解」。 C. 《舊唐志》上，云「孔氏注」。「傳」字上有「經」字。 D. 《新唐志》一，作「孔氏公羊集解」。	王仁俊《玉函山房輯佚書續編》有輯本，今藏上海圖書館。

〔註2〕馬國翰以杜佑《通典》所引孔衍〈乖離論〉、〈答李瑋禁招魂論〉為《凶禮》佚文。又見簡博賢先生《今存三國兩晉經學遺籍考》——〈孔衍《凶禮》佚文考辨〉（頁309～311）。

4. 春秋穀梁傳注	14	A. 《隋志》一春秋「春秋穀梁傳十四卷孔衍撰。」 B. 《釋文》敘錄穀梁家作「孔衍集解」，卷同《隋志》。 C. 《舊唐志》上作「孔衍訓注」，十三卷。 D. 《新唐志》同上。	馬國翰《玉函山房輯佚書》有輯本。
5. 春秋時國語	10	A. 《舊唐志》上雜史作「春秋國語」。 B. 《新唐志》二雜史。	《史通・六家》:「始衍撰春秋時國語，復撰春秋後語，勒成二書，各爲十卷。今行於世者，唯後語存焉。」則是書殆已佚久矣。
6. 春秋後語	10	A. 《日本國見在書目錄》雜史家有兩本，一爲孔衍原本，一爲盧藏用注本。 B. 《新唐志》二雜史，作「春秋後國語〔註 3〕，又經部春秋有「盧藏用春秋後語十卷」。 C. 《宋志》二別史。 D. 《崇文總目》二（錢輯本）。	
7. 漢尙書	10	A. 《舊唐志》上雜史。 B. 《新唐志》二雜史。	《史通・六家》:「自宗周既殞，書體遂廢，迄乎漢、魏，無能繼者。至晉廣陵相國孔衍，以爲國史所以表言行，昭法式，至於人理常事，不足備列。乃刪漢、魏諸史，取其美詞典言，足爲龜鏡（鑑）者，定以篇第，纂成一家。由是有漢尙書、後漢尙書、漢魏尙書，凡爲二十六卷。」案:「漢魏尙書」經籍志載錄多有異名，卷數各異，章、姚二氏以《史通》所載卷數與《隋志》所引「梁十卷」合，故從之。又孔衍有「漢魏春秋」名與此相對，當是。
8. 後漢尙書	6	A. 《舊唐志》上雜史。 B. 《新唐志》二雜史。	
9. 漢魏尙書	10	A. 《隋志》二雜史作「魏尙書八卷，孔衍撰。梁十卷，成。」「成」字疑「殘」字之形譌。 B. 《舊唐志》上雜史作「後漢尙書十四卷」。 C. 《新唐志》二雜史作「後魏尙書十四卷」。	
10. 漢春秋	10	A. 《舊唐志》上雜史。 B. 《新唐志》二雜史。	章氏以《後漢書》二《明帝紀》顏師古注、《御覽》三五八轡引「漢春秋」爲孔衍遺文，然皆後漢時事，恐非孔衍《漢春秋》文。

〔註 3〕《新唐志》作「春秋後國語」，《通志略・藝文略》三雜史從之。此與其前作《春秋時國語》對稱（見前表備註），蓋孔衍原名也。敦煌寫卷標其篇名如斯七一三「春秋後秦語下卷第三」、伯二五六九「春秋後道語第五」，類書如《御覽》三〇五引「春秋後秦語」、三二五引「春秋後齊語」，蓋原書名之遺。唯敦煌寫卷、古注、類書稱其全名皆作「春秋後語」（如伯二五六九作「春秋後語韓語第六」，而最早徵引者如楊休之所輯《陶淵明集》中之《四八目》、《史通、六家、國語家》皆作「春秋後語」）或省作「後語」，後世稱引論述皆同。以下凡所稱引，並隨通例。

11. 後漢春秋	6	A.《舊唐志》上雜史。 B.《新唐志》二雜史。	
12. 漢魏春秋	9	A.《隋志》二古史。 B.《舊唐志》上雜史，「漢」字作「後」。 C.《新唐志》二雜史，同上。	《三國志》范曄注、《北堂書鈔》、《文選》李善注、《御覽》等並引作「漢魏春秋」，「後」字形譌，且《御覽》引書目有「孔演漢魏春秋」，亦可為證。姚氏云：「孔氏既撰漢春秋、後漢春秋，而此更云漢魏者，殆以托始魏武在漢獻帝之世故歟？」
13. 國志歷	5	A.《舊唐志》上雜史。 B.《新唐志》二雜史。	
14. 孔氏說林	2	A.《隋志》三雜家：「梁有孔氏說林二卷，孔衍撰，亡。」蓋《七錄》文。 B.《舊唐志》下雜家：「孔衍說林五卷」。 C.《新唐志》三同上。	《通志・藝文略》繫此書於小說家。
15. 在窮記	不詳	明以前未見著錄，清人文廷式《補晉書藝文志》卷五小說家始載錄。	嚴可均《全晉文》一二四有輯本，說見前。
16. 兵林	6	A.《隋志》三兵家。 B.《舊唐志》下兵家。 C.《新唐志》三兵家。	

孔衍著述略如上表。又清人孔繼汾《闕里文獻考》三一〈孔氏著述〉，又有《左傳訓注》十三卷、《長歷》十四卷、《千年歷》二卷三書，疑並非孔衍書。《左傳訓注》十三卷，《隋志》、《舊、新唐志》並不著錄，姚振宗疑為繼汾家藏，非。考《新唐志》一春秋家有「孔衍訓注十三卷」，不云「左傳」，而其前後所列並穀梁家，此與《舊唐志》上春秋家「春秋穀梁傳十三卷，孔衍訓注。」（已見前表）同是一書，特《新唐志》省耳，非別有《左傳訓注》。又《長歷》、《千年歷》二書，《舊唐志》上雜史並不著撰人，分別次於「諸葛忱帝錄十卷」、「庾和之歷代記三十卷」之後，以《新唐志》二雜史則次於「孔衍國志歷五卷」後，故孔氏有此說。鄭樵《通志・藝文略》三史類編年載此前後並不著撰人，若斷以承前者為孔衍作，恐失允當。

史言其博覽過於賀循，著述百餘萬言，由著錄觀之，良非虛辭。而所著十六部中史學居其九，此蓋晉人撰史之風盛也。唯今多亡佚殆盡，故治魏晉史學史者，每不及孔衍也。直至敦煌秘籍出，孔衍《春秋後語》再現於世，而後知南北朝以迄五代，是書猶盛行於時，今人乃得據此論述孔衍於史學之用心。茲就《後語》一書之本末，分別敘述於後。

第二章　孔衍撰述《春秋後語》之方法與態度

第一節　孔衍撰述《春秋後語》之動機

魏晉撰史之風，越邁往代，此蓋史官制度漸趨完善，私家撰述亦蓬勃發展使然〔註 1〕。孔衍生此時風之下，著書十六部，史部即居泰半（見前章），《後語》即爲其一。劉知幾《史通・六家篇・國語家》云：

> 孔衍又以《戰國策》所書未爲盡善，乃引太史公所記，參其異同，刪彼二家，聚爲一錄，號爲《春秋後語》。

《後語》著述原委，已難詳悉。然劉氏指稱，差或可信。蓋《戰國策》專述戰國時事，然斷簡殘篇，叢脞少倫〔註 2〕，至如蘇秦、張儀遊說諸國，散見諸策，無後世紀傳體詳一人首尾之優點；又敘事未能明徵年代，無編年體徵實之載錄；與後世史書相懸甚遠，此則孔衍欲爲一戰國專史之導因也。晉著作郎樂資作《春秋後傳》，其動機亦與《後語》略同〔註 3〕，唯《後傳》爲編年，意在繼《春秋左氏傳》之後，與《後語》爲分國者不同爾〔註 4〕。

〔註 1〕說詳劉節《中國史學史稿》〈魏晉南北朝史學概觀〉（頁 71～109）。又廖吉郎《兩晉史部遺籍考》，統述兩晉史部之專著，亦可見其盛況。

〔註 2〕宋高似孫《子略》卷三：「每讀此書，見其叢脞少倫，同異錯出；事或著於秦、齊，又復見於楚、趙；言辭謀議，如出一人之口。」

〔註 3〕《史通・六家・春秋》：「逮孔子云沒，經傳不作。於時文籍唯有《戰國策》及《太史公書》而已。至晉著作郎魯國樂資，乃追採二史，撰爲《春秋後傳》。」

〔註 4〕此分國之例承其前作《春秋時國語》而來，取名承乎《國語》者，即謂此。唯《國語》敘每國事亦非編年，是孔衍雖承其名，而體例未盡同之也。

故《史通》所謂「以戰國策所著未爲盡善」者，當指其體例與內容兩而言之。

第二節　《春秋後語》之撰述體例

鄭良樹先生作《戰國策研究》時，論及《後語》云：「儘管這部書的名稱是模仿《國語》，但它的內容、體例卻儘量地模倣《戰國策》。」（第三章頁 30）此蓋不知《後語》重編戰國史事之原委，自然難以體會是書編纂之體例和所以流行之因由，故有發明之必要，特分述如下：

一、全書敘事起迄

關於《後語》敘事之起迄年代，以原書久佚，論者皆從《史通》之說〔註 5〕，劉氏云：

> 始自秦孝公，終於楚、漢之際，比於春秋，亦盡二百三十餘年行事。（〈六家篇・國語家〉）

今檢諸伯三六一六號〈趙語上〉寫卷，上起三家敗智伯於晉陽事（西元前 453 年），斯七一三號〈秦語下〉至二世三年（西元前 207 年）止，前後相去二百四十餘年，反與劉向《國策書錄》所稱「其事繼春秋以後，迄楚、漢之起，二百四十五年間之事皆定。」〔註 6〕較近。然劉知幾見及原書，何以所言相差若是？此蓋劉知幾依據《後語》之〈秦語〉上、中、下三卷爲始末也。今所見《後語・秦語》較可信者爲伯五〇三四卷背，即始秦孝公勵精圖治事，則與劉氏之說合。然《後語》今猶殘缺不完，以敦煌殘卷論之，猶知其尚述及三晉敗知伯事，至如諸書徵引，且及趙簡子立太子事（見輯校四〔一〕），已入春秋之末。此蓋孔衍敘〈趙語〉，特詳趙襄子事故爾。然亦可知其全書所敘，非若劉氏所言「比於春秋，亦盡二百三十餘年行事。」

二、全書十卷七國之分配

《春秋後語》共十卷，敘戰國時秦（卷一、二、三）、趙（卷四、五）、韓（卷六）、魏（卷七）、楚（卷八）、齊（卷九）、燕（卷十）七國事。羅振玉《雪堂校刊群書敘錄》卷下、王重民《敦煌古籍敘錄》「趙語上伯三六一六號」敘錄並言及。唯彼時所見寫卷不全，不免小有缺失；然比勘詳實，足爲法式。茲略述於次：（可參第四章第二節「敦煌所出漢文《春秋後語》寫卷敘錄」附表）

〔註 5〕羅振玉《鳴沙石室佚書》〔二〕《春秋後國語跋》即據此，鄭良樹《戰國策研究》第三章「佚文」頁 30 從之。

〔註 6〕見姚本《國策》序。

伯二五六九爲《後語》略出本，存〈趙語第四〉（缺首題）、〈韓語第六〉、〈魏語第七〉、〈楚語第八〉、〈齊語第九〉〔註 7〕、〈燕語第十〉。綜二寫卷可確知後六卷之篇次。又伯二七〇二有「秦語中第二」尾題，斯七一三有「春秋後秦語下卷第三」尾題，知〈秦語〉分上、中、下三卷。再參以伯三六一六〈趙語〉豫讓事，適與伯二五六九（略出本）〈趙語第五〉之前殘文合，知〈趙語〉亦分上下二卷。

三、全書分國繫年

《後語》雖分國敘事，然每國之中，又以君主世系爲序，編年紀事。前賢論述，每囿所見，罕能言及，若以輯校所得，則可說明如下：

（一）各國之中首敘先祖之由來

今所見《後語》，各卷首多有殘缺，難以窺見其敘諸國史事發端。然伯二五六九（略出本）〈春秋後語韓語第六〉云：

> 韓之先與周同姓，自韓厥以下至康子四世，世爲晉卿，列於春秋。
>
> （輯校六〔一〕）

則約略見其發端體例，先依其世系之序，以敘國事，如《史記》之〈秦本紀〉、〈燕召公世家〉、〈楚世家〉、〈趙世家〉、〈魏世家〉敘先祖例，雖然各卷卷首缺失，幸有〈韓語〉可以據證，由小可以窺大焉。

（二）繫　年

根據敦煌寫卷，《後語》蓋爲繫年之書，如：

〈秦語〉（據輯校編次）

孝公「孝公十一年，以公孫鞅爲大梁造……」（卷一〔三〕）

「十二年，大築冀闕，自雍徙都之……」（卷一〔四〕）

「孝公廿年，公孫鞅請伐魏……」（卷一〔五〕之一）

「……孝公卒，太子立，是爲惠王……」（卷一〔五〕之三）

惠王「惠王即位，洛陽人蘇秦來說……」（卷一〔六〕之一）

「十年，以張儀爲相……」（卷二〔一〕）

「惠王十二年，韓、魏相攻，朞年不解……」（卷二〔二〕之一）

「惠王十四年，初稱王，改十四年爲元年……」（卷二〔三〕之一）

「儀歸報未至，惠王卒，子武王立」（卷二〔三〕之五）

〔註 7〕斯一四三九號寫卷因〈魏語〉釋文缺前題，且「齊九」二字混入注文，致英人翟理斯《倫敦博物館藏敦煌卷子目錄》、劉銘恕《斯坦因劫經錄》並誤以爲只存〈楚語〉、〈燕語〉。而王重民未見原卷，只依目錄，故〈齊語第九〉乃由其餘九卷推出。

武王「武王元年，羣臣日夜惡張儀，而齊又來讓儀……」（卷二〔四〕之一）
「武王二年，初以樗里疾爲左丞相，甘茂爲右丞相……」（卷二〔五〕之一）
……
始皇「秦三十二年，燕人盧生奏籙圖……」（卷三〔八〕）
「三十六年，有熒惑守心……」（卷三〔十〕）
二世「二世元年，以趙高爲郎中令，常侍中用事……」（卷三〔十一〕）
「二世二年，關東兵遂盛……」（卷三〔十二〕）
「二世三年，以趙高爲丞相……」（卷三〔十三〕）

〈魏語〉

文侯「桓子之孫曰文侯……」（卷七〔一〕）
……
武侯「武侯十六年迕，子惠王立。……」（卷七〔九〕）
惠王「卅年，伐趙。」（卷七〔十〕）
「惠王卅一年，秦、趙、齊共伐我。」（卷七〔十一〕）
「惠王卅六年卒。葬有日矣，天大雨雪甚……」（卷七〔十二〕）
襄王「襄王元年，與諸侯會于徐州，謀相王也。」（卷七〔十三〕）
「襄王十六年卒，子哀王立。」（卷七〔十四〕）
哀王「哀王九年，相田需死……」（卷七〔十五〕）
……
「……亦卒，子景泯王立。」（卷七〔二三〕）
景泯王「十五年卒，子王假立。」（卷七〔二四〕）
王假「三年，秦始皇使王賁引洪溝灌大梁。大梁城壞，虜王假，而滅其國也。」（卷七〔二五〕）

然而類書徵引，往往省去其繫年，若無殘存之原袟，則此繫年敘事，當成泯沒無聞。至於編年所據，則多以《史記》中之〈秦本紀〉、〈始皇本紀〉、趙、韓、魏、楚、田完、燕諸世家及〈六國年表〉爲主。間又參考《竹書紀年》、《世本》〔註 8〕

〔註 8〕伯五〇三四卷背載：「孝公廿年，公孫鞅請伐魏……」（卷一〔五〕之一）。《史記》卷五〈秦本紀〉、卷四四〈魏世家〉載此並在秦孝公廿二年。考《史記．魏世家》「〔魏惠王〕三十一年，秦、趙、齊共伐我。」《索隱》云：「按：《紀年》『二十九年……九月秦衛鞅伐我西鄙……王攻衛鞅，我師敗績。』是也。然言二十九年，不同。」（〈商君列傳〉《索隱》引同）案：魏惠王二十九年即秦孝公二十年，此或孔衍據《竹書紀年》而改。又張儀相魏（卷二〔四〕），《史記》作「梁哀王」，《後語》作「魏襄王」，黃丕烈《國策札記》云：「恐《史記》之哀王，《世本》謂之襄王，《後語》依《世本》

此較之《國策》年代不明、敘述紛亂者，頗有提綱挈領之功。

四、注重敘事之完整性

本書雖分國繫年，然不割裂事情之完整性。如張儀連衡，並見〈秦語上〉卷一；蘇秦遊說六國，俱在〈趙語上〉卷第四；兼有紀傳體之長。而《國策》敘二人事，分屬六國，破壞事情發展之完整性及連貫性。加以善用倒述法，補敘一人未仕前事，頗能詳其首尾，彌補編年之失。如公孫鞅在魏，事公叔痤事，置於〈秦語上〉孝公廿年公孫鞅伐魏後（卷一〔五〕之二）；張儀在楚受誣，置於〈秦語中〉儀相魏一年而卒之後（卷二〔四〕之二）；蘇秦事鬼谷子及說蘇人侯事，並戴佩六國相印後（卷四〔七〕之六）。故事雖在兩國，而牽就一事之始末，一人之事跡，王重民謂《後語》「一人之事，載在同卷；兩國之史，例不兼書。」〔註 9〕者，蓋指此。

孔衍之於《國策》不惜大加裁斧，重整體例，蓋欲得一眉目清晰、內容賅要之戰國史書而已。此與袁樞改編《資治通鑑》爲《通鑑紀事本末》及馬驌改編《春秋左氏傳》爲《左傳事緯》，頗有同工之妙。所異者，後世紀事本末之體，並仿自袁樞，先列標題，次編年敘事；而《後語》則猶不能脫離編年之基本形式耳。孔衍早於袁樞八百餘年，欲成一詳細編年之戰國史，其構思及嚐試，當爲後世所肯定。

然則袁樞改編《通鑑》，其所以流行而蔚爲風氣者，固受閱讀便利之賜；如以史料衡之，則《通鑑》俱在，《紀事本末》似可廢矣！而《後語》則依據《竹書紀年》等已佚之典籍，補充或修改《史記》；紀事又與《國策》、《史記》不同〔註 10〕，可備一說，不爲無補。然猶不免淪亡，俱可歎哉！斯又孔衍所不能逆料者也。

也。」又張儀連衡說魏（卷二〔二〕之二），《史記》在「魏哀王」，伯五○三四卷背作「魏襄王」，《史記》四四《索隱》云：「《系本》襄王生昭王，無哀王，蓋脫一代耳。而《紀年》說惠成王三十六年，又稱後元一十七年卒……蓋《紀年》之作失哀王之代，故分襄王之年包哀王之代耳。」是《後語》多參佐《竹書紀年》、《世本》之紀年。（此所舉伯五○三四卷背多屬此系統，他卷亦有同《史記》者，如伯五五二三卷背、伯二七○二等是。然《後語》一書不當容有二說，恐有一種已經後人改篡。）

〔註 9〕見王氏《敦煌古籍敘錄》「秦語上伯五五二三敘錄」。王氏所言，可謂卓見，然當時敦煌寫卷未盡可得，故此言亦稍有偏頗。《後語》敘蘇秦事，多在〈趙語上〉（卷四〔七〕），而〈秦語上〉（卷一〔六〕）、〈楚語〉（卷八〔二〕）、〈燕語〉（卷十〔二〕～〔四〕）並有之，要皆以事爲重，未必「一人之事，載在同卷。」也。

〔註 10〕說詳第五章第一節三，「保存前人未載之史事及異說」。

第三節　《春秋後語》之取材來源

《後語》亡佚之後，世人不見原書，無由知其取材來源。其後清王謨、今人鄭良樹等，雖各有輯本（說詳第四章第一節），然未著力於溯源工作，故今人論述《後語》之取材，猶限於《史通・六家篇》之說，略無踰越。劉氏云：「孔衍又以《戰國策》所書，未爲盡善，乃引太史公所記，參其異同，刪彼二家，聚爲一錄。」意以《後語》一書即據《國策》、《史記》而成耳。

今輯校《後語》，略討其源，乃知孔衍是書不唯據此二書而已。如〈趙語〉五〔七〕敘平原君品評白起事，見嚴尤〈三將敘〉；〈魏語〉七〔三〕敘任座直諫文侯事，見《呂氏春秋》二四〈自知〉、《新序》一〈雜事〉；又〈魏語〉七〔十三〕許綰負虆操插諫魏襄王築中天之臺事，見《新序》六〈刺奢〉；〈楚語〉八〔三〕楚威王問宋玉事，見《新序》一〈雜事〉；八〔九〕宋玉喻玄猿事，八〔十〕宋玉喻東郭俊事，並見《新序》五〈雜事〉；皆出乎《國策》、《史記》者也。

至如〈趙語〉四〔七〕之六倒述蘇秦未仕前事跡，有鬼谷先生事，雖則見於《論衡》，而較之加詳；說蘇人侯事，雖亦見《御覽》所引《典略》，然二書時代相近，《後語》未必承襲《典略》而來〔註 11〕。

甚者不詳所出，如卷四〔七〕之六同前敘蘇秦，有「學終而辭歸，道乏資用，行次燕人傳□□□□說自給，各解臧獲之裘。」事，未知出典，《御覽》七二六蠡卜引此亦出《後語》。斯可見其取材之廣泛也。

唯其見於《國策》、《史記》者，十居八九，劉氏所言，亦非無據。而亦有出於二書之範疇，縱或《呂氏春秋》、《新序》、《論衡》、〈三將敘〉、《典略》所敘，未必盡信，然亦孔衍所以補充其未備者也。

〔註 11〕說並詳輯校篇《趙語》四〔七〕之六案語。

第三章　《春秋後語》之流傳

第一節　《春秋後語》之興盛

今日所可見最早引用《後語》者，當屬北齊陽休之（509～582）所編《陶集》中之〈四八目〉。〈四八目〉之眞僞，歷來固有爭論〔註 1〕，然在陽休之編《陶集》之前，已有傳本，當屬可信。其後如《文選》張平子〈思玄賦〉舊注〔註 2〕，隋王劭《讀書記》〔註 3〕，皆有徵引。此可以說明《後語》在孔衍卒後，東晉南北朝間（320～618）已漸爲人所熟悉。

至唐代，徵引者益多。類書如《初學記》（卷八、卷二十）、《白帖》（卷三門户、卷四鼎、卷二九猿等）、《琱玉集》（殘存卷十二、卷十四）及敦煌殘類書〈斯二○七二〉、〈伯五五四四〉等；蒙書如李瀚《蒙求》（卷子改裝本）；古注如釋慧琳《一切經音義》（卷九五）、司馬貞《史記索隱》、《帝範》注（粤雅堂本）、胡曾《詠史詩》陳蓋注；地理志如《元和郡縣圖志》。當此之時，涉及戰國史事，則頗援引

〔註 1〕陽休之《陶集》〈四八目〉自《四庫提要》論其非淵明書後，多以此書爲僞。校《陶集》者，如逯欽立等，亦棄而不錄。然而潘師石禪在〈聖賢群輔錄新箋〉（1965 年作，原《新亞書院學術年刊》第七期，轉載於文光出版社民國 63 年 8 月《藝文類聚》所附論文）已爲之申辯。陶潛生於東晉，若云已見《後語》，亦不無可能。

〔註 2〕《文選》十五〈思玄賦〉舊注引「秦語」，李善云：「未詳注者姓名，摯虞《流別》題云：『衡注』，詳其義訓，甚多疏略，而注又稱『愚以爲』，疑非衡明矣！但行來既久，故不去。」，摯虞卒於晉懷帝永嘉五年（311）與孔衍時代相去不遠，其所云衡自注，不當引及《後語》，則所見恐是別本，非復李善所見舊注。然李善生當初唐，猶云行來已久，不知注者，則注者當猶在隋以前也。

〔註 3〕《史記》七十〈張儀列傳〉《索隱》：「王劭按《春秋後語》云『文二尺檄』」。考《隋書》六九〈王劭傳〉云：「其採擿經史謬誤，爲《讀書記》三十卷，時人服其精博。《索隱》引王劭言，當即是書，今亡，馬國翰《玉函山房輯佚書》有輯本。

《後語》，運用層面更較南北朝時爲寬。尤以敦煌寫卷出現，不僅可說明《後語》在敦煌一地之流行，更可藉以得知唐代《後語》之普及。劉知幾《史通・六家篇・國語家》云：「按其書序（後語）云：『雖左氏莫能加。』世人皆尤其不量力，不度德。尋衍之此義，自比於丘明者，當謂《國語》，非《春秋傳》也。必方以類聚，豈多嗤乎！」〔註4〕劉氏生於高宗龍朔元年（661），卒於玄宗開元九年（721），其作《史通》已作如是說明，則必爲時人吸收戰國史事之通行書籍可知矣。

至於《後語》一書除唐人徵引評述外，又可由下列三點說明其流行之概況：

（一）流傳日本、南詔

《日本國見在書目錄》雜史類載有《後語》兩傳本，一爲孔衍原本，一爲盧藏用注本。乃今所見《後語》最早載諸目錄者。據狩野直喜《日本國見在書目錄考》〔註5〕以此目錄之編纂在唐昭宗（889～904）時。是昭宗以前，《後語》已流傳日本，其於唐代中國之流行亦自可見矣。

又據朱彝尊（1629～1709年）《經義考》卷二七七云：「楊宗吾曰：宋乾道（1165～1173）中，南詔使者見廣南人，言其國有《五經廣注》、《春秋後語》。」〔註6〕此云南宋時大理猶見《後語》。其傳入南詔之年代，雖未敢確論，蓋亦在唐代也〔註7〕，是又《後語》流行傳諸邊隅之一例。

（二）注本之產生

注本之產生，可推知當時讀之者眾，需求者多。《新唐志》二載唐人注《史記》者有八家，而《國策》獨無；非《史記》較《國策》艱難也，通行與不通行而已。唐人注《後語》而見諸目錄者，猶有盧藏用一家（吳師道所引是）；餘如斯一四三九號寫卷《後語》釋文本、《御覽》等書所引《後語》並出注皆與盧注異，且其作注年代至晚猶在五代之前（說詳第四章第三節）。是《後語》在唐、五代恐較《國策》爲流行也。

（三）譯本之產生

〔註4〕清人浦起龍釋之云：「此節因《國策》敷衍而出。在舒元作之，殊覺多事；在《史通》引之，卻是類推，蓋此家述者絕少，故及之也。」浦氏所云多以今日眼光待之，未知唐代《後語》較《國策》爲通行也。

〔註5〕見江俠菴編譯《先秦典籍考》下冊頁282～288。

〔註6〕「楊宗吾」未詳何時人，「南詔」乃唐時之號，宋稱「大理」，此引言多有疑慮，恐有譌誤。

〔註7〕宋時《後語》衰微，姚宏於紹興十六年，訪《後語》數年方得，是中國已不易遘。而南詔在唐代之時，大量吸收漢民族文化（說詳李嘉瑞《大理古代文化史稿》頁137～140），受唐朝影響至深，且《後語》在唐朝亦鼎盛，此與傳入日本之例同也。

王堯、陳踐於 1983 年四川民族出版社出版之《敦煌吐蕃文獻選》一書中，有兩號巴黎所藏吐蕃文譯本，其編號分別爲 P. T. 986，P. T. 1291。P. T. 986 號爲《尚書》譯本，P. T. 1291 號王氏訂爲《戰國策》，實即《春秋後語》（說詳第四章第四節）。《尚書》爲中國傳世不朽之經典，吐蕃吸收漢民族文化自知擇別；而其所以譯《後語》者，蓋順應中國當時之流行也。

至五代、宋初，《後語》猶盛，如徐鍇《說文繫傳》、贊寧《贊寧要言》（江少虞《皇朝類苑》卷二十「九鼎」引）皆有獨得者；而宋初太平興國年間所修《御覽》徵引獨多，爲後人輯《後語》之淵藪。然自此以往，《後語》漸趨衰微，終至於亡佚。

總論《後語》所以興盛而暢行一時者，蓋有二端：

第一，《後語》卷帙短小，而內容又涵括《國策》、《史記》之精髓，此於唐、五代以前，雕板印刷尚未普及，頗有抄寫、流傳便易之利〔註 8〕

第二，《後語》改編《國策》，分國繫年，敘事較具條理。是以王重民云：「以衍書方諸《國策》，事覈於前，文該於舊，一人之事，載在同卷，兩國之史，例不兼書，翻檢至爲便易；六朝以來，《後語》較《國策》爲通行者，蓋以此故。」〔註 9〕誠非虛矣。

故《國策》於敦煌石室，未見片紙，宋初時已殘缺不完，蓋六朝以來其地位適爲《後語》所替代焉。

第二節　《春秋後語》之衰微

宋以後《後語》漸趨式微，其衰微之徵，可由下列三端得之：

第一，宋初編《太平御覽》，廣引《後語》七十四則，爲今日搜輯《後語》之淵藪。然自此以往，諸類書徵引《後語》，鮮有外乎《御覽》之範圍。如《事文類聚》、《合璧事類》、《韻府群玉》等，陳陳相因，顯已不見《後語》原本；蓋雖未亡，亦已非常見之書矣。

第二，唐代李瀚著《蒙求》，並自注。其自注本頗引《春秋後語》（見國立故宮博物院圖書館觀海堂藏書「卷子改裝本」《蒙求》，殘存上卷。），如「齊后破環」「燕

〔註 8〕張舜徽於《中國古籍校讀法》「關於搜輯佚書的問題」云：「我們知道當雕板印刷術沒有發明以前，一切書籍，都要手寫，學者傳鈔一書，已感不易；用功博覽的人，還要鈔錄群書，是多麼艱難的事！於是對性質相近，作用相同的許多寫作中，不可避免地有所別擇去取。每每從很多內容相似的書籍裏面，挑選一種能夠以簡馭繁，卷帙較少的本子來鈔。」（頁 293）。

〔註 9〕見同第二章第二節註釋 5。

昭築臺」「田單縱牛」等，並出典《後語》。宋人徐子光補注《蒙求》（《學津討原》本是），則改「齊后破環」之出典爲《戰國策》，另二則改從《史記》。楊守敬《日本訪書誌》十一云：「余意此書在唐時必多童蒙誦習，鄉俗鈔寫憚其煩文，遂多刪節，其後並所引書書名略之。至宋徐子光不見有書名之本，但見其文與所見存書多異，又未能博考類書、傳記，遂就見存書史換之。」是《後語》於宋代已不復盛行，故徐子光並以他書更換之。又唐太宗《帝範》注，今之傳本，亦有兩系統。一爲唐人闕名者所注，傳至日本（《粵雅堂叢書》所收是）；一爲元人李𤩽元所注，清人自《永樂大典》中輯出（〈聚珍版叢書〉所收是）〔註 10〕此二本於〈務農篇〉中「移木無欺」句下，注並述商鞅移木取信於民事。唯前本典出《後語》，後本改從《史記》，此其例亦與《蒙求》同也。

第三，南宋詔興十六年（1146）姚宏校《國策》，時《後語》已不易得。其〈題辭〉云：「余居窮鄉，無書可檢閱，訪《春秋後語》，數年方得之。」。

則是時已在若存若亡間，無復唐時舊觀矣。考其原因，蓋有二端：

第一，宋代雕板印刷術大盛，世人欲得敘事詳密首尾完備之書籍，已較前爲易。如司馬光《稽古錄》、《資治通鑑》，蘇轍《古文》，呂祖謙《大事記》，胡宏《皇王大紀》，羅泌《路史》，袁樞《通鑑紀事本末》等書。無論就內容、形式各方面，皆在《後語》之上，而此時雕版印刷普及，得來較易。

第二，宋人撰寫古史之風甚盛，撰史之風盛則注重書本之史料價值，《後語》多據《國策》、《史記》以成書，其史料價值自不能與《國策》相校。故而董理《國策》者日多〔註 11〕，而《後語》因以微矣。

第三節　《春秋後語》亡佚時代商榷

歷來論及《後語》之亡佚年代，羅振玉言之最詳。羅氏於《鳴沙石室佚書》第二冊〈春秋後國語跋〉一文云：

> 宋初敕撰《太平御覽》，引《後語》六十餘事，姚氏亦據以勘正《國策》。然姚氏自記謂「訪之數年方得」，則南宋之初，已不易遘。《玉海》

〔註 10〕說詳日人阿部隆一《帝範臣軌源流考、附校勘記》一、帝範の成立と漢土に於ける傳流。（1969 年 10 月《斯道文庫論集》七頁 171～289）。

〔註 11〕《國策》在北宋初已稍有殘亡，後經曾鞏訪諸士大夫家，略復舊觀。其後劉敞、孫元忠等並從事於《國策》之校勘，至南宋詔興間又有姚宏、鮑彪爲之校注。至元吳師道又據鮑本補正《國策》，從此《國策》之地位已幾不可動搖。

> 言《通鑑外紀》引此書（世昌案：劉恕序文中曾提及《國策》，考其全書實不引。），元吳師道〈國策識語〉謂「後語今不可得，賴姚本得見一二」，則是亡佚於宋、元之際，故深甯已不得見也。

其後王重民、楊家駱先生（見《仰風樓文集》〈兩晉遺籍輯存序〉）並從其說。及見黃丕烈〈國策札記〉於吳師道〈識語〉「蓋晉孔衍所著者，今尤不可得。」下注云：「丕烈案：吳仍引《春秋後語》數條，見前。此所云未詳。」始疑羅氏之說。

考吳氏所引《後語》較姚氏猶詳，且多引注文，今姑舉數條以明之。如卷三（依四部叢刊鮑注吳師道補正本）「衛鞅亡魏入秦」章「封之於商」句下云：「盧藏用《後語》注：今商州上洛之地。」；又卷五「蘇秦為趙合從說楚威王」章「東有夏州」句下云：「一本標盧藏用注《後語》云：屈原《離騷》『過夏口而西浮』，蓋是山也。」又「海陽」句下云：「盧藏用云：在廣陵東，今揚州海陵縣。」；又卷五「莊辛謂楚襄王」章「以其類為招」句下注云：「一本標《後語》云：『以其頸為的』的或為招。」；又卷六「王破原陽」章末注云：「一本標《春秋後語》云：『武靈王十九年春正月，大朝信武宮，乃召肥義與議天下事，五日而畢。遂北略中山，登黃華之上。』注云：『黃華，山名也。《戰國策》云：「武陵王游於大陵，夢見處女鼓瑟而歌，登黃華之上。」』……所載《戰國策》云云者，今缺，姑記以廣聞。」

今姚本並存，而此數條為姚注所無，豈姚氏見原書而不徵引，吳師道不見原書而呼之欲出如此？尤以卷六所引注文，述及《國策》逸文，姚宏〈題辭〉及《姚寬書》只云：「武靈王遊大陵，夢處女鼓瑟。」無「而歌」以下七字〔註 12〕，吳氏倘未見原本，何得詳引《後語》本文及注文若此？然羅氏所據以論斷之吳師道〈識語〉，又昭昭在目。何以吳氏明明自引《後語》而又言不見孔衍《春秋後語》？考吳氏之〈識語〉云：「又云（指姚宏）：『訪得《春秋後語》，不為無補。』蓋晉孔衍所著者，今尤不可得，尚賴此而見其一二，詎可廢耶？」文中「蓋晉孔衍所著者」句，乃釋姚宏〈題辭〉所稱晉孔衍《春秋後語》，假若吳氏不見別本《春秋後語》，何得有此疑惑之辭？吳氏所引《後語》諸條，除承姚宏及《史記索隱》所引外，並不與孔衍連稱。余恐吳師道實不知其所引用所謂「一本標盧藏用注《春秋後語》」即「晉孔衍《春秋後語》」也。且《後語》經盧藏用注後，即有兩傳本，藤原佐世《日本國見在書目錄》雜史家有「《春秋後語》十卷，孔衍記，麁（麤）本；《春秋後語》十卷，范陽盧藏用注。」第二本只云注者，而不云孔衍撰。吳氏所見，或即此也。而《新

〔註 12〕今所見輯《國策》逸文者有二：一為諸祖耿〈戰國策逸文考〉，早年發表於《章氏國學講習會學報》第一號，後附《戰國策集注彙考》後；一為鄭良樹《戰國策研究》附錄一「戰國策佚文考證」。兩輯本並失「而歌登黃華之上」七字。

唐志》又誤入「春秋家」〔註 13〕，直提爲「盧藏用春秋後語十卷」，不云注矣！《後語》在南宋時姚宏已云訪之數年方得，吳氏所見姚宏引《後語》又皆片言隻字，亦無由知《後語》之大概；且歷來中國著錄此書，除《新唐書》之盧藏用《春秋後語》十卷入春秋家外，實不言盧藏用注孔衍《後語》。此其所以見之而猶云爲亡乎？

據此則元時猶得見《後語》之原本。其後明人類書《永樂大典》殘本、陳耀文《天中記》及〈說郛〉本《春秋後語》所引並不出唐、宋人類書、古注之範疇，皆間接徵引，不見原書〔註 14〕。則《後語》蓋亡於元、明之際乎。或者吳氏卒後（吳氏卒於元順帝至正四年，西元 1344），《後語》隨即散佚，亦未可知也。

總觀《後語》自孔衍卒後（晉元帝大興三年，西元 320），歷南北朝唐五代六百餘年，盛行不衰，於知識之傳播，亦可謂長久而遠大。至吳師道之卒，又近四百年。是孔衍作此書，歷一千年而後亡，其流傳不可謂不久矣。

〔註 13〕王重民《敦煌古籍敘錄》伯三六一六跋文云：「《新唐書‧藝文志》春秋類有盧藏用《春秋後語》十卷，疑『語』下脱『注』字，正與《見在書目》所著者同是一書。」

〔註 14〕明末董説（1620～1684）《七國考》徵引《後語》十條，有六條明引前人類書，有四條爲前人所未嘗引。案：董氏此四則皆有疑義，未必《後語》文字（說詳輯校篇「存疑」部分）。且董氏著《七國考》所引書，頗多間接徵引（說見繆文遠《七國考訂補》自序），其引書之例未必親見原書也。

第四章　今存《春秋後語》諸本考述

第一節　諸輯本評述

今日所知《春秋後語》輯本有七，除王仁俊所輯《玉函山房輯佚書續編》史編總類一本未見外（係稿本，藏上海圖書館），可見者六。其中劉學寵《青照堂叢書》本（次編、諸經緯遺）與《說郛》本全同；又黄奭《黄氏逸書考》（子史鉤沈）所輯全襲王謨《漢魏遺書鈔》〔註 1〕，今並略而不錄；所餘者四種而已。今依其撰述時間先後，略述各本得失，庶幾可見《後語》亡佚後之蒐輯概況：

一、《說郛》本（李際期刊本，卷第五）

此本共錄《後語》十則，不注出處。然考諸前書，並不出唐、宋人類書徵引之藩籬，蓋未見原書〔註 2〕。今前人類書頗有善本，故《說郛》本與《青照堂叢書》本雖時有文字之異同，其校勘價值已低，茲不贅述。

二、王謨《漢魏遺書鈔》

王氏自序云：「今故據《御覽》，參以《文選》注，《初學記》、《書鈔》、《白帖》、《事類賦》諸書，共鈔出〈秦語〉十五條、〈齊語〉十八條、〈楚語〉七條、〈趙語〉十九條、〈魏語〉八條、〈韓語〉二條、〈燕語〉六條。」共七十五則。王氏以所輯分屬七國，除古注、類書外，又參諸姚宏、吳師道所引《後語》及注，每條並注出處，頗具典則。自《後語》亡佚之後，敦煌卷未出世之前，王氏所輯最稱詳密，後人多所依旁。然此本亦有瑕疵。第一，除敦煌卷外，古注、類書之徵引，遺漏尚多。第

〔註 1〕黄氏所輯與王謨所輯全同，文中校語亦同；惟王輯本有王謨之序錄，及校刊者姓名，爲黄氏輯本所無；其鈔襲之跡甚明。

〔註 2〕鄭良樹輯《後語》，《說郛》本獨得一條，非。說見後文。

二，未能忠實保存原引書之文字，凡所引書有未當處，則直據他書改之，不明根據，混淆後人視聽。第三，引書不詳卷數，查覈不易。

三、新美寬、鈴木隆一《本邦殘存典籍による輯佚資料集成、同續》（史部第三雜史類頁 31～32）

此輯本與中國諸輯本迥異，取材自《琱玉集》、慧琳《音義》、《三教指歸覺明注》〔註 3〕、《祖庭事苑》〔註 4〕、《弘決外典鈔》〔註 5〕，共十五則，皆中土輯佚者所未參考；且此輯本頗嚴謹，於所引書皆依原文書體錄出，如「趨」作「趍」、「髓」作「髄」，「髡」作「髨」，此並唐人通行書體，蓋其所據多古鈔本。

四、鄭良樹《春秋後語輯校》（民國 59 年 6 月，台灣學生書局《書目季刊》第四卷第四期夏季號，頁 9～35）

鄭氏輯本最爲晚出，所得亦超邁前人，綜其所據材料，蓋可分爲三類：

（一）前人輯本。即前所述說郛本及王謨輯本；日人所輯，鄭氏未見。

（二）古注、類書。視王謨所輯尤多《事文類聚》、《韻府群玉》、《永樂大典》、《天中記》、《廣博物志》等書。

（三）敦煌出土唐人寫卷，計有《鳴沙石室佚書》羅氏舊藏〈秦語〉、伯二五六九（略出本）、伯二五八九（〈魏語〉）、斯七一三（〈秦語下〉）。

鄭氏云：「因據古注、類書、說郛本、鳴沙石室佚書及英京所藏卷子本，廣爲搜羅，輯成此編，都一百零九條；約二萬四千餘言，視王謨輯本多出二倍。」

鄭氏此作超出前人者，運用敦煌殘卷是也。當時祕籍未盡公佈於世，其能參合前人輯本，使用敦煌寫卷，實屬非易。然居今而言，鄭氏之輯本缺失，凡有數端：

（一）內容有待增補

1. 敦煌所出殘寫卷

敦煌殘卷之於今日，已多公佈，而鄭氏未見之《後語》漢文寫卷凡七：伯五〇三四卷背、伯五五二三卷背、伯五〇一〇、伯二七〇二、伯三六一六、伯二八七二卷背、斯一四三九等，此於增補《後語》之內容，助益最多。

2. 前人輯佚成果

〔註 3〕《三教指歸》爲日人空海所作，其後覺明爲之作注，所引《後語》頗有獨得。

〔註 4〕《祖庭事苑》爲宋陳善卿所作，引《後語》雖亦有獨得，然文辭不類，已爲後人改易。其卷五「築長城」條顯係轉引胡曾《詠史詩》一「長城」條陳蓋注文，可見《祖庭事苑》所引亦未必親見原書也。

〔註 5〕《弘決外典鈔》爲日本具平親王所撰，其書引《後語》並承所據鈔之唐釋湛然《止觀輔行傳弘決》，今湛然書俱在，此所引僅存校對文字異同之用。

日人新美寬輯鈴木隆一補之《春秋後語》輯本，爲鄭氏所未見，可茲參校補充。

3. 古注類書

鄭氏於古注類書之用力較少，疵議最多。所用《事文類聚》、《韻府群玉》、《永樂大典》、《天中記》、《廣博物志》等書之編者，未見《後語》原本，皆轉引前人類書；居今前人類書善本俱在，此等所引雖有異文，徒亂人耳目。故求《後語》於古注、類書，宜先自《後語》尙流行於世（唐、五代）時所作注及類書求之。如《白帖》〔註 6〕、楊倞《荀子》注、趙蕤《長短經》、陳蓋注胡曾《詠史詩》、徐鍇《說文繫傳》等求之，不僅獨得較多，異文價値亦較其所引宋、明類書爲高。如唐咸通間陳蓋所引《後語》十五則，共得五千餘言，與《御覽》所引七十餘則相捋，補益最多。宋以後，《後語》已不易得，則又當求之於相關書之校注。如姚宏、吳師道校注《國策》是〔註 7〕。此並鄭氏所未及，故遺漏尙多。

（二）未明卷袟之安排及全書之體例

《後語》十卷七國之次，王輯本只列七國，不分卷，順序一依《國策》；鄭氏亦以國分，次序依王重民所示〔註 8〕，較王謨猶近《後語》原貌。然就今所見敦煌殘卷，已可略復十卷七國之舊觀，此鄭氏所未及，而猶待董理者也。

又鄭氏研究《國策》而及《後語》，因以爲《後語》之敘事體例與《國策》同〔註 9〕，實未究明是書體例，似是而非。如伯二五八九號寫卷，經人裁開復合而前後錯置（說詳下節敘錄），鄭氏依式錄出。又如蘇秦說六國，散置諸語，一依《國策》之例；此未明《後語》著重敘事首尾完整之例。（案：鄭氏未見伯三六一六號〈趙語上〉殘卷，故有此譌。然敦煌所出羅氏舊藏〈秦語〉殘卷，敘張儀說六國，並在一卷，亦可見其與《國策》敘事之異矣。）凡此，鄭氏錯誤而待改正者極多，俱見輯校篇案語中，茲不贅述。

（三）其　它

1. 不據首見之書，而據後人轉引

如「習太史屠黍見晉之亂」條，早見《御覽》二三五太史令引，鄭氏則以說郛本爲獨得〔註 10〕；又「田文五月五日生」條，首見《白帖》三門戶，鄭氏則以《合

〔註 6〕《白帖》王謨已用之，然一則搜羅未盡，二則所用爲《白孔六帖》。《白孔六帖》較今所見宋刊《白氏六帖事類集》，譌脫處甚多。說見輯校篇九〔十七〕。

〔註 7〕王謨已用此二人注，而鄭輯本只及姚宏注。

〔註 8〕見王重民《敦煌古籍敘錄》頁 92 伯二八七二敘錄。

〔註 9〕說見第二章第二節引。

〔註 10〕此則他書未引，當非《後語》文，說見輯校篇：三、存疑〔二〕。

璧事類別集》爲獨得〔註11〕。此皆不能追溯前書之例。

2. 誤以他書爲《後語》

陳耀文《天中記》每徵引一事，並列數本；其文多參覈諸書以成，非必專取一書。而鄭輯〈秦語〉「陳軫說卞莊子刺虎」事，以《御覽》八九一爲底本，以《天中記》六十參校；不知《天中記》實據《國策》而參以《史記》，末雖並列三書，只徵互見，非即據《後語》也（說詳輯校二〔二〕之一）。又鄭輯〈趙語〉「趙武靈王鼓瑟而歌」事，鄭氏據《天中記》二一輯入；此實陳耀文誤以《後語》注引《國策》佚文爲《後語》佚文，而鄭氏未予明辨（說詳輯校五〔一〕）。

餘如辨認敦煌寫卷俗字，未能盡善；底本與校本夾雜，交待不清；王謨已用之《初學記》、《白帖》、《事類賦注》，頗重要，鄭氏反遺之，凡此種種；故今重輯《春秋後語》，特加校勘辨正，用以就教於學林。

第二節　敦煌所出漢文《春秋後語》寫卷敘錄

羅振玉於1913年首先發現《後語》寫卷〔註12〕，爾後伯希和、羅福萇、向達、王重民、劉銘恕等撰述目錄〔註13〕，續有增加。其中伯五五二三卷背、伯二七○二、羅氏舊藏〈秦語〉、伯三六一六、伯二八七二卷背、伯二五八九、伯二五六九等七號寫卷，羅、王二氏撰有敘跋，發明頗多。然其用心多在辨別寫卷是否爲《後語》，及其在《後語》一書中所居之卷次，於寫卷正反面之抄寫狀況說明較少。至於伯五○三四卷背、伯五○一○、斯七一三、斯一四三九等四號寫卷，或僅有著錄而未能詳盡，或雖疑爲《後語》寫卷而未有確論。茲因輯校《後語》之便，端詳諸寫卷影本，於前賢之論述，稍有增補。因以十一寫卷依《後語》十卷之次，分述於下：

〔註11〕此條《合璧事類別集》乃據《白孔六帖》而來。明刊《白孔六帖》脱「必受於户」句，《合璧》亦脱，唯宋刊《白氏六帖事類集》不脱，承襲之跡甚明。

〔註12〕羅振玉《鳴沙石室佚書》（二）〈春秋後國語跋〉曾述所藏《秦語》云：「予以宣統庚戌（1910）得之燕市，蓋石室藏書，由敦煌解送學部時，爲人所盜鬻者。初不知爲何書，檢宋本《白氏六帖》卷四（原註：鼎類）引《後語》:『秦興師臨周以求九鼎……』云云，今檢此卷，則正在卷末。又《國策》卷一（原註：紹興剡川姚氏本）『秦興師臨周』章，姚宏續注引《後語》校勘同異，與此卷亦合，知此爲《春秋後秦語》矣。」在此篇前後仍有伯二五六九、伯二五八九兩卷跋文，並爲石室開啓後，論述《後語》之先鋒。羅氏之歸屬此三卷爲《後語》，於後人鑑定《後語》殘卷，功莫大焉。蓋宋以後《後語》已不易得，元吳師道得之猶不能篤論爲孔衍《後語》，至於清末去吳師道又五百餘年，《後語》已漸不爲人所識；況其內容多在《國策》、《史記》之間，敦煌寫卷又是殘篇斷簡，尤難論定。此則羅氏不可抹滅之功也。

〔註13〕諸人撰述目錄始末，可參見《敦煌遺書總目索引》王重民〈後記〉頁543～552。

一、伯五○三四卷背

（一）著錄：王重民《伯希和劫經錄》

（二）寫卷概況：本卷首尾並殘，卷中亦有殘損，起「岐雍之間脩德行武東平晉亂」迄「曾參之母信參」，存二百九十行。字小而密，行約二十五字至三十字間。書體尚佳，譌誤處少。卷中「虎」字不諱；「世」字皆缺筆；「民」字或缺筆，或改作「人」，或不諱；「治」字不諱。避諱不嚴，蓋中、晚唐寫卷。

（三）內容：殘存秦孝公元年至秦武王二年事。劉知幾《史通・六家篇》云：「（後語）始自秦孝公」，則本卷當在卷一，且此殘卷去全書之首當不甚遠，又可知也。覈之伯二七○二，秦武王二年事已在〈秦語〉中卷二，而此卷則無卷一與卷二之分卷中題。

二、伯五五二三卷背

（一）著錄：王重民《敦煌古籍敘錄》、《伯希和劫經錄》

（二）寫卷概況：本卷首尾並殘，中又殘去約二十五行，三百餘字。甲段存百○六行，起「鬬於是天子致伯諸侯畢賀」迄「陽欲說燕趙之君欲合山□□□□西推秦」；乙段存百○七行，起「已用秦請歸報蘇君儀□□□術內而不悟」迄「有意督過之今以大王之力」。字疏而大，行約十三至十六字，抄寫尚稱工整。此卷「虎」字「世」字不諱，「民」字或不諱，或改作「人」。案：此卷正面王重民《古籍敘錄》定爲「唐高宗天訓」，內多武后新字，則卷背所寫不能早於武后載初年間（689～690）。又此卷「年」字或作「載」，則所據本爲玄宗天寶三年（744）以後所抄，而本卷回改未盡，則又在肅宗乾元元年（758）之後矣〔註14〕此卷譌脫甚多（如「傷」多譌作「復」，「而」作「如」，「雖」作「湏」。中又脫兩段文字，詳後表。），較諸本爲劣。

（三）內容：此卷始孝公十一年之末，終於「張儀去齊西說趙肅侯」之首，在《後語》分屬卷一卷二，亦無分類中題

三、伯二七○二

（一）著錄：王重民《敦煌古籍敘錄》、《伯希和劫經錄》

（二）寫卷概況：本卷首缺，卷末有〈秦語中第二〉尾題，中又斷裂爲二，甲

〔註14〕《新唐書》五〈玄宗本紀〉云，「（天寶）三載正月丙申，改年爲載。」爾後何年回改，史無明載。然《新唐書》六〈肅宗本紀〉自乾元元年以後之紀年，始改「載」作「年」。是玄宗天寶三載（744）至肅宗至德二載（757）年間書「年」作「載」。（又案：《舊唐書》十〈肅宗紀〉所載肅宗有至德三載，無乾元元年，與《新唐書》紀年稍異。蓋至德三年（758）中改年號作「乾元」，並回改「載」作「年」也。）說可參輯校卷二〔二〕之一〔校記26〕，又〔三〕之二〔校記5〕。

段存五十行，起「危不如伐蜀便惠王曰善遂起兵伐蜀」，迄「隨儀至秦受地 ＿＿＿ 儀以寡人絕齊」；乙段存八十行，起「趙亡秦卒數十萬 ＿＿＿ 矣是何故也」，迄「秦人族孟說秦語中第二」。卷末留有餘白約二行。文字大小不一，每行約二十三字至三十五字間，書法不佳。不諱「虎」字。案：王重民《敘錄》著錄此卷作「伯二七〇二卷背」，又云：「存者約可得八十行，中間又割裂爲數段；張儀說趙肅侯一條，裝裱顚倒；陳軫對惠王數行，又間隔於卷末，蓋視作廢紙，用以襯托二七〇二號卷子者。」《劫經錄》又以伯二七〇二正面爲「藏文殘卷」。然而今日所見膠卷影本與歷來敘錄不同者凡三：第一，此卷背面爲坐獅及人物之圖畫，非藏文卷子；第二，卷中雖斷裂脫去，然無顚倒，間隔之情形；第三，兩段文字共百三十行，非八十行。似乎此卷又經收藏單位裁開黏合，並重新改訂爲寫卷正面。又此卷鈔寫雖不佳，然譌誤者鮮，較伯五五二三卷背猶善。

（三）內容：甲段自「惠王十年以張儀爲相」事之後半始，至「惠王十四年張儀往相楚懷王」前半終；乙段自「復使（張儀）東說齊湣王」後半始，至「秦語中第二」題終。

四、伯五〇一〇

（一）著錄：王重民《伯希和劫經錄》。此卷王重民著錄作「殘文十二行（原註：存張儀說韓宣王事，當爲《春秋後語》）。」黃永武《敦煌寶藏》擬爲「張儀說韓宣王事殘文」。案：王說是。卷中張儀說韓宣王語有「菽飯藿羹」四字，《國策》二六韓一「張儀爲秦連橫說韓王」章作「豆飯藿羹」。《史記》七十〈張儀列傳〉作「飯菽藿羹」。又張儀說韓宣王，《國策》、《史記》作「韓王」。然而《後語》殘卷伯五〇三四卷背、伯五五二三卷背、羅氏舊藏〈秦語〉述及此，並與此卷合。知伯五〇一〇爲《後語》殘卷也。

（二）寫卷概況：本卷首尾並殘，起「者於是楚 ＿＿＿ 去楚之韓說宣王曰」，迄「夫不顧社稷之長利而聽□□□」。存十二行，行約二十四字。書體不佳。案：此卷筆跡與伯二七〇二絕相似，且所存適在伯二七〇二甲、乙兩段之間，疑此卷原本即與之同一寫卷而殘斷者。

（三）內容：見（一）著錄。

五、羅振玉舊藏〈秦語〉（《鳴沙石室佚書》（二）影印本）

（一）著錄：羅振玉《鳴沙石室佚書》（二）、《雪堂校勘群書敘錄》乙下、王重民《敦煌古籍敘錄》

（二）寫卷概況：本卷首尾並殘，起「何異王曰善 ＿＿＿ 伐滅其國而有」，迄「先王魏文侯令樂羊將」，存九十五行。字小而密，行約三十字。書寫不精（見羅跋）。「虎」字「世」字不諱，「民」字或作「人」或不諱。羅氏跋云：「此卷書寫不精，殆出於有唐中葉。」案：卷背有「大唐□咸通皇帝判官王文瑀書」一行〔註15〕，知此卷至晚猶在咸通（860～874）之前也。

（三）內容：此卷始於「秦惠王十二年，韓魏相攻，朞年不解」事之末，終於「武王二年」事之首。卷首又有脫文，與伯五五二三卷背所脫約略相同，此二寫卷似有相承襲之關係。而本卷誤處較少，似猶在伯五五二三卷背之前也。

六、斯七一三

（一）著錄：羅福萇《倫敦博物館敦煌書目》、向達《倫敦所藏敦煌卷子經眼目錄》、小翟理斯《敦煌漢文寫本書解題目錄》〔註16〕、劉銘恕《斯坦因劫經錄》。

（二）寫卷概況：本卷首殘，卷末有「秦秋後秦語下卷第三」尾題，紙末有三圓孔，蓋原用以黏於卷軸者。起「阿房宮□□□七十萬人□麗山」，迄尾題，存一百二十九行（此向達所載，蓋並尾題計之，本文僅有一百二十八行。）。字小行密，行約三十字，書體平庸。避諱不嚴，「民」字「治」字不諱，「世」字或缺筆或不諱。小翟理斯云：「紙色棕黃而稍有褪色，長五英呎。」〔註17〕。卷背雜書「春秋後趙語卷第四」〔註18〕「秋後語卷」「秦語卷第一」等字。

（三）內容：始於「始皇三十五年造宮求不死藥」後半，終於二世三年，項籍入咸陽殺子嬰，盡滅其族止。在《後語》爲卷三。

七、伯三六一六

（一）著錄：王重民《敦煌古籍敘錄》、《伯希和劫經錄》

（二）寫卷概況：本卷首尾並殘，起「晉陽而尹鐸循之其餘教猶存」，迄「我非忘子子之與我至燕再三欲去我」。存百九十行，字小而密，行約二十七字。書體中等，「虎」「世」「民」等字皆不避。案：此卷首殘缺，斷處較其它寫卷齊整，且留白較多，計此卷共用紙八張黏合，前後亦適爲一紙，似因黏合未牢而脫落者。此卷書體雖非精美，然工整有致，譌誤甚少。卷背雜書習字，中有「春秋後語一卷孝經一卷」一行，此所云「一卷」者，蓋謂略出本也。

〔註15〕王國維《春秋後語背記跋》已據此論述該卷背所書〈望江南〉等詞之書寫年代。（收入羅振玉《鳴沙石室佚書》（二））

〔註16〕原名見「參考及引用書目」，此所用譯名，據《敦煌遺書總目索引》王重民《後記》。

〔註17〕原文作：「Brownish yellow paper, discoloured.　5ft.」

〔註18〕向達《倫敦所藏敦煌卷子經眼目錄》錄此條「語」字下有「下」字，今就顯微膠卷所示無「下」字，向氏所載恐有誤。且「《趙語》下」在《後語》中爲卷五，非卷四也。

（三）內容：本卷乃《後語》卷四〈趙語上〉殘卷（說見王氏《敘錄》），歷敘趙襄子、獻子、列侯、成侯、肅侯間事。

八、伯二八七二卷背

（一）著錄：王重民《敦煌古籍敘錄》、《伯希和劫經錄》

（二）寫卷概況：本卷首尾並殘，起「之害 □ 仲連曰齊 □ 獨朝朝居歲餘」，迄「 □ 當此時天下莫不爭 □ 」，存五十九行（見《敘錄》），字小行密，行約三十字。書體平庸，「民」字或改字或不諱，蓋晚唐寫卷。

（三）內容：此乃《後語》卷五〈趙語下〉殘卷（詳《敘錄》），敘趙李成王時魯仲連、平原君事。

九、伯二五八九（《鳴沙石室佚書》（二）影印本）

（一）著錄：羅振玉《鳴沙石室佚書》（二）、《雪堂校勘群書敘錄》乙下、王重民《敦煌古籍敘錄》

（二）寫卷概況：本卷首尾並殘，起「出王再拜而遣之」，迄「降城亡子不得與焉今縮高」，存百一十六行（羅氏跋文云百二十行，然《鳴沙石室》本影印重復六行，實存百十六行。〔註19〕），行約十七至二十二字。書體精美，「世」字「民」字或缺筆或不諱，「治」字不諱。案：羅氏跋文以伯二五六九《後語》略出本證此爲《春秋後魏語》原本，然此卷中敘事先後倒亂，與《後語》分國編年之體不合。雖爲〈魏語〉原本，亦非其原貌矣。考此寫卷實斷裂爲三段，茲依《鳴沙石室佚書》（二）影本所見原次條述於後：（影印重複部分不論）

1. 甲段兩則：

（1）□（唐雎）出，王再拜而遣之……（中略）魏以復完也。

案：前缺，敘唐雎說秦王事，在魏安釐王時。

（2）趙惠文王惡范痤……（中略）痤因上屋騎危，請使者 □

案：敘范痤事，亦魏安釐王時事。

2. 乙段七則

（1）□ 萬民，實府庫，子熟（孰）與起……（中略）是以泣耳。

案：前缺，敘吳起事，在魏武侯時。

（2）武，十六年卒，子惠王立……（中略）龐涓死。

（3）惠王卅一年……（中略）何以爲利。

（4）惠王卅六年卒……（中略）太子既立，是爲襄王。

〔註19〕見林平和《羅振玉敦煌學析論》頁35。

（5）襄王元年，與諸侯會于徐州……（中略）乃遂罷築者耳。

（6）襄王十六年卒，子哀王立……（中略）則子必危矣。

（7）哀王九年，相田需死……（中略）不善三子，謂蘇 □

3. 丙段有三則

（1） □ 亦卒，子景泯王立……（中略）虜王假而滅其國也。

案：此敘安釐王卒景泯王立，景泯王卒王假立，及王假三年，始皇使王賁滅魏事。

（2）鄢陵君者……（中略）徒以有先生故也。

案：敘唐雎（與前者異）說始皇保鄢陵，事在魏亡之後。

（3）初，鄢陵人縮高……（中略）今縮高 □

由上可知甲、乙兩段時次倒錯，顯非《後語》常例。覈之斯一四三九〈魏語〉釋文「孰與」「屬之」「應門」「收淚」四條釋文適在本卷乙段（1）中；中隔二十四條釋文，又有「唐雎」「先臣」「芒然」「數矣」「遽發」「范痤」「騎垝」，則又見甲段（1）、（2）；最末有「縮高」「管守」等釋文，見丙段（3）斯一四三九爲《後語》譯文本，依《後語》原袟擿字爲音釋，其順序不致譌誤；因知此卷甲、乙兩段必經後人誤置也。然此卷三段間斷處頗爲齊整，且卷背「大乘百法明門論疏」（黃永武先生擬，見《敦煌寶藏》一二二冊頁280～282）並書於正面行間空處，三段間接縫處亦然。則可知伯二五八九〈魏語〉原本完整之寫卷，乃有意裁開，爲陷蕃時代，紙張不足。而裁舊紙之卷背，重行接合，用以書寫背面論疏者。其先蓋亦未嘗留意其次序也。

鄭良樹輯《春秋後語》，用此寫卷，依原次錄出，實違原貌，故申說之如此。

（三）內容：此《後語》卷七〈魏語〉殘卷，敘魏武侯至王假間事，已詳前。

十、伯二五六九（《鳴沙石室佚書》（二）影印本）

（一）著錄：羅振玉《鳴沙石室佚書》（二）、伯希和《敦煌將來書目》〔註20〕、王重民《敦煌古籍敘錄》、《伯希和劫經錄》

（二）寫卷概況：本卷首殘，卷末留白約十五行，後尚有吐蕃文十一行，上端又有橫書吐蕃文二行〔註21〕起「賢人也釋而弗誅」，迄「常惡王之臭是以掩鼻王怒而劓之」，存百四十八行（見羅氏跋語），字小而密，行約二十四至三十字。書體中等，「世」「民」多缺筆（偶或不諱），「虎」「治」「隆」皆不諱。案：卷中「初平原

〔註20〕此目錄爲羅福萇譯，發表於北京大學《國學季刊》第一卷第四號，民國12年12月出版，標題更爲「巴黎圖書館敦煌書目」。

〔註21〕羅福萇譯伯希和《將來書目》載此云：「末有藏文」，即古藏文，唐時吐蕃文。羅氏所譯見前注。

君家樓臨近民家」,「民」字原作「人」,又直改作「民」,後於「民」字旁書刪節符(⋯),下補「民」字缺末筆,則此寫卷至晚不能入於五代。又自卷末所補吐蕃文視之,此寫卷猶在張義潮光復瓜、沙二州(唐宣宗大中二年,西元 848 年。)〔註 22〕之前也。又王重民《敘錄》云:「卷背有題記云:『沙州大雲律師道英《春秋後語》十卷』據此知此卷爲大雲寺道英藏本,此略出本亦分十卷。」考此本載〈趙語〉第四之後至〈楚語〉第八,以分國計之,已近十卷七國之半,而以內容計之,尚不足一卷,只因自《後語》十卷中抄出,故仍其題也。伯三六一六卷背雜書有「春秋後語一卷　孝經一卷」一條,此所云「一卷」或即略出本也。又本卷背面王氏《劫經錄》有「大乘稻芉經隨聽手鏡記」、「驅儺兒郎偉」等,今未見。〔註 23〕

(三)內容:敘趙、韓、魏、楚四國事,其節抄形式大致每則文字與原本同,唯內容刪去十之八、九,與後世類書徵引大意者不同。

十一、斯一四三九(釋文本)

(一)著錄:羅福萇《倫敦博物館敦煌書目》、向達《倫敦所藏敦煌卷子經眼目錄》、小翟理斯《敦煌漢文寫本書解題目錄》〔註 24〕、劉銘恕《斯坦因劫經錄》

(二)寫卷概況:本卷前殘,卷末有留白三、四行,起「□□□□ 以相息亮　訊□ □□□□ 疹□□反 □□上羊智反　趨促　敖辟疋亦反」,迄「鉛羊專反　朴始皇上普卜反猶擊也　煞智於鑒臺之下徐廣曰在褕次」,存百一十九行(見向達《經眼目錄》),本文大字,行約十九字,音釋雙行夾注,行約三十二字。書法平平。小翟理斯目錄云:「紙色淡黃,長七又四分之一英尺。」〔註 25〕。案:此卷文字譌脫倒亂甚多,當是轉錄本。又卷背有日曆,爲唐宣宗大中十二年(西元 858 年)敦煌曆〔註 26〕,知此釋文之抄寫年代猶在其前也。又此釋文或注音讀,或注字義,或辨別文字,或兼載別本異文,例與陸德明《經典釋文》同。

(三)內容:本卷殘存〈魏語〉第七後半、〈楚語〉第八、〈齊語〉第九、〈燕語〉

〔註 22〕說見蘇瑩輝先生《略論唐代河西五州之陷蕃及其光復》一文。(收入《敦煌論集續編》頁 155~177)

〔註 23〕此卷正反面黃永武先生《敦煌寶藏》並云:「闕號,併入他卷。」羅氏因伯希和之借閱,得影印正面文字入《鳴沙石室佚書》(二)之中,王重民在巴黎猶得見及正反兩面文字。此其因,蓋以卷末有吐蕃文數行,因併入前二千號非漢文寫卷之中,故黃先生所得顯微膠卷闕此號也。

〔註 24〕小翟理斯雖著錄此卷,然猶不知此寫卷爲《後語》釋文。

〔註 25〕原文作:「Buff paper, 7 1/4ft. 」

〔註 26〕此爲敦煌具注曆,說已見施萍亭《敦煌曆日研究》頁 324 及 349。(此篇刊載於 1987 年 3 月,甘肅人民出版社所出版《一九八三年全國敦煌學術討論會文集・文史遺書編上》頁 305~366。)

第十等釋文。其中「齊九」二字與前後釋文相混，故歷來著錄者依寫卷中題，以爲脫去〈齊語〉釋文，實未詳覈。

敦煌所出漢文《後語》寫卷略如上述，茲繪一表，以說明諸寫卷之殘存狀況及其在《後語》十卷七國中之位置：（輯校〈魏語〉七〔五〕以後，釋文本並存，此不列出。）

附：敦煌寫卷殘存圖

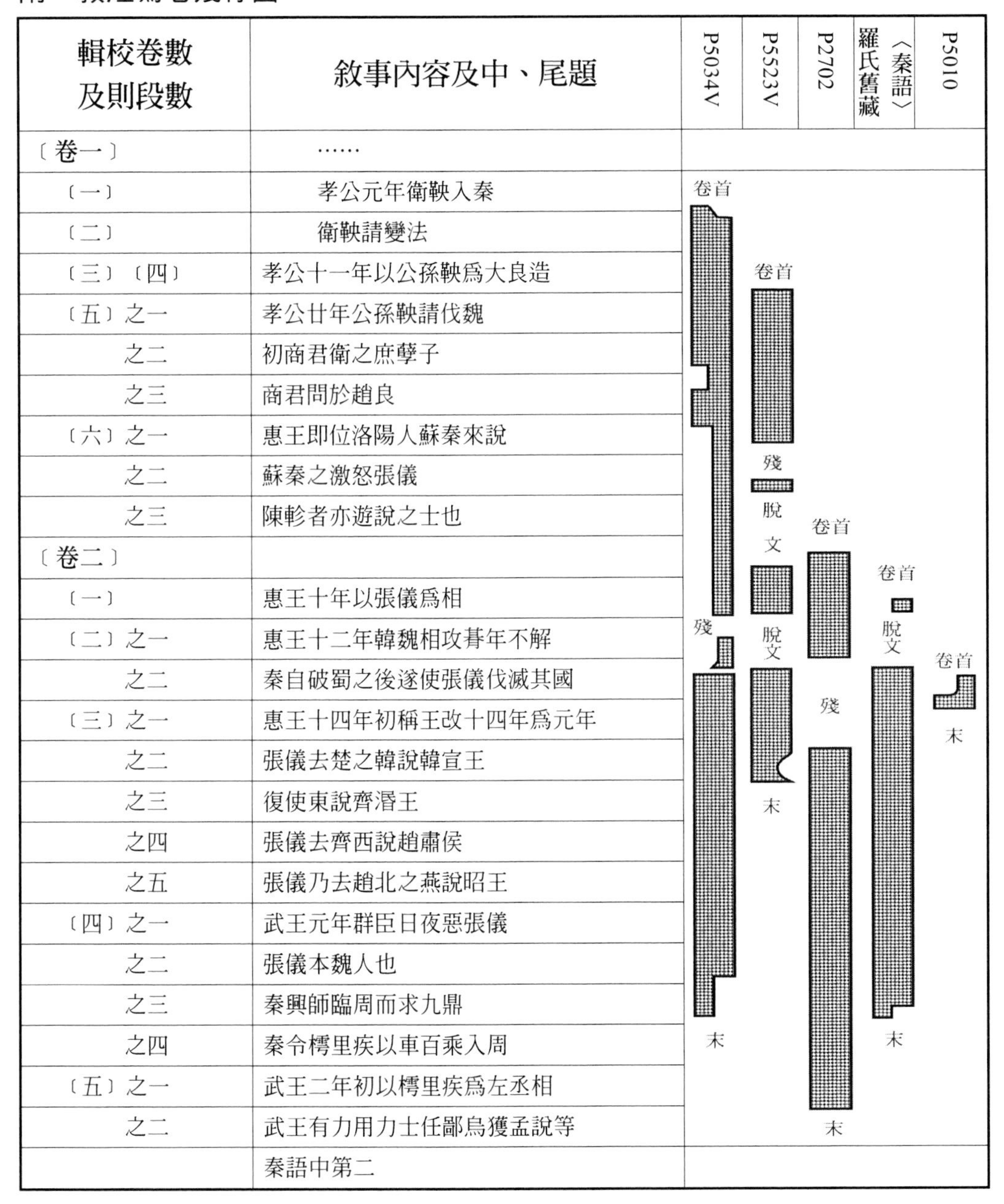

輯校卷數及則段數	敘事內容及中、尾題
〔卷一〕	……
〔一〕	孝公元年衛鞅入秦
〔二〕	衛鞅請變法
〔三〕〔四〕	孝公十一年以公孫鞅爲大良造
〔五〕之一	孝公廿年公孫鞅請伐魏
之二	初商君衛之庶孽子
之三	商君問於趙良
〔六〕之一	惠王即位洛陽人蘇秦來說
之二	蘇秦之激怒張儀
之三	陳軫者亦遊說之士也
〔卷二〕	
〔一〕	惠王十年以張儀爲相
〔二〕之一	惠王十二年韓魏相攻朞年不解
之二	秦自破蜀之後遂使張儀伐滅其國
〔三〕之一	惠王十四年初稱王改十四年爲元年
之二	張儀去楚之韓說韓宣王
之三	復使東說齊湣王
之四	張儀去齊西說趙肅侯
之五	張儀乃去趙北之燕說昭王
〔四〕之一	武王元年群臣日夜惡張儀
之二	張儀本魏人也
之三	秦興師臨周而求九鼎
之四	秦令樗里疾以車百乘入周
〔五〕之一	武王二年初以樗里疾爲左丞相
之二	武王有力用力士任鄙烏獲孟說等
	秦語中第二

輯校卷數 及則段數	敘事內容及中、尾題	S713	P3616	P2569（略出本）	P2872V
〔卷三〕	……				
〔九〕	始皇三十五年作阿房宮	卷首			
〔十〕	卅六年有熒惑守心				
〔十一〕	二世元年以趙高爲郎中令				
〔十二〕之一之二	二世二年關東兵遂盛				
之三	初李斯居□上蔡□□				
〔十三〕	二世三年以趙高爲丞相				
	春秋後秦語下卷第三				
〔卷四〕	……	末			
〔二〕之一	張孟談曰夫董安于簡主之才臣也		卷首		
之二	襄子既滅伯智伯之臣豫讓變名姓之趙			卷首	
之三～〔六〕	襄子有疾卒以其兄伯魯之不得立也				
〔七〕之一	成侯廿五年卒子肅侯立				
之二	於是蘇秦從趙之韓惠王曰				
之三	蘇秦去韓之魏說襄王				
之四	蘇秦因東說齊宣王				
之五	蘇秦乃西南說楚王				
之六	初蘇秦與張儀事鬼谷先生		末		
	……				
〔卷五〕	春秋後趙語第五				
	……				
〔八〕	孝成王十二年秦復伐我而圍邯鄲				
	……				卷首
〔九〕之一	魯連曰梁未睹秦稱帝之害				
之二	楚考烈王既與平原君約合從				
之三	邯鄲既存平原君欲對魯仲連				
之四	初平原君家樓臨近民家				
之五	初秦昭王爲好書遺平原君				
	……				末
〔卷六〕	春秋後語韓語第六　孔衍撰				
〔一〕	韓之先與周同姓				
	……				
〔二〕	列侯三年聶政爲嚴仲子煞韓相俠累				
	……				

輯校卷數及則段數	敘事內容及中、尾題	P2569（略出本）	P2589
〔卷七〕	春秋後魏語第七	■	
	……		
〔一〕	桓子之孫曰文侯文侯以樂羊爲將而攻中山	■	
	……		
〔三〕	文侯飲酒皆令諸大夫論己才能	■	
〔四〕	文侯以西門豹爲鄴令	■	
	……		卷首
〔八〕	萬民實府庫子孰與起		■
〔九〕〔十〕〔十一〕	武侯十六年卒子惠王立卅年伐趙		■
〔十二〕	惠王卅六年卒葬有日矣天大雨雪		■
〔十三〕	襄王元年與諸侯會于徐州		■
〔十四〕	襄王十六年卒子哀王立		■
〔十五〕	哀王九年相田需死		■
	……		殘
〔十九〕	出王再拜而遣之唐雎到入見秦王		■
〔二十〕	趙惠文王惡范痤使人來告曰		■
	……		殘
〔二三〕〔二四〕〔二五〕之一	〔三十四年安釐王卒信陵君無忌〕亦卒子景湣王立		■
〔二五〕之二	鄢陵君者魏之族也	■	■
之三	初鄢陵人縮高其子仕於秦秦以爲管守		■
〔卷八〕	春秋後楚語　第八	■	■
	……		末
〔一〕	肅王十一年卒弟宣王立	■	
	……		
〔六〕	魏王遺懷王美女懷王悅之	■	
	……	末	

第三節　《春秋後語》注本考

《後語》亡佚後，只殘存一鱗半爪在古注、類書中，其中雖偶兼注文，然猶沙中撿金，難窺注本究竟。自敦煌殘卷斯一四三九號《後語》釋文本出，羅振玉、王重民等乃稍有論述，惟囿於所見材料，未暇深究，縱有考訂，亦多片面之說。

歷來論述注文者首推乾嘉學者章宗源（1752～1800），其於《隋書經籍志考證》三「春秋後國語」條下云：

> 《御覽》共引六十餘事，其注文既徵異同，復釋詞義。如〈州郡部〉「殷殷軥軥」注「車馬聲也。軥，火竈切。」，〈服章部〉「魏太子擊逢田子方於朝歌」注「朝歌，紂之所都，今衛州地。」，〈疾病部〉「君有疾在腠理」注「腠理，皮膚也。」，〈珍寶部〉「醮而出不意」注「醮，謂祭盟之類也。」未知此注爲衍本注抑李昉等所增。〔註 27〕

其後羅振玉據姚宏續注《國策》所引《後語》注文，以爲《御覽》所出注乃其本注，非李昉所加；又據注文「朝歌今衛州地」一語，以爲「衛州」之名始於五代，因推測作注者恐即五代時人〔註 28〕。逮王重民作《敘錄》，乃據日人藤原佐世《見在書目》及《新唐志》春秋類載錄，斷定作注者爲盛唐人盧藏用，並據《新唐書・地理志》言衛州之置在五代之前，以駁羅說。〔註 29〕

唯此說法早見王謨《漢魏遺書鈔》「春秋後語輯本敘錄」。其據《新唐志》載錄及吳師道校注《國策》所引，斷爲盧藏用注。謨爲乾隆四十三年進士，與章氏約略同時，然而諸人未見，以致揣測不一，以待王重民爲之發明。

自敦煌殘卷出，中有斯一四三九號《後語》釋文本，王重民又懷疑此殘卷即爲盧注〔註 30〕。此後學者研究，概不出前述諸人之範疇。〔註 31〕

然而盧藏用《後語》釋文既佚，豈是根據片段注本可以輕下決斷。今董理《後語》佚文，除敦煌殘卷釋文本外，尚有《御覽》、《弘決外典鈔》、姚宏續注《國策》、吳師道補正鮑注《國策》等四種引及注文〔註 32〕。此四者所引注文，語多零碎，與

〔註 27〕開明書店《二十五史補編》第四冊頁 4959。

〔註 28〕見羅氏《鳴沙石室佚書》第二冊〈春秋後國語跋〉。

〔註 29〕頁 91「趙語上伯三六一六」敘錄。

〔註 30〕見同註 29，王氏只據目錄所載，未見原卷，此乃推測之辭耳。

〔註 31〕楊家駱先生〈兩晉遺籍輯存序〉（下）（《仰風樓文集》頁 543）即從王重民之說，廖吉郎撰《兩晉史部遺籍考》亦從之。

〔註 32〕案《事類賦》二一馬兩引《後語》皆有注，然大致與《御覽》同，故不列。又鮑本《國策》卷九「張儀爲秦破從連橫謂燕王」章「則易水、長城非主之有也」鮑注云：「濟北，盧注云：『東至海，蓋亦距燕云。』未知是否爲盧藏用注《後語》文，以鮑注他處皆不引《後語》，而此云盧注亦未說明，故闕而不論。

釋文本逐篇摘句者不同。若持與釋文本相較，諸書與寫卷注文似非同出一人之作也。茲分別舉例說明如下：

（一）《太平御覽》

《御覽》九〇七兔引《後語》及注云：

昔齊有良兔曰：東郭俊本或作狡兔，以其善走，故曰俊。，一日走百里。有良狗曰：「韓子獹黑犬也，獹讀如盧也。，亦一日而走百里。使人遙見而指屬指屬猶指蹤也。屬音之欲切。，則雖韓獹不及良兔；躡跡而蹤之，則雖東郭不能離也。（此宋玉說楚襄王語，見輯校八〔十〕。）

此則釋文本僅有「良菟湯露反東郭駿濁閨反」二注文，繁簡相去甚多。又卷八九六馬四引孫臏助田忌賽馬事，「重射」下注云：「馳馬爭先，射重稱（科）爲勝也。」「君弟」下注云：「弟，但也，亦且也。司馬長卿：『弟如臨卭』是也。」，而釋文本釋此則作「重射食邪反，謂以千金爲質，輟馬力射。君弟徒帝反」所注之處雖同而注文迥異。此文亦見《史記》六五〈孫子吳起列傳〉，《索隱》注「弟，但也。」與《御覽》同爲釋義，是《御覽》所引注與釋文本非出一家可知。又卷六八二璽：

秦破魏軍於華陽，走我將軍孟卯。王使段干木子崇與秦南陽，以千金和。蘇代謂王曰：「欲璽者段干木子也，欲地者秦也。今王使欲地者制璽，欲璽者制地，魏地不盡則不和言段干木子以地兄秦而求相印。。且夫以地事秦譬猶以薪救火，薪不盡火不滅也。」王曰：「是則然矣。雖然，事始已行，不可更矣。」

釋文本於此則只注「段干崇段干姓，崇名。」此可見非但《御覽》所引之注與釋文本異，即《御覽》所引《後語》已與釋文本底本有版本上之差異。

（二）《弘決外典鈔》〔註33〕

《外典鈔》引《後語》注僅有一則〔註34〕，卷三敘扁鵲事「越醫也」下云：「本注云：今越醫蓋因其名爲號也。」釋文本敘扁鵲事在卷九〈齊語〉，無此條注文。

（三）姚宏續注《國策》（黃丕烈《讀未見書齋刊本》）

〔註33〕《弘決外典鈔》爲日本平安朝具平親王於正曆二年（當北宋太宗淳化二年，西元991年。）所撰。撰述原由已詳《外典鈔》自序中。約其意蓋以唐人釋湛然所撰《止觀輔行傳弘決》十卷（一名《輔行記》又名《止觀輔行記》）所引外典，太爲繁碎，且輾轉傳鈔，滋生譌誤，因鈔出此部分，並引原書之注以爲《外典鈔》之注疏。

〔註34〕此從尾崎康《弘決外典鈔引書考並索引》（《斯道文庫論集》三頁321「春秋後語注」條。）案《止觀輔行傳弘決》引《後語》僅有二則，具平親王撰《外典鈔》皆有注，然僅一條有「本注云」標題，可確定爲《後語》本注，餘或引《史記》以別互見，或引郭璞云，皆未必《後語》原注，今存疑。

《國策》十七楚四「莊辛謂楚王章」章「飲茹谿流」句，續注云：「《後語》：『飲茹溪之流』注云：『茹溪，巫山之溪。』」，此則見《後語》卷八〈楚語〉，「茹溪」二字釋文本不出注。又《國策》二三魏二「魏惠王死」章「欒水齧其墓」續注云：「《後語》作『鸞水』。注：『盛弘之《荊楚記》曰：「宜都縣有鸞水，即烏水也。今襄州南有烏水。」按：古公亶父以修德爲百姓所附，遂杖策去之，與太姜踰梁山而止於岐山之陽。故詩曰：「率西水許，至于岐下。」是爲太王。太王生季歷，季歷卒，葬鄠縣之南，今之葬山名。而皇甫謐云：「楚山一名滈山，鄠縣之南山也。」縱有楚山之名，不宜得鸞水所齧，雖惠子之書五車，未爲稽古也。』」〔註35〕。魏惠王死見〈魏語〉第七，釋文本只注「官費」「施期」「前和」「張朝」「亟葬」五條，而不及「鸞水」。倘爲一人所注，不宜疏漏如是之多。

（四）吳師道補正鮑本《國策》（《四部叢刊》景元至正刊本）

《國策》卷五「楚考烈王無子」章「朱英」下云：「《後語》云：『觀人朱英』注『觀地在河北平原』」而釋文本楚第八亦有「朱英」，下雙行小注云：「於京反，《史記》及《國冊（策）》無此人字。」吳校所引注文釋「觀」地，釋文本則釋「朱英」而無吳氏所引，二者顯非一家之注。又吳校本卷九「燕太子丹質於秦」章，「以藥淬之」下云：「《後語》註云：以藥水鑿匕首爲淬。」釋文本燕第十「藥淬」下云：「七封反，劍刃。」吳氏引《後語》注乃用以正鮑注「淬，當從火，堅刀刃也。」而發，然兩者所注字雖同而論異，益知非一人所注。

今既已知釋文本與諸書所引注不同，而吳師道引《後語》注曾稱「盧藏用《後語》注」「一本標盧藏用注《後語》云」（引見第三章第三節），是知吳氏所用《後語》爲盧注本，而釋文本非盧氏所注亦明矣。至於各注本之年代，則略作如下推測：

（一）斯一四三九釋文本

釋文本之作者，今無可考，唯撰述年代，略可由下列數端推知：

1. 此寫卷背面爲唐宣宗大中十二年（858）具注曆（說詳第四章第二節斯一四三九敘錄），則此抄猶在大中十二年之前。而由其抄寫譌亂觀之，知此爲轉錄本，則其撰寫年代猶在其前也。
2. 注中引及《史記》注文，止於裴駰《集解》，而未及司馬貞《索隱》、張守節《正

〔註35〕姚宏引此注文，鄭輯本以「按」字以上爲《後語》注。然「按」字以下所云「縱有楚山之名，不宜得鸞水所齧，雖惠子之書五車，未爲稽古也。」「鸞」字乃據《後語》，不據《國策》；又如屬辨正異文，則不當云惠子未爲稽古。且姚氏引此後又云：「欒音鸞，說文云『漏流也，一曰漬也。』墓爲漏流所漬，故曰『欒水齧其墓』，不必譏惠子也。」與前文顯非一人之注，今並屬之《後語》注。

義》。是釋文本雖未必在二家注之前，亦相去不甚遠。

3. 《後語》敘秦滅齊後，遷齊王建於共事，釋文本〈齊九〉出注云「於共，居凶反，今汲郡恭成懸是。」（輯校卷九〔四〇〕）「恭成懸」三字當「共城縣」傳鈔之誤，《史記》四六〈田完世家〉《正義》云：「今衛州共城縣也」是。考《舊唐書》三九〈地理〉二河北道「衛州」「共城」條下云：「漢共縣，隋因之。武德元年，置共州，領共城、凡城二縣。」是「共城」漢至隋並稱「共縣」，唐武德元年後始稱「共城縣」。又《舊唐書》（卷同上）「衛州」條云：「衛州望，隋汲郡，本治衛縣。武德元年，改爲衛州……貞觀元年，州移治於汲縣，又廢殷州，以共城、新鄉、博望三縣來屬……天寶元年，改爲汲郡。乾元元年，復爲衛州。」是唐代唯天寶元年（742）至乾元元年（758）稱「衛州」爲「汲郡」。張守義《正義》撰於開元二十四年（736，此據其自序署年。），宜其稱「衛州共城縣」。而釋文本稱「汲郡恭成懸」，則當在天寶元年至乾元元年間也。

（二）《太平御覽》

《御覽》所引注文，與《外典鈔》、姚宏、吳師道所引注，皆無重複。其釋音多作「某某切」，蓋經後人改定。卷九一一鼠引《後語》有「秦、韓相攻，軍於閼與。」句，注「閼，烏連反。」，或爲改定未盡之跡。又吳淑《事類賦》亦引《後語》及注，雖不出《御覽》之範疇，然並較《御覽》爲佳〔註36〕。吳淑亦曾參與《御覽》之撰修，恐原已有一注本，故得共相取擿也。

（三）姚宏續注《國策》

姚宏所引注並不標明爲何人所作，唯由下列二端，亦可推論其所見《後語》注蓋與吳師道所見同爲盧藏用注本也。

1. 姚宏續注《國策》其題辭嘗敘及《國策》佚文云：「正文遺逸，如司馬貞引『馬犯謂周君』……《春秋後語》『武靈游大陵夢處女鼓瑟』之類，略可見者如此，今本所無也。」此所謂《春秋後語》，即其注文也。而吳師道校注本《國策》云「王破原陽」引《春秋後語》及注，注文引《國策》武靈王游大陵事，正與此合。是兩者所見《後語》注似即一本。

2. 姚注《國策》四秦二「甘茂之秦且之齊」章續注「鬼谷」云：「《後語》『槐谷』，

〔註36〕《御覽》八九六馬四引《後語》敘蘇代說淳于髡事，有「請獻白璧一雙，黃金十溢，以爲馬食。」句，注云：「不斥言人欲，云爲馬之芻草。」吳淑《事類賦》注二一馬亦引其事，末並出注云：「馬食，不欲斥言之。」又同卷敘孫臏事，有「馳逐重射」句，注云：「馳馬爭先，射重稱爲勝也。」《事類賦》卷同前引此，末亦出注云：「重射，射重科爲勝。」。是吳淑所引注雖較簡，然較《御覽》爲通順。

注云：『槐里之谷，今京兆始平之地。……』考《舊唐書》三八〈地理〉一關內道「京兆府」「興平」條云：「隋始平縣。……景龍四年，中宗送金城公主入蕃，別於此，因改金城縣。至德二年十月，改興平縣。」〔註37〕宋代亦稱「興平縣」，隸永興軍路京兆府〔註38〕。而姚氏引此注云「今京兆始平之地」，知撰此注者猶在唐中宗景龍四年（710）之前也。以此衡諸盧藏用活動年代，亦頗相符合〔註39〕。

至於《弘決外典鈔》所引注，爲釋文本所無，他書亦不及徵引。考《外典鈔》爲日人所作，而傳至日本之《後語》，除孔衍原本外，據《見在書目》、「外典目」〔註40〕所載，亦僅有盧藏用注本；則具平親王所引注，當或盧藏用注本也。因此，諸本注文非僅一家，除盧藏用注本已經唐志著錄外，疑有別家別本注文。今所見之呈現不一者，實基於此，而諸注年代當在唐、五代間也。

第四節　吐蕃文譯本

法人伯希和於1907年至敦煌，攜走頗多邊陲少數民族之文字寫卷。以向來未曾影印公佈，研究者鮮。至西元1978、80兩年，法國出版兩集《敦煌古藏文手卷選集》〔註41〕，影印部分原卷。其後王堯、陳踐於西元1983年自兩冊中又選譯部分資料，略加說明，編成《敦煌吐蕃文獻選》一書。於是敦煌所出吐蕃文寫卷，乃稍爲國人

〔註37〕案：《新唐書》三七〈地理〉一「景龍四年」作「景龍二年」，鼎文景中華書局點校本《新唐書》三七校勘記云：「『二年』，《元和郡縣圖志》卷二同。本書卷四〈中宗紀〉、《舊書》卷七〈中宗紀〉、卷三八〈地理考〉、卷一九六上〈吐蕃傳〉及《唐會要》卷六均作『四年』，應以『四年』爲是。」今從之。

〔註38〕見《宋史》八七〈地理〉三「京兆府」條下。

〔註39〕盧藏用生卒年未詳，據《舊唐書》九四、《新唐書》一二三本傳所載，知盧氏於武后長安年間，任左拾遺。中宗神龍中，累轉起居舍人，兼知制誥，俄遷中書舍人。景龍中，爲吏部侍郎，又遷黃門侍郎，兼昭文館學士，轉工部侍郎、尚書右丞。玄宗先天中，坐託附太平公主，配流嶺表。開元（713～741）初，起爲黔州都督府長史，兼判都督事，未行而卒。

〔註40〕「外典目」乃《外典鈔》前臚列之外典書目。其目云「春秋後語十卷：凡（孔）衍記，八卷；范陽盧藏用注。」（此據故宮觀海堂藏書寶永丁亥光榮刊本）「孔」字形譌作「凡」；「八卷」則殊不可解，恐亦有誤。

〔註41〕此二書原本未見，書名王堯譯名亦不一致，今依王堯《敦煌藏文寫本手卷研究近況綜述》一文錄其全名及譯名如下：
Choix de documents tibetains Conservés à la Bibliothèque Nationale Complête par quclques manuscrits de I'India office et du BM, par A. Macdonald et Yoshiro Imaeda
其全名應作「《國立圖書館所藏藏文文獻選，並以印度事務部和大英博物館所藏文獻補充者》·A麥克唐納與金枝由郎編」本文中所據書名，爲王堯所編《敦煌吐蕃文獻選》之序言所稱。

所知。

《手卷選集》第二冊中編號爲 P. T. 986 及 P. T. 1291 兩號爲吐蕃翻譯中國作品之寫卷。其中 P. T. 1291 號，日人今枝由郎曾於 1980 年以法文發表《從 P. T. 1291 辨識中文原文——戰國策的藏文譯本》〔註 42〕一文，對該寫卷加以說明、解讀及音譯。並推測此吐蕃文（即古藏文）譯本即《戰國策》之譯文。其後 1983 年法人石泰安（R. A. STEIN）撰《古西藏 I ——敦煌所出寫卷中古藏文翻譯印度文及中文所用之字彙》〔註 43〕，亦同今枝氏之說〔註 44〕。同年八月，王堯、陳踐就古藏文原卷重新解譯爲漢文〔註 45〕，並用《戰國策》相對篇章略加比勘，更進一步探討吐蕃文譯本與《國策》間之諸多問題，然猶囿於此文爲《戰國策》譯本，故於吐蕃文與今本《國策》間之格格不入，不能得到圓滿之解釋。次年馬明達撰《P. T. 1291 號敦煌藏文文書譯解訂誤》〔註 46〕一文，就吐蕃文譯本與《國策》間之不合處，一一解析，並引《春秋後語》以相比對。乃一反前說，以爲 P. T. 1291 號吐蕃文譯本乃譯自孔衍《春秋後語》，非《戰國策》。茲歸納其說，凡有數端：（以下所舉吐蕃文則數，並依據王堯、陳踐《敦煌吐蕃文獻選》漢譯則數〔註 47〕。）

〔註 42〕此篇刊載於匈牙利科學院《東方學報》第三十四卷（一～三）頁 53～68（1980）〔Acta Orientalia Academiae Scientiarum Hung. Tomus XXXIV （1-3）, 53-68（1980）〕其原篇名作：
L'IDENTIFICATION DE L'ORIGINAL CHINOIS DU PELLIOT TIBETAIN 1291-TRADUCTION TIBETAINE DU ZHANGUOCE 戰國策
其後今枝氏於一九八五年八月東京大東出版社所出版《講座敦煌》六——《敦煌胡語文獻》一書中有「中國イスド古典——『書經』、『戰國策』、『ラーマーセーセナ』」一文，仍持此說。

〔註 43〕此篇刊載於法國巴黎「法蘭西遠東學院學報」第七十二卷，頁 149～236（1983）〔BULLETIN DE I'École Francaise D'EXTRÊME-ORIENT. TOME LXXII, 149-236〕其原篇名作：TIBETICA ANTIQUA I-LES DEUX VOCABULAIRES DES TRADUCTIONS INDO-TIBETAINE ET SINO-TIBÉTAINE DANS LES MANUSCRITS DE TOUEN- HOUANG。

〔註 44〕見前註頁 219。

〔註 45〕見所著《敦煌吐蕃文獻選》頁 82～99。

〔註 46〕載《敦煌學輯刊》六頁 14～24。

〔註 47〕R. A. 麥克唐納、今枝由郎所編《敦煌古藏文手卷選集》只分五則（原卷影本編碼），今枝由郎《從 P. T. 1291 辨識中文原文——戰國策的藏文譯本》一文，譯吐蕃文爲法文，亦分五則。而王堯漢文還譯時析其中第四則爲二，乃爲六則。王堯所分實誤，王氏以卷子殘斷處分則，未注意其文意，其第四則云：

> 魏王假在位時，秦王始皇以王賁爲將，攻魏。王賁引大水灌魏之大梁城。水浸，城壞，執王假，滅之。將魏收入治下。後，魏之兄弟往昔未入爲秦之屬民者，由秦始皇遍以詔書諭之：爾之國君政事已爲朕所滅，地亦入秦矣……

此則中「將魏收入治下」以下已屬鄢陵君之事，所謂「魏之兄弟往昔未入爲秦之屬

（一）就內容而言

漢文還譯共有六則，皆敘魏國事。第一則是〈魏策〉二，第二則見〈魏策〉三，第三、五、六則見〈魏策〉四；其中第四則敘魏王假時王賁滅魏事，不見《國策》，而見於《史記》六〈始皇本紀〉〔註48〕馬明達舉伯二五八九〈魏語〉引證之云：「〈魏語〉有王賁滅魏這段材料，這是藏譯本與《國策》無關的最有力的證據之一。」案：《後語》內容取材於《國策》、《史記》，由輯校中可見其梗概。而王堯所譯六則，並見《後語》卷七〈魏語〉中，與《國策》散見諸策者不同。

（二）就體例而言

還譯第一則首有「襄王薨，子哀王繼位。」第二則首有「哀王薨，子昭王繼位。在位十九年，昭王薨，子（安釐王）繼位。」，皆今本《國策》所無，而見於《史記・魏世家》，王堯以爲此乃藏文譯者據《史記》補入。馬明達分別舉伯二五八九〈魏語〉及黃奭《春秋後語輯本》，以說明此世系傳承乃孔衍據《史記》所補，非譯者所爲。案：孔衍撰《春秋後語》，分國繫年（詳見第二章第二節），故於每國之帝王世系，記載頗詳，此其不同於《國策》者也。以此吐蕃文書例，衡諸敦煌《後語》殘卷，無不若合符節。又第六則首有「往昔，安陵人名縮高者……」「往昔」二字爲《國策》所無。馬明達舉伯二五八九〈魏語〉「初，鄢陵人縮高……」以爲對應，說明其敘事特徵相同。案：此與前所引同爲體例之差異，前文敘《後語》之體例有「注重敘事之完整」，即孔衍善用倒述法，一則用以彌補編年體之缺，二則詳一事一人之首尾。此例與《後語》全篇皆合。

（三）就異說而言

還譯第一則云：「哀王爲政，以田需爲相臣，頗得王之信任。」「哀王」《國策》只云「魏王」，而馬明達舉伯二五八九〈魏語〉「哀王以田需爲相，甚貴信之。」正與吐蕃文譯本合。案：此孔衍據《史記・魏世家》補入。《史記》雖不載惠子說田需事，然〈魏世家〉云：「哀王立，張儀復相秦。」又「（哀王）九年……魏相田需死。」則哀王九年以前田需爲魏相可知。

餘如行文之比較，馬氏皆有明言，雖其所據《後語》素材，頗有待商議處，然P. T. 1291號非譯自《國策》而爲《春秋後語》者，當無疑議。

唯此吐蕃文譯本，尚有待商榷者一二。蓋馬氏所用以比勘之伯二五八九〈魏語〉

民者」即指鄢陵君，不宜與第五則唐雎事析爲二。然馬明達撰《P. T. 1291號敦煌藏文文書譯解訂誤》並據以論述，故此所指悉依所分所譯。

〔註48〕王堯還譯時舉《史記》四四〈魏世家〉及太史公案語，以爲對應，馬明達亦不悟，此所據乃〈始皇本紀〉二十二年事，今枝由郎已言之（註42頁54）。

殘卷，中間頗有殘斷。若還原孔衍《春秋後語》卷七〈魏語〉全袟，則吐蕃文譯本亦非全譯本，今為方便解脫，茲列表於次：

輯校卷七	魏王世系	敘事（還原《後語》）	《後語》殘卷及類書徵引	P. T. 1291	諸書互見	備註
〔十三〕	襄王	襄王元年，與諸侯會于徐州…‧欲為中天之臺……許綰負虆操插以諫。	斯一四三九（釋文本） 伯二五八九 伯二五六九		《新序》六	
〔十四〕	襄王	襄王十六年卒，子哀王立。哀王以田需為相，甚貴信之……。	斯一四三九　伯二五八九　《御覽》九五七楊柳下	P. T. 1291（一）	《國策》二三魏二	
〔十五〕	哀王	哀王九年，相田需死。而張儀、犀首、薛公並在魏，楚相昭魚不善三子……。	斯一四三九 伯二五八九		《國策》二三魏二 《史記》四四〈魏世家〉	
〔十六〕	（昭王） 安釐王	……（安釐王四年）秦破魏軍於華陽，走我將軍孟卯，王使段干木子崇與秦南陽，以千金和，蘇代謂王曰……。	斯一四三九 《御覽》六八二璽、九二七惡鳥	P. T. 1291（二）	《國策》二四魏三 《史記》四四〈魏世家〉	伯二五八九此段全亡，此據宋刊御覽，猶見P. T. 1291號誤「段干崇」為「段干」「子崇」二人之跡。〔註49〕
〔十七〕	安釐王	秦敗魏於華，魏王且入朝於秦周訢請王曰	斯一四三九		《國策》二四魏三	
〔十八〕	安釐王	（十一年）秦伐我郪丘。秦昭王謂左右曰：「今時韓、魏與始孰彊？」……中旗伏琴而對……。	斯一四三九 《御覽》三六九肘		《國策》六秦四 《史記》四四〈魏世家〉	
〔十九〕	安釐王	齊、楚相約而攻魏，魏人有唐雎者年九十餘西說秦	斯一四三九 伯二五八九	P. T. 1291（三）	《國策》二五魏四 《史記》四四〈魏世家〉	
〔二十〕	安釐王	趙惠文王惡范痤，使人來告曰：「為我煞痤……。」	斯一四三九 伯二五八九 《說文繫傳》十一「極」		《國策》二一趙四 《史記》四四〈魏世家〉	

〔註49〕王堯、陳踐P.T.一二九一還譯以段干，子崇為二人（今枝由郎同）。王氏據《史記‧魏世家》「段干子」及《國策‧魏策三》「段干子名崇」以為乃吐蕃文譯者誤譯。馬明達又據斯一四三九號《後語》釋文本證其說，又舉黃奭《春秋後語輯本》，作「段干子從」，遂云：如果《漢學堂》輯錄不誤，《春秋後語》本子中有寫為『段干子從』者，不知是筆誤，還是孔衍另有所據。而藏譯者由此才誤為『段干』『子崇（從）』兩個名字的。」案：《後語》此段文字，原卷已殘亡，存見處有三，一為《御覽》六八二璽、九二七惡鳥；二為說郛本《春秋後語》（李際期刊本）；三為王謨輯本。四部叢刊本《御覽》引作「段干木子崇」又「段干木子」，說郛本作「段干木子從」，王輯本作「段干子從」。是說郛本誤「崇」為「從」甚明；而王謨云所據為《御覽》，是「從」亦「崇」之譌。而吐蕃文所據蓋與《御覽》所據相近，故誤為兩人。詳參輯校卷七〔十六〕校記2。

〔二一〕	安釐王	魏王欲親秦伐魏，以求故地，無忌謂魏王曰……。	斯一四三九		《國策》二四魏三 《史記》四四〈魏世家〉	
〔二二〕	安釐王	公子（無忌）與魏王博，而北境傳舉烽……。	斯一四三九 《御覽》八三二獵下 胡曾《詠史詩》一陳蓋注		《史記》七七〈魏公子列傳〉	本則全取《史記》列傳文，幾無刪節。
〔二三〕～〔二五〕之一	景湣王 王假	〔三十四年，安釐王卒，信陵君無忌〕亦卒，子景湣王立。十五年卒，子王假立。三年，秦始皇使王賁引洪溝灌大梁，大梁城壞，虜王假，而滅其國也。	斯一四三九 伯二五八九	P. T. 1291（四）	《史記》四四〈魏世家〉六〈始皇本紀〉	本則《國策》未載
〔二五〕之二		鄢陵君者，魏之族也。秦始皇既滅魏，使人謂鄢陵君曰……。	斯一四三九 伯二五八九 伯二五六九	P. T. 1291（五）	《國策》二五魏四	
〔二五〕之三		初，鄢陵人縮高，其子仕於秦，秦以爲管守。信陵君攻之不下，乃使人謂鄢陵君曰……。	斯一四三九 伯二五八九	P. T. 1291（六）	《國策》二五魏四	此事在魏未亡之前，且爲上則鄢陵君之事，故繫於此，用倒述之法，《後語》全書之例皆然。

根據上表，可知〔十四〕至〔二五〕之三中，〔十五〕、〔十七〕、〔十八〕、〔二十〕、〔二一〕、〔二二〕，不見於吐蕃文譯本，唯以吐蕃文原卷影本視之，其卷首卷末並留有餘白，各則間空一行，除第（四）、第（五）則間殘斷外〔註50〕，則與則間皆相連屬，內容較漢文本《後語》爲略，顯非殘卷使然，豈據譯時所見即爲節略之本？抑或其翻譯時有所去取邪？斯又不敢妄斷，存疑而已。

〔註50〕此卷裂爲四紙，然段與段間皆相連屬，今枝由郎已有說（註42頁55）。

第五章　《春秋後語》及注之價值

第一節　本文部分

一、得借以瞭解晉人撰述戰國史之梗概

晉人撰述古史著作，無一完本存於今。所可考見者，除《後語》外，唯皇甫謐《帝王世紀》十卷、樂資《春秋後傳》三十卷而已。〔註1〕然《帝王世紀》敘自上古至曹魏，多讖緯、傳說之言，如所云「秦武王好多力之人，齊孟賁之徒並歸焉，孟賁生拔牛角。」「秦王於洛陽舉周鼎，烏獲兩目血出。」之屬〔註2〕，皆史傳所不載。與《後語》專載人事而多出史傳者迥別。且《世紀》載述時限甚長，故於戰國史事，稍嫌簡略，未若《春秋後傳》、《後語》之詳也。至於《後傳》一書，據《史通．六家篇》左傳家所載〔註3〕，亦因《國策》、《史記》以成書，上接春秋，終於二世之滅，亦爲戰國史事之專著。然此書爲編年之作，意在接《左傳》後，與《後語》先分國再編年者不同。

今人評介魏、晉間古史之作，或僅敘皇甫謐《帝王世紀》，而不及樂資《後傳》、孔衍《後語》〔註4〕；偶或述及，猶不能詳盡〔註5〕。實以《世紀》雖亡，而散見猶

〔註1〕說詳廖吉郎《兩晉史部遺籍考》第一章「古文」第一節「晉人對古史之整理」（頁1～4）、第四節「晉人對戰國史之撰作」（頁54～57）。

〔註2〕見顧觀光輯《指海》本《帝王世紀》（頁49左～50右）。

〔註3〕已見前文第二章第一節註釋3引。

〔註4〕劉節《中國史學史稿》頁76～80敘魏晉史家，僅略及《帝王世紀》，而未及《後傳》、《後語》二書。

〔註5〕廖吉郎撰《兩晉史部遺籍考》，並論及此三書。其時廖氏未見敦煌所出寫卷，故多依傍前說，於《後語》一書之論述，罕有發明。

多，尚可見其梗概也。今敦煌所出寫卷，大半公諸於世，孔衍《後語》亦幸殘存其中。經輯校所得《後語》本文，約四萬九千餘字，略存全書十分之四、五矣，較諸《帝王世紀》、《春秋後傳》兩輯本爲多〔註 6〕。是今人欲瞭解晉人撰述戰國史之梗概，則不得不著手於《後語》。

且孔衍所以編纂《後語》，實鑑於《國策》所載戰國史事，紛亂無紀。故其改編戰國史之方法，除用《史記》及諸子、雜史以補充其內容外，其最大改變乃在體例之重整。故所作《後語》十卷，分國編年紀事，於各國之世系、政事發展，瞭然於目；敘人物又巧用倒述之體，使一人之始末見在同篇。此則《國策》敘述史事所不可及之處。而由此亦可見晉人撰述古史之方法及態度。前人所見《後語》多零散，故於孔衍所作敘述未詳，亦無由評論其得失，今因重新輯校，故申說之如此。庶可補史學史中前人未及之一角焉。

二、可持以校勘《戰國策》、《史記》

《春秋後語》全書皆敘戰國時事，而所取材又多自《國策》、《史記》出〔註 7〕；故歷來校此二書者，即頗徵引《後語》，以比勘異同。如《史記》七十〈張儀列傳〉：「張儀既相秦，爲文檄告楚相曰……」「文檄」下《索隱》引王劭云：「按《春秋後語》云：『丈二尺檄』。」是知隋代既已用《後語》以校《史記》矣〔註 8〕。

其後唐司馬貞撰《史記索隱》，亦頗用之〔註 9〕。至宋姚宏〔註 10〕元吳師道校《國策》，則援用益廣，並及其注文。明以後，《後語》散佚，而清人如王念孫《讀書雜志》、梁玉繩《史記志疑》、黃丕烈《國策札記》等，雖未見《後語》原帙，仍輒轉徵引，以校此二書。

時至今日，校讎之學精益求精。雖《後語》尤不能得，然校《史記》者如瀧川

〔註 6〕《帝王世紀》以顧觀光《指海》本計之，約得二萬餘字。而《春秋後傳》尤少，以王謨《漢魏遺書鈔》所輯，僅二十二則一千餘字。皆片言隻字，未若《後語》猶可概見原書梗概也。

〔註 7〕說已詳前文第二章第二節「春秋後語之取材來源」。

〔註 8〕王劭身歷北齊、北周、隋三代，而卒於隋煬帝時。生平詳見《隋書》六九本傳。

〔註 9〕《索引》引《後語》多處，如《史記》四三〈趙世家〉：「錯臂左衽」下云：「孔衍作『右臂左衽』，謂右袒其臂也。」（點校本頁 1809）又同卷「主文閞之」云：「閞謂開門而納之……譙周及孔衍皆作『閉之』，閉謂藏之也。」（頁 1815）又卷四四〈魏世家〉：「十六年，襄王卒，子哀王立。」云：「孔衍敘〈魏語〉亦有哀王」（頁 1849）又同卷「中旗馮琴而對曰……」「馮琴」下云：「《春秋後語》作『伏琴』」餘可參看輯校各條校語中，茲不殫舉。

〔註 10〕姚宏校《國策》題辭云：「先秦古書，見於世者無幾，而余居窮鄉，無書可檢閱，訪《春秋後語》，數年方得之，然不爲無補。」

資言《史記會注考證》、施之勉《史記會注考證訂補》、王叔岷《史記斠證》，校《國策》者如諸祖耿《戰國策集注彙考》；皆自類書、古注中搜得《後語》片言隻字，用以參校異同。是《後語》一書，自南北朝以來，學者既用以校勘《國策》、《史記》，至於今日，猶未能盡也。而《後語》於此二書有相當之校勘價值，又可知矣。茲略舉數例以說明之。

（一）《史記》七十〈張儀列傳〉，張儀說韓王云：「韓地險惡山居，五穀所生，非菽而麥，民之食大抵飯菽藿羹。」王念孫《讀書雜志》三之四「飯菽」條云：「念孫案：『飯菽』當為『菽飯』，『菽飯藿羹』相對為文。《韓策》作『豆飯』，豆亦菽也。姚宏校《韓策》引《春秋後語》亦作『菽飯』。」案：今敦煌所出《後語》殘卷並作「菽飯」〔註11〕，與姚氏引合，並可證其說。此王氏轉引《後語》以證《史記》譌倒之例。

（二）《國策》十四楚一「張儀為秦破從連橫」章，「楚嘗與秦構難……此所謂兩虎相搏者也。」《史記》七十〈張儀列傳〉同。《讀書雜志》二之二王引之曰：「《太平御覽．兵部》引此『搏』作『㩮』，『㩮』字是也……《文選》江淹〈雜體詩〉『幽并逢虎㩮』李善注引此策『兩虎相㩮』，尤其明證矣。《史記．張儀列傳》載此文，當亦作『兩虎相㩮』。《集解》引徐廣『音戟』，正是『㩮』字之音，〈呂后紀〉『見物如蒼犬，㩮高后掖。』，『㩮』字徐廣音戟，正與此同。……《老子》曰：『猛獸不㩮，攫鳥不搏。』《鹽鐵論．擊之篇》曰：『虎兕相㩮而螻蟻得志』皆其證也。今本《史記》作『兩虎相搏』蓋後人多聞搏，少聞㩮，故改『㩮』為『搏』，若本是『搏』字，不得有『戟』音矣。《御覽》、《文選注》引〈楚策〉並作『㩮』，今本作『搏』，亦是後人所改。學者據徐廣之音以正《史記》，並據《御覽》、《文選注》所引以正〈楚策〉可也。」案：王引之所舉證頗精審，王叔岷《史記斠證》（頁2246），總《史記》校勘之大成，亦同其說。今覈之伯二七〇二《後語》寫卷敘此事，正作「兩虎相㩮」，適可證成其說。惜兩王氏俱未見及，否則又為其說增一例證矣。此為《後語》證成王引之校勘《國策》、《史記》之一例。

（三）《史記．張儀列傳》張儀說齊湣王：「今秦之與齊也，猶齊之與魯也。」上「齊」字，梁玉繩《史記志疑》二九：「鄧以讚曰：〈秦策〉（齊策）作趙，是。」（頁13左），王叔岷《史記斠證》云：「案：《春秋後語》作『今秦之與趙』亦可證此『齊』字之誤。（原註：涉上下文齊字而誤）」（頁2250）。案：王說是。《後語》載此見伯五〇三四卷背、伯五五二三背並作「今秦之與趙，猶齊之與魯。」而羅氏舊

〔註11〕王叔岷所據《後語》較他人為博，然除古注、類書之外，敦煌卷皆依鄭良樹輯本，而鄭氏只見其中四號寫卷，故其餘七號寫卷，王氏亦未及援用。

藏〈秦語〉上句原作「今秦之與齊趙」，後又塗去「齊」字，而與上兩寫卷合，猶可見《史記》誤「趙」為「齊」之跡。

（四）《史記》四三〈趙世家〉：「襄子立三十三年卒，浣立，是為獻侯。獻侯少即位，治中牟。」又「（烈侯）六年，魏、韓、趙皆相立為諸侯，追尊獻子為獻侯。」梁玉繩《志疑》二三云：「獻侯是追尊，不當稱侯。」其說是，今《後語・趙語上》敘此云：「襄子有疾，卒。以其兄伯魯之不得立也，廢其太子，更立代成君之子完為太子，是為獻子。獻子卒，列侯立。」正與梁氏之說合。

（五）《國策》二三魏二「魏惠王死」章：「為人子者，而以民勞與官費用之故，而不行先王之喪，不義也。」「用」字《呂氏春秋》二一《開春》同。諸祖耿《戰國策集注彙考》云：「金正煒曰：『用』字疑衍。民勞與官費為對文，上文官費下亦無用字。」（頁 1208）陳奇猷《呂氏春秋校釋》亦同金氏之說（頁 1432），彼說皆無佐證，今檢《後語・魏語》云：「為人子而以民勞官費之故而不行先王之喪，不義。」（輯校七〔十一〕）亦無「用」字，適可證成其說。

此所舉五例，或為前賢已用之例，或為前賢所未用而適可以輔其說者。此蓋有二因，一則姚宏、吳師道之前，雖見及《後語》原書，然徵引尚未多；二則《後語》散佚後，諸人雖亦間有援引，然搜輯未盡，所見有限，故未免有遺珠之憾。

今所輯《後語》，綜覽敦煌所出寫卷，並搜羅古注、類書等徵引，一則可以證前人徵引之說，二則可以補其未足也。

三、保存前人未載之史事及異說

《後語》所據素材，多見於《國策》、《史記》中，然亦有二書所不載，而為孔衍據他書補入者。唯孔衍所據他書，今又失傳，故後世引用，仍以《後語》為首見也。今略舉二例以明之：

（一）「秦興師臨周而求九鼎」事，見《國策》一東周首章，《國策》所載「周王」「齊王」，《後語》作「周顯王」「齊宣王」。後世編年之作如《大事記》即據姚宏所引《後語》而附載於顯王三十三年，宋太丘社亡之前〔註 12〕。顧觀光《國策編年》從之〔註 13〕。是姚宏以下並以此說未見他書，故錄《後語》文以備一說也。

（二）「韓、魏相攻，朞年不解，秦惠王欲救之。」此事見《國策》四秦二「楚絕齊齊舉兵伐楚」章及《史記》七十〈張儀列傳〉，並未標明年代。而《後語・秦語

〔註 12〕宋呂祖謙《大事記解題》三：「剡川姚氏宏曰：『以《春秋後語》考之，周君周顯王也，齊王齊宣王也。』《戰國策》不載年，今附見於宋太邱社亡之前。」

〔註 13〕諸祖耿《戰國策集注彙考》：「祖耿案：顧觀光依《大事紀》，附此於顯王三十三年。」（頁 7）

中》:「惠王十二年，韓、魏相攻，朞年不解，惠王欲救，問於左右。」(輯校二〔二〕之一) 繫於秦惠王前元十二年，爲諸書所未載。吳師道考此事云:「考秦惠王時，唯十三年，韓舉、趙護帥師與魏戰，敗績。」案：韓舉事見《史記》十五〈六國年表〉及四五〈韓世家〉，是豈《史記》所載爲韓敗績之年，而陳軫使秦則在其前一年耶？今考諸〈張儀列傳〉陳軫去秦之楚爲惠王前元十年，事在張儀相秦之後，如《後語》所云十二年由楚使秦，亦合於史實。此亦可備一說，爲諸書所未載錄者也。

餘如《御覽》七二六蠡卜引《後語》云:「蘇秦事鬼谷子，學終辭歸，道乏困行，以燕人蠡卜傳 (傅) 說自給，各解臧獲之裘。」敦煌伯三六一六《後語・趙語上》敘蘇秦事亦及之 (輯校四〔七〕之六)。此事諸書亦不載，施之勉《史記會注考證訂補》引之 (頁 1165)，以備一說。又伯三六一六〈趙語上〉載蘇秦事云:「張儀入楚，蘇秦入趙，逢其隣子易水之上，貸布一疋，約償百金，隣子不與。邯鄲之北有蘇人侯，蘇秦往說之，蘇人侯送以黃金百溢。其家丞諫曰:『君之與客無故，而送之百金，其說可得聞也？』蘇人侯曰:『客，天下之辯士。立談之間再奪我地而復歸之。吾地雖小，豈直百金？』」此二事唯見《御覽》820 布所引《典略》文，而《典略》爲魏、晉間魚豢所作，與孔衍時次相近〔註 14〕，其先當共有所本。此亦他書載述未及者，並可補《國策》、《史記》載述外之異聞也。

第二節　《春秋後語》注文可補充《國策》、《史記》諸家注及搜輯佚文

今所見《後語》注，以敦煌寫卷斯一四三九號釋文本保存最多；此外如《御覽》，姚宏、吳師道等校《國策》，亦時有徵引。今除吳氏所引可確定爲盛唐人盧藏用所注外，餘皆失撰者姓名，然要皆爲五代以前古注，則可知也 (說已詳第四章第三節)。以《後語》內容，多自《國策》、《史記》出，故其注文亦自息息相關，故此論述注文之價值，又不得不自《國策》姚宏、鮑彪、吳師道諸家注及《史記》三家注入手也。

今所見《國策》高誘注，並非完本〔註 15〕，而所存《國策》注本，以姚宏續注本及鮑彪注吳師道補正本爲最早。然而姚宏、鮑彪注《國策》，並在南宋紹興年間，吳氏補正尤晚至元代，是《後語》注本，猶早於此三家之注，此爲其可貴者也。

〔註 14〕說詳第二章第三節註釋 1。

〔註 15〕參見《四庫全書總目提要》五一史部雜史類「戰國策三十三卷」條下。

至如《史記》，今所存以三家注爲最古。《後語》注文只引及裴駰《集解》，未及司馬貞《索隱》、張守節《正義》。其間亦頗有新說異解，可補三家注之不足者也。今舉例如下：

（一）《史記》六五〈孫子吳起列傳〉敘孫臏與田忌事云：「忌數與齊諸公子馳逐重射」「重射」二字，歷來解說紛紜。《索隱》於此不出注，然於下文「君弟重射」下注云：「重射謂好射也」〔註 16〕。《史記》殿本《考證》引徐孚遠曰：「重射者，再射也。《索隱》非。」〔註 17〕，瀧川資言《史記會注考證》云：「董份曰：『重射，謂以重相射，即下千金是也。』愚按顧亭林說同。《索隱》以爲好射，測義以爲再射，皆非。」〔註 18〕，張森楷《史記新校注稿》云：「重，大也。左襄四年傳：『式不可重』服虔曰：『重，大也。』此用其誼，謂大射也。」〔註 19〕今覆之後文孫臏謂田忌所言「君重射，我能令君勝。」一語，則瀧川氏所引董汾之解差善。而斯一四三九《後語》釋文本〈齊九〉「重射」條下云：「謂以千金爲質，輟馬力射。」，正與《考證》所引合。而釋文本爲唐人所作，其說較他人爲猶早也。此其可補三家注者一也。

（二）《史記》一一五〈朝鮮列傳〉，「朝鮮」二字《集解》引張晏曰：「朝鮮有濕水、洌水、汕水，三水合爲洌水，疑樂浪、朝鮮取名於此也。又《索隱》云：「朝音潮，直驕反。鮮音仙。以有汕水，故名也。」，二家釋「朝鮮」得名之由，只取「鮮」字，而未及「朝」字，此張森楷《新校注》亦已疑之〔註 20〕，而未爲解。檢斯一四三九釋文本〈燕語第十〉「朝鮮」條下云：「潮。〈地理志〉：『樂浪郡』，大汕水與海通潮，故曰『朝鮮』」並釋二字得名之由。此其可補三家注者二也。

是《後語》注文，可與《史記》三家注相輔相成也。

至若注文引書，間保存今佚古注，雖與鴻文大典無關，要之亦可備今人蒐輯之未盡也。如：斯一四三九《後語》釋文〈齊九〉「鍼石」條下云：「許順（愼）注《淮南子》曰：『藏（鍼）所以刺，石可（所）以砭。』」此當是《淮南子》十六《說山訓》：「醫之用針石」釋文。今所傳《淮南子・說山訓》爲高誘注，其注云：「石針所以抵殫人雍痤，出其惡血。」與此不同。今〈說山訓〉許注已亡，蓋作注者猶見許注原本，故能徵引之如此。

〔註 16〕點校本頁 2163。

〔註 17〕藝文印書館影殿本頁 870。

〔註 18〕樂天書局影日本排印本頁 865。

〔註 19〕見「中國學典館復館籌備處」影楊家駱家藏稿本（六），頁 6061。

〔註 20〕見同註釋 19，頁 6391。張森楷云：「朝鮮之名原取於水，固然。但濕、洌、汕三水合仍爲洌水，于朝鮮二名，竟無所當。《索隱》以『鮮』因有汕水故名，是釋『鮮』字，而『朝』則無之。」

《後語》注今人用者尚希，此蓋《後語》注文散見諸書，翻檢不易；而其最大來源斯一四三九釋文本又藏英國倫敦博物館，其未公布時，尤無緣查尋。故校注《國策》、《史記》者罕涉及之。今以輯校《後語》並及注文，得注六千餘言，庶幾可見其大略焉。前所舉諸例，皆輯校時無意得之，如能善加利用，其收穫當不止於此也。

貳、輯校篇

輯校凡例

一、《春秋後語》亡於元，今所見有《說郛》本，劉學寵《青照堂叢書》本，王謨《漢魏遺書鈔》（簡稱王輯本），新美寬、鈴木隆一《本邦殘存典籍による輯佚資料集成、同續》，鄭良樹《春秋後語輯校》（簡稱鄭輯本）等輯本。今重新輯校，直採原典，不標前人所輯。凡採用或駁正其說，則分見校文、案語之中。

二、本輯校所據素材，約可分爲四類：一爲敦煌石室殘寫卷，二爲古注、類書徵引，三爲佛教經疏徵引，四爲地理志、蒙書等引。凡敦煌殘卷見存者，以爲底本，其它資料參校；若敦煌殘卷所無，而見諸書徵引者，取其敘事最全、時代最早者爲底本，其它參校。

1. 敦煌殘卷又頗多重複，且殘存互見，前後底本不一。今爲敘述方便，所用底本標於該則或該段之後，校語直稱「原卷」。餘用以參校者，以下列代號稱之：

   甲卷：伯五〇三四背
   乙卷：伯五五二三背
   丙卷：伯二七〇二
   丁卷：羅氏舊藏〈秦語〉——鳴沙石室佚書〔二〕
   戊卷：伯五〇一〇
   己卷：伯二八七二背

又伯二五六九爲簡本，非《後語》原貌，今稱爲「略出本」；斯一四三九只存釋文，今稱爲「釋文本」。（斯七一三、伯三六一六、伯二五八九皆爲底本，故不錄。）

2. 凡自古注、類書、佛教經疏、地理志所輯，例與前同，惟其所據版本另見輯校後之「輯佚書目」。

三、分卷之例

《春秋後語》分十卷七國，已見王重民《敦煌古籍敘錄》，王氏所分卷一至卷三爲〈秦語〉，卷四、卷五爲〈趙語〉，卷六爲〈韓語〉，卷七爲〈魏語〉，卷八爲〈楚語〉，卷九爲〈齊語〉，卷十爲〈燕語〉。今輯校《後語》並從之。唯〈秦語〉有三卷，〈趙語〉有二卷，其分卷當在某王某年，除敦煌卷伯二七○二載「武王二年」後有「秦語中第二」，知卷二止於秦武王二年外，卷一、卷二及卷四、卷五之分，猶不能明確。考《史通・六家篇》言《後語》始自秦孝公，終於楚、漢之際。而今所有伯五○三四背起秦孝公元年事，當在卷一明矣；然此卷末且及秦武王二年事，覈之伯二七○二，已在卷二。是伯五○三四背所載已兼卷一、卷二事矣。而此寫卷殘損太甚，未見分卷中題。而伯二七○二所載始於秦惠王前元十年以張儀爲相事之末，其間雖殘「惠王十四年，張儀往相楚懷王」事之後半，「張儀去楚之韓說宣王」全段，及「復使東說齊湣王」前半，而此三段連接處伯五○三四背、伯五五二三背及羅氏舊藏〈秦語〉存，亦無分卷中題，是可知〈秦語〉上卷一當止於惠王前元十年以前也。惜伯五○三四背及伯五五二三背並有殘脫，今猶不敢以此爲篤論。然自惠王前元十年以下，本輯校重新標題，以爲卷一、卷二之分野。又伯三六一六爲〈趙語〉上，止於趙肅侯時蘇秦事，略出本伯二五六九〈趙語〉下始於孝成王十二年，然則武靈王、惠文王介於肅侯與孝成王之間，未知何屬。今以伯三六一六卷尾殘存半行空白，似已終卷，而趙自武靈王後稱王。因此本輯校即以武靈王、惠文王屬下卷。此並冀復原舊貌，雖遭妄斷之譏，亦不得已也。又敦煌卷分卷或在前題，或在後題，今並統一之，挪置卷首。無卷題者依他卷之式補之，外加〔　〕符。

四、分則之例

全書原分十卷，一卷之中又略以編年爲序。今雖有敦煌卷，然各寫卷分則亦不一，茲依其全書編年之例，凡敦煌卷明標某王某年者，則以下屬諸文附之；如原卷該則前有殘缺，而諸史所載又與前則不在一年，則分別之，並在案語中說明。至如類書、古注所引，多無年代，今綜合各項資料排定其序，分則處理，並於案語中說明其根據。又每則首有〔一〕〔二〕〔三〕……者，乃爲醒眉目所加，皆原卷所無。

五、敦煌寫卷，頗多符號、俗字，與今通行者有異，茲參佐潘師石禪《敦煌卷子俗寫文字與俗文學之研究》、《敦煌俗字譜》，及秦公《碑別字新編》。凡屬符號之屬，例皆直改，不出校記，如：

1. 乙倒符（字旁加「ˇ」）

（1）伯三六一六，卷四〈趙語〉上〔七〕之三蘇秦說魏襄王云：「夫爲人臣割其主之地以外交」「臣割」二字原倒，「臣」字旁有「ˇ」符。

（2）同前「外挾強秦之勢以內劫其主」「之勢」二字原倒，二字間有「ˇ」符。

如此之倒置乙正之，不出校記。

2. 刪節符

（1）伯二五八九卷七〈魏語〉，孟子說魏惠王有「上下爭利則國危矣」句，原卷「利」字上衍「則」字，然旁有刪節符「⊢」。

（2）同上，許綰說魏襄王有「基趾當廣八千里」句，「八」字上原卷有「須立七」三字，然三字旁並有刪節符「⊢」。

如此之例，直刪其字，不出校記。

（3）重字、重詞符，例甚多，今猶承用，今皆直用實字，例與前同。

至於俗字之屬，除意涉爭議或罕見者外，並直改為正體，以節繁文。

六、凡原文衍脫譌誤者，皆出校記勘正。倘無佐證，則依下列符號處理之：

（　）：括號上為原文，括號內疑為某字。

〔　〕：括號內為補足文意之文。

□：原文殘缺

七、卷七〈魏語〉以後，敦煌卷有釋文（斯七一三），可借以復原《後語》敘事之次，故依其所敘內容，分條處理。如《後語》本文俱在，則以釋文低一格錄於後；如只存釋文而無本文，則頂格書寫，例如本文。

八、卷七〈魏語〉有吐蕃文譯本。此譯本先後有今枝由郎以法文譯出，載於匈牙利《東方學報》34 頁 53～68（原名詳「參考及引用書目」）；又有王堯、陳踐以中文譯出，載於《敦煌吐蕃文獻選》頁 82～99。王堯等雖以中文譯出，文字已不類《後語》原貌，故今不做本文處理，只於相對每則案語中略加說明，並錄其譯文於後。

九、諸書徵引《春秋後語》，或節引，或意引，或參以當時俚語，皆非《後語》原貌，然今《後語》亡佚，故凡此類若該條為獨得，則例同本文處理，如有互見則置於案語中說明之。又或諸書徵引同屬一事，而內容詳略互見，則並列本文，中以「又」字界之。至若但敘其內容梗概者，如胡曾《詠史詩》三「流沙」陳蓋注引《後語》云：「秦、趙、魏、〔楚、韓〕、燕、齊七國並稱王，各舉兵甲相持，天下茫茫。」之屬，如可為互證，則於相關條下案語中說之；餘並不錄。

十、諸書引《後語》，間有誤引或不能盡考者，則置之輯校之後，立「存疑」之部。

《春秋後語》輯校

〈秦語〉上卷第一

一

〔孝公元年，河山以東彊國六，與齊威、楚宣、魏惠、燕悼、韓哀、趙成侯並……孝公於是布惠，振孤寡，招戰士、明功賞。下令國中曰：「昔我繆公自〕岐雍之間，脩德行武，東平晉亂，〔以河為界，西霸戎翟，廣地千里，天子〕致伯，諸侯畢(1)賀，至於厲、趮(2)、簡公、〔出子之不寧，國家內憂，未遑外事，三晉攻〕奪河西，諸侯卑秦，醜莫大焉，〔獻公即位，鎮撫邊境，徙治櫟陽，且欲東伐，復繆公之故地，脩繆公之政令。寡人思念先君之意，常痛於心。寡客群臣有能出奇計彊秦者，吾且〕尊官，與之分土。」於是衛人公孫鞅自魏〔西入秦，因孝公寵臣景監以求見孝公。孝公既見衛鞅，語事良久，孝公〕聽不入，時時睡。及鞅罷出，公怒景監〔曰：「子之客妄人耳，安足用邪！」景監以讓衛鞅。衛鞅曰：「吾〕說公以帝道，其意不開，請復(3)見□□□□□□□□□□□□□□□□□□□監(4)曰：「請復見我，我知之矣！」於是〔復見孝公。公與語，不自知𦤎之前於席也。語數日不厭。景監謂〕鞅曰：「子何以中吾君，君之歡甚〔也。」鞅曰：「吾說君以帝王之道比三代，而君曰：『久遠，吾不能待。且賢君者，各及其身顯名天下，安〕能邑邑待數十百年以成事乎？』吾又□□□□□□□□□□□□□□□□□□術說君(5)，君大悅之，然亦難以比德於〔殷周矣〕。」　（伯五○三四背）

校記：

(1)「畢」字原卷音譌作「必」，據《史記》五〈秦本記〉改正。

(2)「趮」字原俗作「趮」，今改爲正體，本卷第〔五〕三則「操」俗作「摻」同此例。
又原卷「趮」字下有注文「趮亂」二字。《史記》「趮」从「足」。

(3)「復」字下原卷有注文「復覆」二字。

(4)「監」字上原卷殘缺十五字左右，《史記》卷六八〈商君列傳〉在「其意不開」下云：「後五日，復求見鞅。鞅復見孝公，益愈，然而未中旨。罷而孝公復讓景監，景監亦讓鞅。鞅曰：『吾說公以王道而未入也。請復見鞅。』鞅復見孝公，孝公善之而未用也。罷而去。孝公謂景監曰：『汝客善，可與語矣。』」七十餘字，《後語》當有省略。

(5)「吾又……說君」原卷約二十一字左右，《史記・商君列傳》只作「吾以彊國之術說君」八字。

案：本則見伯五〇三四背面，「岐雍之間」句以前並殘亡，以下僅存上半段，各行並殘約十五字左右，今爲使文意連貫，依《史記・秦本紀》、〈商君列傳〉補足。此則始於秦孝公元年事，據《史通》言《後語》始於秦孝公，終於楚，漢之際，是本卷首雖有殘斷，亦去原書全文未遠。

二

□□□□□□□□□□□□□□□既而鞅請變法，公懼天下□議□之，鞅曰：「疑行旡名，疑事旡功，夫有高(1)人之行，固見負非於世(2)，有獨智之慮，必見疑於眾。愚(3)者闇於成事，智者見(4)於未萌。民(5)不可與慮始，可與樂成。」孝公曰：「善。」甘龍曰：「不然，聖人(6)不易民而教，知(7)者不變法而治；因人而教道，不勞而功成，緣法而自治，吏習而民安。」鞅曰：「湯武(8)不循古而王，夏殷不易禮而亡；反古者未為非，循禮者不足多。」公曰：「善。」□□（以鞅(9)）為左庶長，使定法令。法令既成，恐人(10)不信，乃立三丈之木於國都市南門，募民有能徙置北門者，與十金。民恠之，莫敢從。復題榜曰：「能徙者與五十金。」有一人(11)徙之，輙與五十金，以明不欺也。乃下令。民又言令不便者以千數，於是太子犯法。鞅曰：「法之不行，自上犯之。」請法太子，太子君之嗣也，不可施刑，刑其傅公子虔，黥其師公孫賈。由是法令大行，民莫敢犯者，道不拾遺。　（伯五〇三四背）

校記：

(1)「有高」二字原卷殘缺，此據《史記》六八〈商君列傳〉補。

(2)「世」字原卷缺筆作「せ」，此避唐太宗諱。

(3)「愚」字原卷音譌作「遇」，今據《史記》改正。
(4)「見」字原卷殘缺，此據《史記》補。
(5)「民」字原卷缺末筆作「巳」，此避太宗諱。本則凡「民」字皆缺筆，不復出校。
(6)「人」字原卷音譌作「仁」，據《史記》改正。敦煌俗寫「人」、「仁」二字多相混淆，此其例。
(7)「知」字原卷殘缺，據《史記》補。
(8)「湯武」二字原卷殘缺，據《史記》補。
(9)「為」字上原卷殘缺二字，《史記》作「以衛鞅」三字，唐太宗《帝範》卷下〈務農篇〉「移木無欺」句下注引《春秋後語》作「以公孫鞅」四字，疑此當作「以鞅」。(《帝範》據《粵雅堂叢書》本)
(10)「人」字《御覽》八二七市引同，《史記》、《帝範》注引並作「民」。
(11)「一人」二字原卷殘缺，據《帝範》注引、《史記》補。

案:《帝範》卷下〈務農篇〉、《御覽》八二七市引《後語》略及移木事，伯五五四四殘類書引《後語》略及太子犯法事，除《帝範》所引稍近原卷外，餘並有節略。本事亦見《史記》六八〈商君列傳〉、《商君書・更法》。此則前有殘缺，考之《史記》五〈秦本記〉乃孝公三年事也。

三

孝公十一年(1)**，以公孫鞅為大梁造，將兵圍魏安邑，降之。** (伯五〇三四背)

校記：

(1)《史記・秦本記》作十年，《六國年表》、《通鑑》同。

案：本則見《史記》五〈秦本記〉。

四

十二年，大築冀闕，自雍徙都之，始開千陌，立封壃而賦稅(1)**。秦人富**(2)**強，民皆勇於公戰，怯於私鬪，於是天子致伯，諸侯畢賀。公子虔復犯約**(3)**，劓**(4)**之。** (伯五〇三四背)

校記：

(1)「稅」字原卷從「言」作「說」，此據《史記・商君列傳》改正。
(2)「富」字原作「賦」，疑此涉上文而音譌，今據〈商君列傳〉改正。
(3)「復犯」二字原卷無，疑有脫誤，考乙卷亦及此，然「公」字下殘缺四字，「約」字作「法」，由是知原卷脫二字，今據〈商君列傳〉補。

(4)「劓」字上乙卷有「鞅」字。

案：本則繫年據《史記》五〈秦本記〉，公子虔事見〈商君列傳〉。

五（一）

孝公廿年(1)**，公孫**(2)**鞅請伐魏，曰：「魏君嶺阨西**(3)**，都安邑，與秦界河，而獨擅山東之利。利即西侵秦，病即**(4)**東收地。今以君賢聖，其國賴以盛強**(5)**，宜及此時伐魏，魏不友秦，必東徙，東徙則據**(6)**山河之固，東向以制諸侯，此帝業也。」孝公曰：「善。」遂使鞅伐魏，魏使公子卬**(7)**將兵距之。鞅遺卬書曰：「吾始與公子歡，今俱為兩國將，不忍相攻；願一與子面**(8)**見而盟，樂飲罷**(9)**兵，以安秦魏。」卬以為然，乃來會盟。鞅伏甲而虜之，盡破**(10)**其軍。魏王恐，割**(11)**河西之地以和。自是果去安**(12)**邑，徙都大梁。孝公封鞅十五邑**(13)**，號為商君。**（伯五〇三四背）

校記：

(1)「廿年」乙卷作「廿二年」，《史記》五〈秦本記〉、四四〈魏世家〉載秦公孫鞅伐魏並同後者，則此所載似有譌誤。然考《史記・魏世家》「(魏惠王）三十一年，秦、趙、齊共伐我。」下《索隱》云：「按：紀年『二十九年……九月，秦衛鞅伐我西鄙……王攻衛鞅，我師敗績』是也。然言二十九年，不同。」(〈商君列傳〉、《索隱》引同）魏惠王二九年即秦孝公二十年，是本則似亦有所據，今姑存疑。

(2)「公孫」二字伯五五二三背無。

(3)「嶺」字乙卷作「領」；又「阨」字下有「之地」二字，「西」字屬下讀，此與《長短經》五〈七雄略〉「張儀爲秦連衡說魏王」注合。

(4)「即」字乙卷作「則」。

(5)「其」「強」二字乙卷無。

(6)「據」字上《史記・商君列傳》有「秦」字，文意較明確。

(7)「卬」字原卷作「仰」，此據乙卷及《史記》改正。下並同此，不複出校。

(8)「面」字下乙卷、《史記》並有「相」字。

(9)「罷」字原卷作「以」字，恐涉下而譌，今據前校引書改。

(10)「破」字原卷殘損不可辨識，據乙卷補。

(11)「割」字上乙卷有「請」字。

(12)「安」字原卷無，此據乙卷及《史記》補。

(13)「邑」字下疑脫「於商」二字。《國策》三秦一：「衛鞅亡魏入秦，孝公以爲相，封之於商，號曰商君。」、「商」字下吳師道補曰：「盧藏用後語注，今商州上洛之地。」，如本文無「商」之地名，則盧藏用何由注釋。又釋慧琳《一切經音義》九五（弘明集）「商鞅」條下云：「《春秋後語》，秦孝公時丞相名也，姓公孫氏，封於商邑也。」亦可證此。

案：此段亦見《史記》六八〈商君列傳〉，而頗有刪節。又《長短經》五注亦及公孫鞅請伐魏事，與《後語》幾全同，竊以為趙蕤即引用《後語》也。

五（二）

初，商君衛之庶孽子(1)，事魏相公叔座，為中庶子。座知(2)其賢，未及進，會座病甚，魏惠王往問疾(3)曰：「公叔如(4)有不可諱，將奈社稷何？」公叔曰：「座之中庶子公孫鞅，年雖少，願王舉國而聽之。」王嘿(5)然，王將去(6)，座屏人言曰(7)：「即(8)不能用鞅，必煞之，無令出境。」〔王〕許諾，既而公叔召鞅謝曰：「王問我誰可以(9)為相，我言子，王色不許我。我方先君後臣，因為（謂）曰(10)：『即不用鞅(11)，必煞之。(12)』王許我，子疾去矣，□且見擒。」鞅曰：「王不能用君言任臣，又安能用君言煞臣。」卒不去，王果不煞。及鞅之用秦而擒公子卬，惠王歎曰：「吾恨不用公叔座之言，以至於此。」 （伯五五二三背）

校記：

(1)「子」字下甲卷有「也」字。

(2)「知」字原卷譌作「之」，此據乙卷及《史記》六八〈商君列傳〉改正。

(3)「疾」字甲卷、《史記》並作「病」。

(4)「如」字原卷作「而」，甲卷此句作「公叔病如有不可諱」，據改正。

(5)「嘿」字《史記》同，甲卷作「默」。

(6)「去」字原卷譌作「弃」，此據乙卷及《史記》改正。

(7)「屏」字原作「併」，此據甲卷及《史記》改正。又甲卷無「言」字。

(8)「即」字上甲卷及《史記》並有「王」字。

(9)「以」字甲卷無。

(10)「曰」字上甲卷有「王」字。

(11)「即不用鞅」四字甲卷作「王即不用」。

(12)「必煞之」句下甲卷有「無令出境」四字。

案：此處用倒敘法，亦見《史記》六八〈商君列傳〉。

五（三）

商君問於趙良曰：「始（1）秦戎狄之俗，父子無別，同室而居。今我更其制教，而為男女之別；大築冀闕，營如（2）魯衛。今（3）子其觀我治秦，孰與五羖大夫賢乎？」趙良曰：「千羊之皮，不如一狐之腋；千人之唯唯，不如一士之愕愕。武王愕愕以昌，殷紂嘿嘿（4）以亡。君若（5）不非武王，則僕請終其言正（6）而無誅，可乎？」商君曰：「語有之矣！貌（7）言華也，至言實也，苦言藥也，甘言疾也。夫子其肯終白正言，鞅之藥也。鞅將事子，子（8）何辭焉！」趙良曰：「夫五羖大夫楚之鄙人，賴（9）穆公之賢而願見之，行而無資，自鬻於秦客（10），被褐食牛。朞年而後，穆公知之，舉之牛口之下，而加之於百姓之上，秦國莫（11）望焉。相秦七年而守東鄭，三置晉國之君，一（12）救楚國之禍。發號邦（13）內，而遠人致貢（14）；施德加於（15）諸侯，而八戎來服。由余聞之，越關請見。五羖大夫之相秦也，勞（16）不坐乘，暑（17）不張蓋，出（18）行國中，不從車乘（19），不操戈（20）矛。功名藏於庫府（21），德行施於後世。及（22）五羖大夫死，秦國男女泣涕（23），童子不謌（24）謠，舂者不相（25）杵，此五羖大夫之德也。今君之見秦王也（26），因嬖人（27）景監以為主，非所以為名也。相秦不以百姓為事，而大築冀闕，非所以為功也。教之化民（28）深於命，民之効（29）上甚於令。今君左建死，右易生（30），非所以（31）為教也。君又南面而稱寡人，日繩秦之貴公子（32），詩曰：『相鼠有體，人而無禮，人而無禮（33），胡不遄死。』以詩觀之，非所以為壽也。公子虔杜門不出已八年矣，君又煞祝懽而黥公孫賈（34），詩曰：『得人者興，失人者崩。』此數物（35）者，非所以得人也。君之出也，後車十數乘（36），從車載甲，多力而駢脅者為驂乘（37），執矛而操闟戟者傍（38）車而趨。此一物不具，君固（39）不出。詩曰（40）：『恃德者昌，恃力者亡。』君尚（41）欲延年益壽乎？則何不歸十五都，灌園於野，勸秦王顯巖穴之士，養老慇孤，敬父兄，厚有功，尊有德。君尚將貪商於之富（42），寵秦國之教，蓄百姓之怨，秦王一旦捐賓客而不立於（43）朝，秦國之所以煞（44）君者，豈其微哉！」商君不聽。後五月，孝公卒，太子立，是為惠王。公子虔之徒告商君反，發吏捕之。商君亡至關下，欲入（45）客舍，客舍（46）不知其商君也，曰：「商君之法，舍人無驗者坐之。」商君歎曰：「嗟呼（47）！為法之弊，一至於此哉！」走無所歸，還入其邑，公子虔之徒遂攻（48）煞商君。惠王車裂其屍（49），以殉於國。　（伯五五二三背）

校記：

（1）「始」字甲卷作「初」。
（2）「如」字原音譌作「而」，此據甲卷改正。
（3）「今」字甲卷無。
（4）「嘿嘿」二字甲卷作「唯唯」。《史記》六八〈商君列傳〉作「墨墨」，意與底本同。案：《說苑》九〈正諫〉云：「武王諤諤而昌，紂嘿嘿而亡。」《孔子家語》三〈六本〉引孔子言與《說苑》略近，而「嘿嘿」即作「唯唯」。則兩本似皆有據。
（5）「若」字甲卷無。
（6）「終其言正」四字甲卷及《史記》並作「終日正言」。
（7）「貌」字上甲卷有「夫」字。
（8）「子」字下甲卷及《史記》並有「又」字。
（9）「賴」字甲卷及《史記》並作「聞」。
（10）「客」字《史記》同，甲卷作「市」。
（11）「莫」字下甲卷及《史記》並有「敢」字。
（12）「一」字上甲卷有「而」字。
（13）「邦」字甲卷及《史記》並作「封」。
（14）「而」字甲卷無。又「致貢」二字原作「置」，疑合二文爲一，今據甲卷及《史記》改正。
（15）「加於」二字甲卷無。
（16）「勞」字下原卷有「而」字，今參下文對句及甲卷，《史記》刪。
（17）「暑」字原卷形譌作「置」，今據甲卷及《史記》改正。
（18）「出」字甲卷無。
（19）「乘」字《史記》同，甲卷作「騎」，意亦可通。
（20）「戈」字原卷作「弋」。《史記》此句作「不操干戈」，是「弋」爲「戈」之形譌。今據甲卷改正。
（21）「庫府」二字甲卷及《史記》並作「府庫」。
（22）甲卷及《史記》並無「及」字。
（23）「泣涕」甲卷作「涕泣」。
（24）「謌」字甲卷作「歌」同。
（25）甲卷無「相」字。
（26）甲卷無「也」字。
（27）「人」字原卷漫漶難辨，此據甲卷及《史記》補。
（28）「民」字原卷避太宗諱改作「人」，今據甲卷及《史記》回改。

（29）「効」字甲卷及《史記》並作「效」。

（30）「左建死右易生」「左」「右」對舉，「建死」猶「易生」也。蓋謂商鞅法令嚴苛，動輒置人於死，變易其生途也。甲卷及《史記》並作「今君又左建外易」。《索隱》曰：「左建謂以左道建立威權也。外易謂在外革易君命也。」。今以二本文辭殊異，當有一誤，並此存舊。

（31）「以」字原本無，案：參稽上文「非所以為名也」「非所以為功」，下文「非所以為壽也」「非所以得人也」並有「以」字，此似不當獨無，今據甲卷及《史記》補。

（32）「繩」原卷作「乘」，音同譌誤，（「繩」「乘」《廣韻》並作「食陵切」）此據甲卷及《史記》改正。

（33）上三句原卷作「相鼠無禮，而人無禮。」脫誤不可解，今據甲卷及《史記》改正。

（34）「賈」字原卷殘缺，據甲卷及《史記》補。

（35）「物」字上甲卷有「事」字。

（36）「車」字、「乘」字原卷脫，此據甲卷補。

（37）「多」字原在「甲」字之上，今據甲卷乙正。又「驂」字甲卷作「參」。

（38）「傍」字甲卷及《史記》作「旁」，並可通。《廣韻》下平唐「傍」字下云：「亦作旁，側也。」

（39）「固」字原卷作「故」，此據甲卷及《史記》改正。

（40）「詩」字甲卷及《史記》並作「書」，《索隱》云：「此是周書之言，孔子所刪之餘。」今本《周書》無此言（參瀧川資言《史記會注考證》），《詩經》亦無。

（41）「尚」字下甲卷有「將」字。

（42）「尚」字「之」字原卷無，文意不足，今據甲卷及《史記》補。

（43）甲卷及史記並無「於」字。

（44）「煞」字上原卷有「不」字，與前後文意互乖，今據甲卷及《史記》刪。

（45）「入」字甲卷及《史記》並作「舍」字。

（46）「客舍」二字原無，上文脫重疊符，今據甲卷補。

（47）「呼」字甲卷及《史記》並作「乎」。

（48）「攻」字原卷譌作「功」，此據甲卷及《史記》改正。

（49）「屍」字甲卷作「尸」同。前已云煞，故此所車裂者，其屍耳。

案：本則亦見《史記》六八〈商君列傳〉，文末云「公子虔之徒遂攻煞商君」，《史記》作「秦發兵攻商君，殺之於鄭黽池。」《通鑑》二顯王三十一年云「秦人攻商君，殺之。」諸書所載並不云「公子虔之徒」，豈是孔衍為應前文「公子虔之徒告商君反」而改易？或別有所據，亦未可知。

六（一）

惠王即位，洛陽人蘇秦來說曰：「秦四塞之國也，被山帶渭，外有江河之險，北有胡馬之用，西有巴蜀漢中之利，所(1)謂天府之地者。以秦士民(2)之眾，兵法之教，可卷天下而稱帝治。」惠王謝曰：「寡人聞之，毛羽未成，不可高飛；文理未明，不可兼國。今上客幸不羞弊邑之廢，寡人願異日得以從事受令。」蘇秦曰：「臣固疑大王不能用也。昔神農伐輔遂(3)，黃帝伐涿鹿而擒(4)蚩尤，堯伐歡(5)兜，舜伐三苗，禹伐(6)共工，湯伐有夏，文王伐崇，武王伐紂，齊桓善戰而霸諸侯。由是觀之，安有不戰者乎(7)？是故必功(8)於下而威加於上，兵勝於內而義張於外(9)。今欲併天下，陵萬乘，詘敵國，制海內，非兵孰可(10)哉！夫位處而致利，安坐而廣地，雖古之五帝、三王、五霸之賢主(11)，皆常(12)欲之矣！其勢不能，故以戰續。是故必利劍相繫，拔戟相撞(13)，然後可以成功。今立世主怒指至道，沈於言(14)，溺於辯(15)，而惑之眾(16)，由是觀之，故(17)不能行也。」既書十上焉，王不能用。蘇秦資用乏(18)，乃歸洛(19)陽，說(20)燕趙之君，欲合山□□□面，□（蘇）秦□（恐）秦兵出，以負從約(21)，念莫可使用於秦者，□□□□□□□□□□□□□惠王以為客卿。　（伯五五二三背）

校記：

(1)「所」字甲卷作「此」。

(2)「民」字原卷避太宗諱作「人」，今據《國策》三秦一「蘇秦始將連橫」章、《史記》六九〈蘇秦列傳〉回改。

(3)「輔遂」《國策》作「補遂」，姚宏所引《後語》與此本合。

(4)「擒」字原作「摛」，「摛」爲布舒之意，置此不當。《國策》作「禽」，是知「摛」字爲「擒」字之形譌，今據正。

(5)「歡」《國策》作「驩」，《尚書》二〈堯典〉、《史記》一〈五帝本紀〉同，此通假字。

(6)「伐」字原卷脫，今據上下文及《國策》補。

(7)「安有不戰者乎」句下《國策》有「古者使車轂擊馳，言語相結，天下爲一；約從連橫，兵革不藏；文士並餝，諸侯亂惑；萬端俱起，不可勝理；科條既備，民多僞態；書策稠濁，百姓不足；上下相愁，民無所聊；明言章理，兵甲愈起；辯信偉服，戰攻不息；繁稱文辭，天下不治；舌弊耳聾，不見成功；行義約信，天下不親。於是，乃廢文任武，厚養死士，綴甲厲兵，效勝於戰場。」百餘字，吳師道於「結」字下補鮑彪注曰：「《後語》注，結，音吉，此古韻協也。下文悉然。橫，黃；態，替；濁，彌玉反；聊，留；服，蒲北反；信，新；兵，聊莛反。」吳師道所引《後語》注即唐盧藏用所注（詳研究篇第四章第三節），然所徵引之字，今所見敦煌本（伯五五二三背、伯五〇三四背）並無，二卷該處並無殘損，豈敦煌本脫誤如是之多？抑或《春秋後語》流傳至唐曾爲人所增補或刪節，故而吳氏所見《後語》注本與敦煌本差異如此之巨？

(8)「功」字甲卷作「攻」，疑有脫誤字，《國策》此句作「威立於上，民服於下。」。

(9)「內」「外」二字疑倒，《國策》作「兵勝於外，義強於內」。

(10)「孰可」二字原卷殘缺，此據甲卷補。又甲卷「孰」字原作「熟」，此二字敦煌寫卷每混淆，〈魏語〉七〔八〕「孰」亦譌作「熟」（校（3））可證，今據改正。

(11)「霸」字上原卷有「伯」字，「伯」「霸」意同，今據甲卷刪。又「之賢主」三字甲卷作「明君賢臣」。

(12)「常」字甲卷作「嘗」，作「嘗」於意爲長，否則其下不必云「其勢不能，故以戰續。」之語，且以蘇秦之意即云「賢主」，豈有「常欲之」之理。況敦煌寫卷「嘗」「常」二字每每相混，此當作「嘗」字是。今本《國策》亦作「常」，恐同此誤。

(13)「撞」字甲卷作「橦」。敦煌寫卷提手偏旁與木旁多不分，是「橦」亦「撞」也。姚本《國策》作「橦」，高誘注：「橦，刺。」，《廣雅・釋詁》一：「撞，刺也。」是「橦」字爲後世刊刻時所據底本即爲俗寫，刻者不辨而誤。（鮑本《國策》「橦」即作「撞」不誤）。

(14)「言」字甲卷作「辭」。

(15)「溺於辯」甲卷作「昏於辦」。

(16)「惑之眾」甲卷作「亂於說」。

(17)「故」字甲卷作「固」，且上有「王」字，與《國策》合。

(18)「乏」字原本及甲卷並譌作「之」，《國策》作「資用乏絕」，今據正。

(19)「歸洛」二字原卷殘缺，此據甲卷補。

(20)「說」字上甲卷有「遂」字。

(21)「以負從約」四字原卷殘亡，此據甲卷補。下至「客卿」並同，詳後案語。

案：本則大抵見《國策》三秦一「蘇秦始將連橫」章，前略及《史記》六九〈蘇秦列傳〉蘇秦說惠王事。原卷末略殘損，而甲卷又只存半紙，故文意頗難連貫，實則所據爲《史記》七十〈張儀列傳〉文：「蘇秦已說趙王而得相約從親，然恐秦之攻諸侯，敗約後負，念莫可使用於秦者，乃使人微感張儀……張儀遂得以見秦惠王，惠王以爲客卿。」以爲下文激怒張儀，及張儀相秦張本。

六（二）

蘇秦之激怒張儀〔乃使人微感張儀曰：「子始與蘇秦善，今〕蘇秦已當路矣。子何不往遊以求通〔子之願？」張儀於是之趙，上謁求見蘇秦。蘇秦乃誡〕門下不(1)為通，又使不得去數日，已而(2)見之〔，坐之堂下，賜僕妾〕之食，數讓之曰：「以子之才能，乃(3)自困辱至〔此。吾寧不能言而富貴子，子不足收〕也。」謝而遣之。張儀出，怒，念諸侯弱，獨秦〔能苦趙，乃遂入秦。蘇秦已而告其舍〕人曰：「張儀天下賢士，吾殆不如，今幸先用〔，而能用秦柄者，獨張儀可耳。然貧，無因以〕進。吾恐其樂小利而不遂大事，故〔召辱之，以激其意。子為我陰奉之。」乃言〕趙王，發金錢車馬，使舍人微隨張儀，與〔同宿舍，稍稍近就之，奉以車馬〕金錢所欲，取給於儀，儀既有用於秦，舍人乃辭去。張儀曰：「賴子得顯，方且報〕德，何故去速乎？」舍人曰：「臣非自知君，乃蘇〔君知君。蘇君憂秦伐趙，敗從〕約，以為非君莫能得秦柄，故激怒君〔，使臣陰奉給君資，盡蘇〕君之計謀也，今君已用(4)，請歸報蘇君。」儀曰：「嗟呼！術內而不悟，是吾不及蘇(5)君亦明矣！吾今(6)新用，安能謀趙？為儀謝蘇君，君在之時，儀何敢言。　（伯五〇三四背）

校記：

(1)「不」字原卷音譌作「布」，此據《史記》七十〈張儀列傳〉改正。

(2)「已而」二字原倒，茲據《史記》乙正。

(3)「能乃」二字原倒，今據《史記》乙正。

(4)「用」字乙卷有「秦」字。

(5)「嗟呼術內而不悟是吾不及蘇」十二字原卷殘缺，此據乙卷補。下文「蘇君君在之時儀何敢言」十字同，不複出校。

(6)「今」字甲卷作「又」。

案：此則伯五五二三背殘亡大半，故以伯五〇三四背爲底本，然底本原卷殘去上半紙。行約缺損十二至十四字，文意不明，今姑以《史記・張儀列傳》補之。

六（三）

陳軫者，亦遊說之士也。與張儀俱事〔秦惠王，惠王皆重之，二人爭寵。儀惡軫於〕(1)王曰：「王重幣(2)輕使秦楚之間〔，將為國交也。今楚不善於秦而善於軫，軫為〕楚厚，為秦薄也。軫欲去秦而〔之楚，王何不聽之？」王乃召軫而問之曰：「〕張儀以子為之楚，吾又自知子之〔楚。子非楚，且安之也！」(3) 軫曰：「臣願〕之楚。王又自知軫之楚，臣出必故之楚，且〔明臣為楚與不也。昔楚有兩妻〕者，王聞之乎？」曰：「不聞。」軫曰：「楚有兩妻者〔，人挑其長者，長者罵之；挑其少者，少〕者復誂(4)之。居無幾何，有兩妻者死，客〔為(謂)挑者曰：『為汝娶少者乎？長〕者乎？』曰『娶長者。』客曰：『長者罵汝，少者復〔挑汝，何故娶長者？』挑者曰：『居人之所則欲其挑我，為我之妻則欲其罵人。』今楚王明主，昭陽賢相，使軫為臣，常〕(5)以國情輸〔楚，楚王將不留臣，昭陽將不與臣從事矣！臣何故之楚？臣出必〕故之楚，足以明臣為楚與不〔也。」軫出，儀入問王曰：「軫果欲之楚不？」王曰：「〕軫天下之辯士，熟視寡人曰：『軫願之楚。』〔寡人遂無奈何也。」(6) 儀曰：「軫不為楚，楚王何為〕欲之？」王復以儀之言謂軫，軫曰：「然。」王〔曰：「儀之言果信矣。」軫曰：「非獨儀知之，行〕道之人盡知之。子胥忠於君，而天下〔皆爭以為臣；曾參孝己愛於親，而〕天下皆願以為子。故賣僕妻(7)不出〔閭巷售者，良軫(僕)妾也；出婦嫁於〕鄉曲者，是善婦也。今軫若不忠於君，楚〔亦何以為臣乎？忠且見弃，軫不之〕楚，將何歸乎？」王以其言為然，遂善〔待之。惠王終相張儀，軫遂奔楚。〕　(伯五〇三四背)

校記：

(1) 本則原卷殘缺上半紙，約十二至二十字間，今並依《長短經》補足文意，詳後案語。

(2)「幣」字原卷形譌作「弊」，此據《史記》、《長短經》改正。

(3)「楚子非楚且安之也」八字《長短經》無，此據《國策》改正。

(4)「誂」字《國策》同。《長短經》、《御覽》四六三辯上引《史記》並作「挑」。案：《國策》姚宏、吳師道於前文「誂」字下注云：「後語作『挑』」，是姚氏所見《後語》與敦煌寫本異，反合於《長短經》、《御覽》也。《說文》三上「誂，相呼誘也。」段注云：「按後人多用挑字。」是敦煌本猶存舊式，後世傳鈔遂以通用字代之。

(5)「挑汝……常」四十二字原卷有斷裂，以諸書覈之，中似缺一行，今並依《長短經》補足文意。

(6)「寡人遂無奈何也」七字《長短經》無，似有省略，此據《國策》、《御覽》引《史記》補入。

(7)「妻」字疑爲「妾」字之譌。古時僕、妾可賣，妻安可賣乎？前引諸書並作「妾」字可證。

案：張儀與陳軫爭寵事見《國策》三「張儀又惡陳軫於秦王」章，「陳軫去楚之秦」章及《史記》七十〈張儀列傳〉，《史記》所載與前章略同，而簡於後章，無「楚有兩妻」之事，然《御覽》四六三辯上引《史記》及趙蕤《長短經》八〈詭順〉所述並有之，王叔岷《史記斠證》遂疑「楚有兩妻」之事爲《史記》佚文，或《史記》之別本。今經與敦煌本《春秋後語》比對，《長短經》、《御覽》所據實非《史記》，乃《後語》也。〔註 1〕《後語》參考《國策》、《史記》以成書，故時兼《國策》、《史記》之內容。又《國策》一事載於兩章之中，前後文辭頗有重複錯亂，今人翟貴璽在〈關于《戰國策・秦策》中兩段錯策的訂正〉〔註 2〕一文中，已有詳說，然翟氏隨意更改挪動文辭，以爲並是錯簡所誤，頗難使人信服。今《後語》、《長短經》中，

〔註 1〕《春秋後語》述陳軫與張儀爭寵事，獨見伯五〇三四背，此卷只殘存下半紙，然就其所存，猶可得知《後語》描述此事之始末。今舉數例說明《長短經》、《御覽》所據非《國策》、《史記》，而爲《春秋後語》也。

（一）《長短經》「軫爲楚厚，爲秦薄也。」二句，《御覽》無，《國策》作「軫自爲而不爲國也」，《史記》作「軫自爲厚而爲王薄也」。《後語》原卷殘「軫爲」二字，餘正與《長短經》同。

（二）《長短經》「昔楚有兩妻者，王聞之乎？」二句，《國策》、《史記》並無，《御覽》作「王聞楚有兩妻者乎？」，《後語》「昔楚有兩妻」五字殘去，餘與《長短經》同。

（三）《長短經》「少者復挑之」，《御覽》同，《國策》作「少者許之」，《後語》「少」字殘去，餘同《長短經》。且全篇描述之順序《長短經》與《後語》同，唯《長短經》、《御覽》較之於《後語》又有所節略耳。今所見《長短經》中明白引《後語》者只有一條（卷三〈是非篇〉，然不引出處而實出《後語》者則甚多，如卷五〈七雄略〉「張儀爲秦連衡說魏王」注載公孫鞅請伐魏事是（詳卷一〔五〕之一案語）。

〔註 2〕見《文獻》第二十一輯，彼所述矛盾之處有五，其中三、四兩點，多以臆測，頗難成立：今姑就第一、二、五爲之解說如下：

（一）翟氏以前章結尾「乃必之也」解爲陳軫因張儀之讒而去秦之楚，後章又反覆張儀譖陳軫之說，而其結尾乃王以爲然，且善待之，前後順序顚倒。然而「乃必之也」，「必」字鮑本作「止」，二字形相近，易致誤。且上句爲「秦王曰善」，主詞爲秦王，何以忽轉爲陳軫。翟氏不考慮鮑本，反以姚本爲是，竟直指爲錯簡。

（二）第二點《國策》後章秦王告張儀語不合其本章所述，反合於前章陳軫告秦王之言，翟氏以爲「顯然存在著張冠李戴的悖謬」。唯此前後二章又辭近似，顯是劉向處理資料之時有此二說，原本各自成篇，司馬遷擇取前章以入《史記》，故無「楚有兩妻」之事，如此原無疑議，然問題之關鍵在今本《國策》後章所載陳軫對惠王之言，爲惠王所轉述，余以爲「寡人遂無奈何也」句下，恐有脫文，《春秋後語》、《長短經》下並有「儀曰：『軫不爲楚，楚王何爲欲之？』王復以儀之言謂軫，軫曰：『然。』」二十三字，而今本《國策》並無惠王再見陳軫之事，以爲後段陳軫告惠王之語並惠王自述，故翟氏有此疑惑也。

（三）其第五點所言正切中秦王轉述陳軫之語之未當。《國策》末云：「王以爲然，遂善待之。」與前文不相銜接，此敘秦王告張儀言陳軫事，何必言「王以爲然」？且「遂善待之」乃陳軫，並非張儀，置此殊不允當。今倘補以《後語》、《長短經》同（二），即可迎刃而解。

翟氏之說全據姚本本文，一以錯簡論斷，而所參考唯《史記》一書，稍嫌武斷。又後章「陳軫去楚之秦」，翟氏並作「陳軫去秦之楚」，更不知所據。

〈秦語〉中卷第二

一

惠王十年，以張儀為相。蜀□□□□□□□□□□□□□欲先伐蜀，恐韓襲(1)之，猶豫未能決。〔司馬錯與張儀爭論於秦惠王前，司馬錯欲伐蜀，張〕(2)儀曰：「不如伐韓。」王曰：「伐韓何如？」對曰：「親魏〔善楚，下兵三川，塞轘轅，緱氏之〕口，當屯留之道，魏絕南陽，楚臨鄭〔，秦攻新城、宜陽，以臨二周之郊，誅〕周王之罪，侵楚、魏之地，周自知不救，九鼎寶器必出。據九鼎，按圖籍(3)，挾天子以令於天下，天下莫敢不聽，此王業〔也。今夫蜀，西辟之國，而戎狄之長(4)也。弊兵〕勞眾，不足以成名；得其地，不足以為利(5)也。〔臣聞：『爭名者於〕朝，爭利者於市。』今三川、周室，天〔下之市朝也，而王不爭焉，顧爭於戎狄〕之倫，去王遠矣。」司馬錯曰：「不然。臣聞之〔，欲富國者，務廣其地；欲強兵者，務〕富其人(6)；欲王者，務博其德。三資者備而〔王隨之矣。今王之地小民貧，〕故臣願先從事於易。夫蜀，西僻之〔國也，而戎狄之長也，而有桀、紂之亂。以秦〕攻之，譬如使豺狼逐群羊，得其地，足〔以廣國也。得其財，足以富民，繕〕兵不足以傷眾，而彼已服矣！拔一國〔而天下不以為暴，利盡西海，諸侯不〕以為貪。是吾一舉而名實附也，而有〔禁暴正亂之名。今攻韓，劫天子，〕惡名也，有不義之名而攻天下所〔不欲，危！臣請謁其故：周，天〕下之為尊；韓，齊之與國矣(7)。周自知失〔九鼎，韓自知亡三川，則必將二國并力合謀，〕以因乎齊、趙，而求解乎魏。以鼎〔與楚，以地與魏，王不能〕止也。此臣之所謂『危』矣(8)！不如伐蜀便。」王(9)曰：「善。」起(10)兵伐蜀，破之，敗蜀王，號為侯(11)，而使陳莊相之(12)。蜀既屬秦，秦以富強，益輕諸侯矣(13)。 （伯五○三四背）

校記：

(1)「襲」字原作「龍」，此據《史記》七十〈張儀列傳〉改正。

(2)「司馬錯……張」原卷殘去約十二至十四字，爲連貫上下文意，此據《國策》三秦一「司馬錯與張儀爭論於秦惠王前」章補足。下並同此。

(3)「九鼎……圖籍」十二字原卷殘缺，今據江少虞《皇朝類苑》二十「九鼎」條引〈贊寧要言〉（五代末，宋初僧人贊寧作，今佚。）載《後語》補，其下並出注文云：「秦據執得周九鼎，自然業次知九州戶籍圖書也。」
(4)「長」字《國策》姚宏續注引《後語》作「倫」，與後文「顧爭於戎狄之倫」合。
(5)「利」字殘去左半，此據《國策》、《史記》補。
(6)「人」字《國策》、《史記》並作「民」，此避太宗諱改。
(7) 此句《國策》作「齊，韓、周之與國也。」吳師道補曰：「『齊』字疑衍」黃丕烈曰：「吳說非也。《史記》作『齊，韓之與國也。』《新序》同。讀以『齊』字逗，當是策文衍一『周』字。」案：《後語》此作「韓，齊之與國矣」，「韓」在「齊」前，文意尤洽。此段所論原是攻韓之事，張儀以攻韓可以得周，故司馬錯各以周、韓之利害以告之。黃氏據《史記》以《國策》衍「周」字，余以《史記》「齊韓」二字亦倒。
(8)「矣」字《史記》作「也」。丙卷無「矣」字，與《國策》同。
(9)「王」字上丙卷有「惠」字，《國策》、《史記》同。
(10)「起」字上丙卷有「遂」字，《國策》、《史記》「遂」作「卒」。
(11)「蜀破之敗蜀王號爲侯」九字原卷殘缺，此據丙卷補。
(12)「之」字丙卷作「蜀」，《國策》、《史記》同。
(13)「強益輕諸侯矣」六字原卷殘去，此據丙卷補。

案：張儀與司馬錯論伐蜀事見《國策》三，《史記．張儀列傳》。《國策》不標年月，《史記》載於秦惠王前元十年之前，與本則隸於惠王前元十年張儀爲相之年不合。然〈秦本紀〉及〈年表〉載秦伐蜀並在惠王後元九年，又與〈列傳〉、《後語》不同。

二（一）

惠王十二年(1)，韓魏相攻，朞年不解。惠王欲救(2)，問於左右，左右(3)曰：「救之便」，或曰：「勿救便」，惠王未能為決(4)。陳軫為楚使來，王見之曰：「子去寡人之楚，寡人甚思子，子亦思寡人乎？」軫對(5)曰：「王聞(6)越人莊舄乎？」王曰：「不聞。」「莊舄仕楚執珪，有頃而病(7)。楚王曰：『舄故越之鄙人，今之楚富貴矣，亦思越不？』中謝(8)之士對曰：『凡人(9)思故，在甚病也。彼思越則越聲，不思越則楚聲。』使乃住聽之，猶尚越聲也。今臣雖棄逐(10)於楚，能無秦聲乎(11)？」王曰：「善。今韓、魏相攻(12)，朞年不解，或謂寡人救之便，或謂(13)勿救便，寡人不能自為決，願子以(14)子主計之餘，為寡人計之。」軫曰：「亦嘗有以弁(15)莊子刺虎，王聞之乎(16)？」王曰：「不聞。」軫曰：「弁莊子刺虎(17)，管(18)豎子止之曰：『兩(19)虎方

食牛，牛甘必爭，爭必鬬，鬬則大者傷，小者亡。從傷而刺(20)，一舉必有雙虎之名(21)。』弁(22)莊子以為然。立而頃之(23)，兩虎(24)鬬，果有(25)雙虎之功。今韓、魏相攻，朞年(26)不解，必是大國(27)傷，小國亡，從傷而伐之，一舉必有兩實(28)，此猶弁(29)莊子刺虎之類也。臣主與(30)王何異？」王(31)曰：「善。」卒不救，待其敗而攻(32)，果大剋也。（伯二七〇二）

校記：

(1) 本書體例分國之中每又繫年，此云「韓、魏相攻」在秦惠王十二年（西元前 326 年），不知何據。本則似自《史記‧張儀列傳》出，然《史記》未載爲何年事，《國策》四「楚絕齊齊舉兵伐楚」章，吳師道注云：「考秦惠時，唯十三年，韓舉、趙護帥師與魏戰，敗績。」此見《史記‧六國年表》及〈韓世家〉。是豈《史記》所載爲韓敗績之年，而陳軫使秦爲惠王十二年乎？考陳軫去秦之楚爲惠王前元十年張儀相秦以後，如於十二年由楚使秦亦合於史實。姑存之，可備一說。

(2) 乙卷無「欲救」二字。

(3) 乙卷「左右」二字不重。

(4) 甲卷「未」作「不」，「爲」字下有「之」字。乙卷無「惠」「爲」二爲。

(5) 乙卷無「對」字。

(6)「聞」字下甲卷有「夫」字，與《史記》同。

(7)「頃」字甲卷作「傾」。「病」字原卷作「疰」即「莊」字，此形近譌誤，今據甲、乙卷改正。

(8)「謝」字《國策》同，甲卷作「射」。案：《國策》十七楚四「有獻不死之藥於荊王者」章有「牛射之士」，《韓非子》三〈十過〉有「牛射士」，是楚有「牛射」之官，「謝」原當作「射」。(「中射」詳參陳奇猷《韓非子集釋》三〈十過〉引孫詒讓《札迻》。)

(9)「人」字下甲卷有「之」字。

(10) 乙卷無「逐」字。

(11)「乎」字甲卷作「哉」。

(12)「攻」字甲卷，《御覽》八九一虎引同，乙卷作「擊」。

(13)「謂」字諸本同，《御覽》八九一引作「曰」，王輯本、鄭輯本據此。然吳淑《事類賦》注二十虎引亦作「謂」，則《御覽》或即涉《史記》而改。

(14)「以」字下甲、乙卷並有「爲」字。

(15)「弁」字乙卷同，甲卷原作「管」後改作「卞」，《御覽》引亦作「卞」，《史記》同。

案:「弁」「卞」音同,《廣韻》並作「皮變切」,《左傳》成公十八年:「弁糾御戎,校正屬焉。」《釋文》云:「弁,本又作卞。」又《左傳》昭公九年:「豈如弁髦,而因以敝之。」《釋文》云:「弁,本作卞。」是此二字古書已多音同而相混。《國策》「弁」作「管」,說詳王叔岷《史記斠證》頁2260。

(16)「亦嘗有以弁莊子刺虎王聞之乎」十三字甲卷作「王亦常(嘗)聞卞莊子刺虎聞於王者乎」;《御覽》八九一引「子」字下有「之」字,又「聞於王者乎」句與甲卷同。

(17)「子」字下《御覽》八九一、三〇五征伐下引並有「方」字。《長短經》七〈時宜〉同。「虎」字《御覽》三〇五引作「獸」,下同。此其母本避唐高祖之祖諱,而《御覽》引用未及回改也。

(18)「管」字《御覽》八九一引作「卞」,王叔岷云:「蓋涉彼上文『卞莊子』而誤。」當是。又「管」字上甲卷有「而其臣」三字,而《國策》、《史記》、《長短經》並無。(《御覽》八九一引亦有「而」字。)

(19)「兩」字原本作「雨」,此潘師所云敦煌俗寫「雨兩不分例」,茲據甲、乙卷改正。下同。

(20)「刺」字下甲卷及《御覽》引並有「之」字。

(21)「名」字《御覽》三〇五引作「功」。

(22)「弁」字乙卷無。

(23)「立而頃之」《御覽》八九一、《事類賦》注引作「立而顧之有頃」。

(24)「虎」字下甲卷及《御覽》八九一、《事類賦》注引並有「果」字。

(25)「有」字上甲卷、《御覽》八九一有「大者傷,小者亡(『亡』字《御覽》作『死』)一舉」八字。又甲卷無「果」字。

(26)「年」字乙卷作「載」,唐玄宗天寶三年改年爲載,至肅宗乾元元年又改載爲年,然乙卷中除此處及本卷〔三〕之二(校(5))外,「年」字並不作「載」,是此恐回改未盡之跡。

(27)乙卷無「國」字,下同。

(28)「兩」字《御覽》八九一引作「二」;乙卷「兩」字下有「全」字,「實」字屬下讀,無「此」字。

(29)「弁」字甲卷作「管」,參校(15)。

(30)「與」字下原卷重覆「與」字,今據甲卷刪。

(31)「王」字《御覽》引作「惠王」。《史記》、《長短經》同。

(32)「攻」字下甲卷及《御覽》八九一引有「之」字。

案：本則與《史記》七十〈張儀列傳〉所述陳軫事略相同。《國策》秦二「楚絕齊齊舉兵伐楚」章，雖亦及此，文意迥別。《後語》所據乃《史記》非《國策》也。

二（二）

秦自破蜀之後，遂使張儀伐滅其國而有其地。諸侯畏，秦惠王乃與張儀謀敗從約，而使諸侯西面事秦。於是張儀東說魏哀王曰：「魏地方不過千里，卒不過卅萬。地四平，諸侯四通，無名山大川之阻。從鄭至梁二（1）百餘里，車馳人（2）走，不待倦而至。梁南與楚境，北與趙境，東與齊境，西與韓境，卒戍（3）四方，守亭障不下十萬，梁之地勢，故戰場也。梁南與楚而不與齊，齊攻其東；東與齊而不與趙，趙攻其北；不合於韓，韓（4）攻其西；不親於楚，則楚攻其南。此所謂四分五裂之道也。且夫諸侯之從者以安社稷、尊主、顯名也。今從者一天下，約為昆弟，刑（5）白馬以為盟於洹水之上，以相堅（6）也。夫親昆弟，同父母，尚有錢財（7），而欲恃詐偽反覆蘇秦之謀，其不可成亦明矣。大王不事秦，秦下兵攻河外，據卷、衍、酸棗，劫衛晉陽，則趙不南，趙不南則梁不北，梁不北則從道絕，從道絕則大王之國欲無危不可得也。秦挾韓而攻梁，韓怯秦，不敢不聽，秦、韓為一，梁之亡可立待也。臣所以為大王患也。為大王計，莫如事秦，事秦則楚、韓必不敢動，無楚、韓之患，則大王高枕（8）而臥，國必無患矣。且夫秦之所欲弱，莫如楚，而能強楚者莫如梁。楚雖有富大之名，其實空虛，其卒雖多，然而輕走易北，不敢堅戰。悉梁之兵南面而伐楚，勝之必矣。夫割楚而益梁，梁南面而攻楚，破楚暱秦，構禍安國，此善事也。大王不聽臣，下兵而東伐，雖欲事秦，不可得也。且夫從人多奪辭而少可信，一說諸侯而成封侯。是故天下之士莫不日夜搤捥（9）瞋目切齒以言從之便，以說人之主，主賢其辯而事其說，豈得無聽哉！臣聞積羽沈舟，群輕折軸，眾口鑠金，願大王審定計議（10），魏哀王（11）於是乃倍從約而請成於秦。　（伯二七〇二）

校記：

（1）「二」字乙卷作「三」，此傳鈔譌誤，《史記・張儀列傳》、《長短經》五〈七雄略〉亦作「二百餘里」。然《國策》魏一「張儀爲秦連橫說魏王」章云：「從鄭至梁，不過百里；從陳至梁，二百餘里。」與此所載異，說詳梁玉繩《史記志疑》二九。

（2）「人」字上乙卷有「一」字。

（3）「戍」字原卷作「戎」，形近譌誤，據《國策》、《史記》、《長短經》改正。

（4）下「韓」字上疑脫一「則」字，與下文「不親於楚則楚攻其南」對句。《長短經》

於上文兩「齊」字、兩「趙」字間亦無「則」字，而於兩「韓」字、兩「楚」字之間並有「則」字，文字與《後語》同而不脫「則」字。(《國策》、《史記》於四處並有「則」字。)

(5)「刑」字原卷作「形」，敦煌俗寫「刑」「形」二字每相混，今據《國策》、《史記》、《長短經》改正。

(6)「竪」字原形譌作「竪」，此與前則「管竪子」甲卷「竪」譌作「堅」同意，今據前諸引書改正。

(7) 此句恐有譌脫，《國策》、《史記》、《長短經》「有」字下並有「爭」字。

(8)「枕」字原卷形譌作「挑」即「挩」字，今據前後引書改正。

(9)「捥」字《國策》、《史記》、《長短經》並作「腕」。《史記》二八〈封禪書〉:「莫不搤捥而自言有禁方，能神僊矣。」又卷八六〈刺客列傳〉:「樊於期偏袒搤捥而進」並作「捥」，與本卷合。

(10)「議」字原卷作「譏」，蓋形近而譌，此據甲卷及校（7）諸引書改正。

(11)「魏哀王」與前段合，《史記》同，甲卷作「魏襄王」。案：甲卷蓋據《竹書紀年》、《世本》也。《史記》四四《索隱》云:「系本襄王生昭王，無哀王，蓋脫一代耳。而紀年說惠成王三十六年，又稱後元一十七年卒……蓋紀年之作失哀王之代，故分襄王之年爲惠王後元，即以襄王之年包哀王之代耳。」然《後語》一書豈容二說，必有一本爲後人改耳。

案：秦破蜀見前文第〔一〕則末，《後語》列於惠王前元十年。本則以秦滅蜀而有其地，諸侯畏，故有張儀遊說諸國以破合縱之舉，因置於惠王前元十年（西元前 328 年）至十四年（西元前 324 年）間也。而《史記》敘張儀說魏王於「敗韓申差軍，斬首八萬，諸侯震恐。」後，張儀復相秦前，與《後語》不同。

三（一）

惠王十四年，初稱王，改十四年為元年。王欲伐齊，患齊、楚從親，使張儀往相楚。楚懷王晉(1)張儀來，虛上舍而館之，曰:「此僻陋之國，子何以教(2)？」儀乃說曰:「大王誠能聽臣，閉關絕約於齊，臣請獻商於之地六百里，使秦女得為大王箕箒之妾，秦、楚嫁女娶婦，長為兄弟之國。此北弱齊而西與秦也(3)，計無便於此者。」楚王大悅而許之，乃以相印授儀，而閉關絕約於齊。使一將軍隨儀至秦受地，張(4)儀詳（佯）失綏墮車，不朝三月(5)。〔楚王聞之〕曰(6):「儀以寡人絕齊(7)□（未）□（甚）耶？」乃使勇士宋遺北罵齊〔王。齊王大怒，折節而下秦。秦齊之交合，張〕儀乃朝，

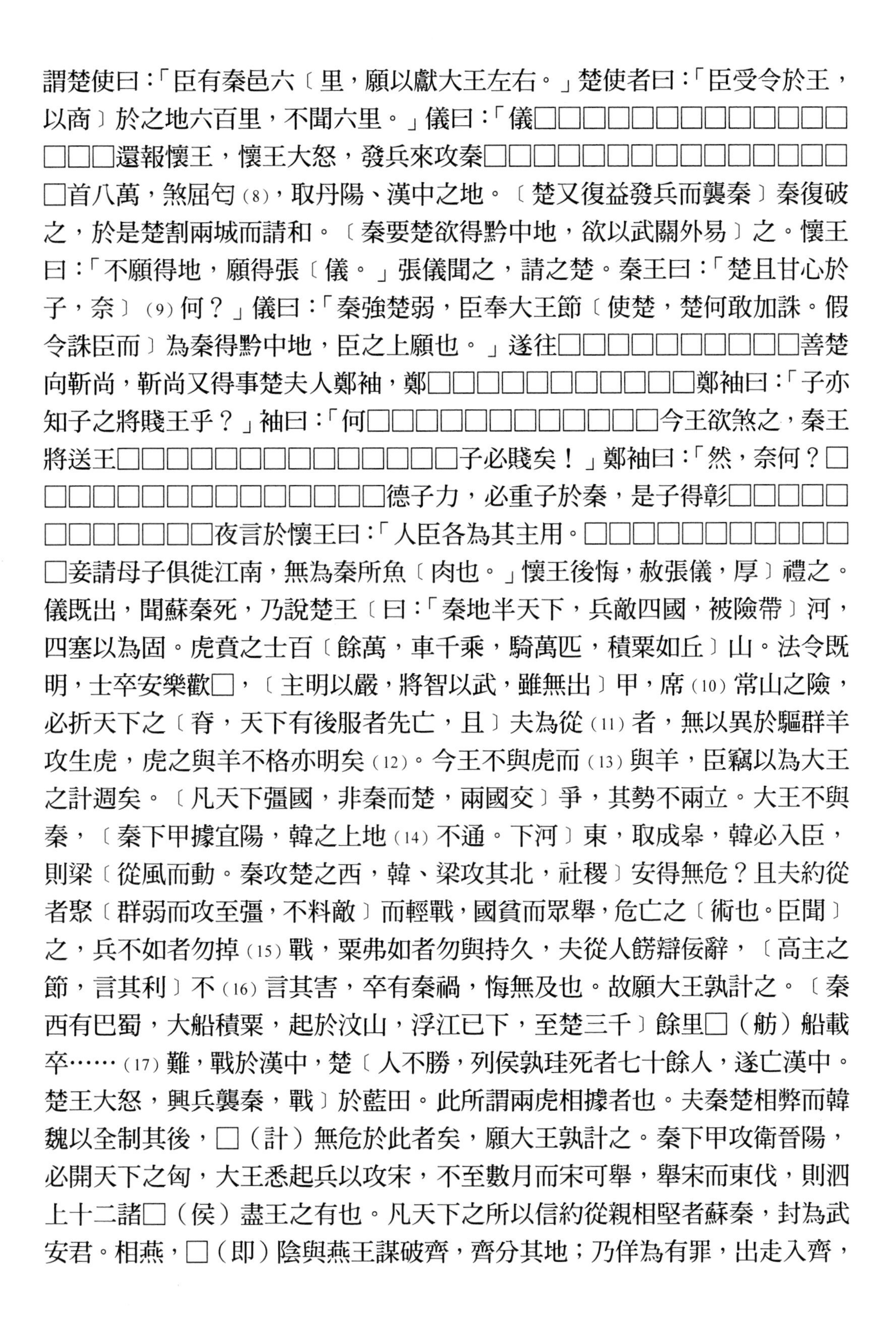

謂楚使曰：「臣有秦邑六〔里，願以獻大王左右。」楚使者曰：「臣受令於王，以商〕於之地六百里，不聞六里。」儀曰：「儀□□□□□□□□□□□□□□□□還報懷王，懷王大怒，發兵來攻秦□□□□□□□□□□□□□□□□首八萬，煞屈匄(8)，取丹陽、漢中之地。〔楚又復益發兵而襲秦〕秦復破之，於是楚割兩城而請和。〔秦要楚欲得黔中地，欲以武關外易〕之。懷王曰：「不願得地，願得張〔儀。」張儀聞之，請之楚。秦王曰：「楚且甘心於子，奈〕(9)何？」儀曰：「秦強楚弱，臣奉大王節〔使楚，楚何敢加誅。假令誅臣而〕為秦得黔中地，臣之上願也。」遂往□□□□□□□□□□善楚向靳尚，靳尚又得事楚夫人鄭袖，鄭□□□□□□□□□□□鄭袖曰：「子亦知子之將賤王乎？」袖曰：「何□□□□□□□□□□□□今王欲煞之，秦王將送王□□□□□□□□□□□□□□子必賤矣！」鄭袖曰：「然，奈何？□□□□□□□□□□□□□□□德子力，必重子於秦，是子得彰□□□□□□□□□□□□夜言於懷王曰：「人臣各為其主用。□□□□□□□□□□□□妾請母子俱徙江南，無為秦所魚〔肉也。」懷王後悔，赦張儀，厚〕禮之。儀既出，聞蘇秦死，乃說楚王〔曰：「秦地半天下，兵敵四國，被險帶〕河，四塞以為固。虎賁之士百〔餘萬，車千乘，騎萬匹，積粟如丘〕山。法令既明，士卒安樂歡□，〔主明以嚴，將智以武，雖無出〕甲，席(10)常山之險，必折天下之〔脊，天下有後服者先亡，且〕夫為從(11)者，無以異於驅群羊攻生虎，虎之與羊不格亦明矣(12)。今王不與虎而(13)與羊，臣竊以為大王之計過矣。〔凡天下彊國，非秦而楚，兩國交〕爭，其勢不兩立。大王不與秦，〔秦下甲據宜陽，韓之上地(14)不通。下河〕東，取成皋，韓必入臣，則梁〔從風而動。秦攻楚之西，韓、梁攻其北，社稷〕安得無危？且夫約從者聚〔群弱而攻至彊，不料敵〕而輕戰，國貧而眾舉，危亡之〔術也。臣聞〕之，兵不如者勿掉(15)戰，粟弗如者勿與持久，夫從人餝辯佞辭，〔高主之節，言其利〕不(16)言其害，卒有秦禍，悔無及也。故願大王孰計之。〔秦西有巴蜀，大船積粟，起於汶山，浮江已下，至楚三千〕餘里□（舫）船載卒……(17)難，戰於漢中，楚〔人不勝，列侯孰珪死者七十餘人，遂亡漢中。楚王大怒，興兵襲秦，戰〕於藍田。此所謂兩虎相據者也。夫秦楚相弊而韓魏以全制其後，□（計）無危於此者矣，願大王孰計之。秦下甲攻衛晉陽，必開天下之匈，大王悉起兵以攻宋，不至數月而宋可舉，舉宋而東伐，則泗上十二諸□（侯）盡王之有也。凡天下之所以信約從親相堅者蘇秦，封為武安君。相燕，□（即）陰與燕王謀破齊，齊分其地；乃佯為有罪，出走入齊，齊王因受而相之；□（居）□（二）年而覺，齊王大怒，車裂蘇秦於市。夫以一詐偽反覆之蘇秦而欲經營天（18）下，混齊諸侯，其不可成（19）亦明矣。今秦之與楚，接境壤界（20）之國，大王誠能聽（21）臣，臣請使秦太（22）子入質於楚，請（23）太子入質於秦，請以秦女為大王箕箒（24）之妾。然効力萬家之都以為湯沐之邑（25），長為昆弟之國，終身無相攻伐（26）。以為計（27），無便於此者。」於是楚王亦重出（28）黔中地，遂復與秦從親。（伯五五二三背、伯五○三四背）

校記：

（1）「耆」字甲卷作「聞」，《大廣益會玉篇》（下簡稱《廣玉篇》）四耳部有「耆」字，爲「聞」字之古文。考敦煌所出寫卷伯二五一六《古文尚書，說命下》：「王人求多，耆旹惟建。」又「事弗師古，㠯克永世，匪說逌耆。」又伯二五一六《古文尚書・胤征第四》：「羲味尸𤘪官，罔耆知。」「聞」字並作「耆」，與原卷合。

（2）「教」字下甲卷有「之」字，與《史記》同。

（3）「與」字甲卷作「益」，《史記》同，「也」字作「矣」。案：「與」字宜作「黨與」解，猶「與國」之「與」，於意爲長。儀所言獻商於之地，使秦女爲妾，豈有益於秦乎？且儀此行欲連楚以伐齊，倘明言有益於秦，非善說如張儀所當言。又秦、楚嫁女娶婦，則相爲與國，楚善秦而弱齊，且得商於之地，故楚王大悅而許之也。

（4）「受地張」三字甲卷無。

（5）「儀詳失綏墮」「朝」六字原卷左半殘缺，「三月」二字殘去，並依甲卷補正。

（6）「曰」字上原卷殘缺四，此據《史記・張儀列傳》補足文意，下文〔〕內並同此例。

（7）原卷止於「齊」字，下並依伯五○三四背爲底本。

（8）「匄」字原左从「亡」右从「乙」，不可識，恐形近而譌，今據《史記》改正。

（9）上缺約十四字，〈張儀列傳〉有四十餘字，此顯有節略。然下存「何」字，反與〈楚世家〉合，姑依〈楚世家〉補足文意。

（10）「席」字原作「㢛」，此南北朝以來俗字，今參《碑別字新編》頁 119 及斯三八八《正名要錄》第七紙「右正行者揩（楷），腳注稍訛」例據《國策》、《史記》改正。

（11）「夫爲從」三字原殘缺，此據《御覽》九○二羊、《事類賦》注二二羊引補。

（12）《御覽》引有注：「格，鬪也。羊不能與虎□（鬪）明矣。」

（13）「虎之與羊……今王不與虎而」十五字同校（11）。

（14）「上地」《國策》吳師道補注曰：「後語作『上黨地』」。此處原卷殘缺，然下段說韓宣王文中亦作「上黨地」與吳氏引合。

（15）「掉」《國策》、《史記》並作「挑」。案：《廣韻》上聲「篠」韻「掉」、「挑」並「徒弓切」，此音同相假借。

(16)「不」字原形譌作「而」，此據上下文意及《國策》、《史記》改。

(17) 以上甲卷殘斷，《史記》「卒」字下至此有二百一十六字，甲卷行約二十八字，倘《後語》無大節略，當殘去七行有餘。

(18)「天」字甲卷殘缺，此據乙、丁卷補。

(19)「成」字乙、丁卷無。

(20)「界」字乙、丁卷無。

(21)「誠」字原作「成」，且下殘缺「能聽」二字，今並據乙、丁卷補正。

(22)「太」字下原有「楚」字，恐涉下而衍，今據乙、丁卷刪。

(23)「請」字乙、丁卷作「楚」，與《國策》、《史記》同。

(24)「箒」字同校 (18)。

(25)「然」字「力」字乙、丁卷並無，與《國策》、《史記》同，於意略洽。又「之」字《國策》、《史記》同，乙、丁卷並無。

(26)「伐」字甲卷殘缺，此據乙、丁卷補。

(27)「重出」二字甲卷殘缺，此據乙、丁卷補。

案：本段大抵見《史記》七十〈張儀列傳〉而兼取卷四十〈楚世家〉，卷八四〈屈原列傳〉文字。蘇秦死，張儀說楚懷王亦見《國策》楚一「張儀為秦破從連橫」章，《長短經》五〈七雄略〉。《史記・秦本紀》、〈六國年表〉並載惠王後元十二年儀相楚，而本則繫於惠王前元十四年，顯有譌誤。又〈六國年表〉載惠文君稱王在惠王十三年（《史記・周本紀》在顯王四四年同），次年改元，《後語》以十四年稱王而改元年，所載稍有不同。

三（二）

張儀去楚之韓說韓宣王 (1) 曰：「韓地多 (2) 阨惡山居，五穀所生，非菽而麥，民食大抵菽飯藿羹 (3)。一歲不收，民不厭糟糠 (4)。地方不過九百里，無二年之食 (5)，料大王之卒，悉之不過卅萬 (6)，而廝 (7) 徒負養在其中矣！除守徼亭鄣塞 (8)，見卒不過廿萬而已矣。今秦帶甲百萬，車千乘，騎萬疋，虎賁 (9) 之士，䟃詢 (10)、科頭、貫頤、奮戟者，不可勝計 (11)。乘馬之良，戎馬之眾，探前抉 (12) 後，蹄間三尋者，不可勝數也。山東被甲冑 (13) 以會戰，秦人捐甲徒裼以趨敵，左挈 (14) 人頭，右挾 (15) 生虜。夫秦逐山東之卒，猶孟賁 (16) 烏獲之士以攻不服之弱國，無以異墮千鈞 (19) 之重於鳥卵之上，必無幸矣。諸侯不料地之弱，食之寡，而聽從人之 (20) 甘言好辭，比周以相

餝也（21）。皆曰（22）：「聽吾計則可以霸強天下（23）。不顧社稷之長利，而聽須臾之說（24）；詿誤其主，無大於此者矣。大王不爭秦，秦下甲（25）據宜陽，斷韓之上黨地（26），東取城皋（27）、滎陽（28），則鴻臺（29）之宮，桑林之菀，非王之有也。夫塞成皋，絕上黨地，則王 30 之國分矣。先事秦則安，不事秦則危，夫造禍而求福，計淺而怨深（31），逆秦而順楚，雖欲無亡，不可得也。臣故為（32）大王計，莫如（33）為秦；秦之所欲，莫如弱楚；而能弱楚者，莫如韓。非以韓能強於（34）楚也，其地勢然也。今王西面而事秦，挾韓而（35）攻楚，秦王必憙（36）。夫攻楚而利（37）其地，轉禍而悅秦，計無便於此者。」韓惠王（38）聽張儀計，計還報於惠王（39），惠王以五（40）邑封儀，號為「武信君」。　（伯五〇三四背）

校記：

（1）「韓宣王」《御覽》八五四糟引作「韓惠王」，當即韓宣惠王（西元前 332～312 年在位），《國策》、《史記》只云「韓王」，此所云不知何據。《長短經》五〈七雄略〉亦作「宣王」，蓋據《後語》。

（2）「地多」二字原卷殘缺，此據乙、丁、戊卷及《御覽》引補。

（3）「民」字乙、丁卷避太宗諱作「人」；又「民」字下乙、丁、戊卷及《御覽》引並有「之」字，與《國策》、《史記》同，又「抵」字《國策》、《史記》同乙、丁、戊卷並作「豆」。案：下句「菽飯藿羹」，菽即豆，「抵」字敦煌俗字作「柸」，則「豆」字恐涉偏旁形近而譌也。《御覽》引作「板」，亦「抵」字之形譌。鄭輯本據丁卷，已略論之。「菽飯」《史記》作「飯菽」，王念孫《讀書雜志》三以為《史記》誤倒，是。

（4）「民」字原卷殘缺，此據乙、丁卷補。又「厭」字《御覽》引作「饜」，與《史記》同。

（5）「無」字原卷殘缺，此據乙、丁、戊卷補，又「年」字乙卷作「戴」，參本卷〔二〕一校（26）。

（6）「之」字乙、丁本無。「過」字下原卷殘缺二字，乙、丁卷並有「卅萬而已」四字，今參覈《國策》、《史記》及原卷補「卅萬」二字。

（7）「而」字乙、丁卷無，「廝」作「斯」通。詳《說文通訓定聲》解部第十一「斯」字。

（8）「除」字原卷殘缺，此據乙、丁卷補。又乙、丁卷並無「塞」字。

（9）「賁」字原卷作「奔」，《廣韻》上平「魂」韻「奔」「賁」並「博昆切」，此音同譌誤，今據乙、丁、戊卷改正。

（10）「詾」字原卷漫漶難辨，此據乙、丁卷補。「詾」說文「訩」之或體，「號詾」者蓋呼詬叱之意，亦勇士之徵，《呂氏春秋》二一〈期賢〉云：「野人之用兵也，鼓聲則似雷，號呼則動地。」《國策》、《史記》並作「跿跔」，《長短經》五〈七雄略〉作「跿詢」。

(11)「計」字乙卷作「數」，下文「數」則作「計」。又乙、丁卷「計」字下並有「矣」字。

(12)「抉」字原卷作「決」，此音同形近而譌，今據乙、丁卷改正。《史記》作「趹」，《索隱》云：「趹謂後足抉地，言馬之走埶疾也。」

(13)「被甲冑」戊卷作「被甲冒冑」與《國策》同，丁卷作「被甲冑曹」，此與戊卷同而形譌。

(14)「挈」字原卷作「楔」，今據乙、丁卷改正。戊卷作「摯」。

(15)「接」字《國策》、《史記》、《長短經》並作「挾」，王叔岷《斠證》云：「春秋後語挾作接，挾、接正假字，」詳《通訓定聲》謙部第四「接」字。

(16)「賁」字原卷殘缺，此據乙、丁、戊卷補。

(17)「亦」字乙、丁、戊卷無，與《國策》、《史記》同。

(18)「賁」字原卷無，下文「烏獲」舉全名，此不當省，今據乙、丁、戊卷補。

(19)「鈞」字原卷作「鉤」，此形近譌誤，今據丁、戊卷改正。

(20)「之」字原卷無，文意不順，今據諸卷補。

(21)「也」字乙、丁、戊卷無。

(22)「日」字原卷無，疑脫，此據諸卷補。

(23)「則」字乙卷無。「天下」二字諸本無，作「夫」字屬下句。

(24)「說」字上乙、丁卷並有「巧」字；又乙卷「說」作「言」。

(25)「甲」字乙、丁卷作「兵」。

(26)「地」字乙、丁卷無，恐脫。

(27)「皋」字原卷譌作「臯」，今據丁卷改正。又「城」乙、丁卷並作「成」與《史記》同，並可通，《史記》六九蘇秦說趙肅侯「韓守城皋」，即作「城」。

(28)「熒陽」乙、丁卷並作「滎陽」，與《史記》合。

(29)「鴻臺」原卷形譌作「鳴臺」，今據乙、丁卷改正。

(30)「王」字原卷脫，此據乙、丁卷補。

(31)「怨深」二字原卷殘缺，此據乙、丁卷補。

(32)「爲」字乙、丁卷作「願」。

(33)「如」字乙卷作「若」。

(34)「強於」二字乙、丁卷作「弱」，意亦可通。

(35)「挾韓而」三字乙、丁卷作「以」，與《國策》、《史記》同。

(36)「憙」乙、丁卷作「喜」。

(37)「利」字《史記》同，乙、丁卷作「私」，《國策》同。

(38)「韓惠王」乙、丁卷作「宣王」。案：《後語》四〈趙語〉上「蘇秦從趙之韓惠王」與此同，然本則首即云「韓宣王」，前後稱呼不一，恐經後人改纂。(並參本則校(1))

(39) 乙卷無上兩「計」字，則「張儀」二字屬下讀，丁卷無下「計」字。又「報」字原卷無，此據乙、丁卷補。

(40)「五邑」《史記》同，乙、丁卷並作「十五邑」。

(41)「爲」字丁卷無。

案：張儀說韓王事見《國策》韓一「張儀爲秦連橫說韓王」章，《史記》七十〈張儀列傳〉，《後語》似自《史記》出。

三（三）

復使東說齊湣王曰(1)：「天下強國，無過齊者，大王父兄殷眾富樂。然而為大王計(2)皆為一時之說，不顧百世之利。從人之(3)說大王者，必曰：『齊西有強(4)趙，南有韓梁；齊負海之國也，地廣人(5)眾，兵強士勇，雖有百秦，將無奈(6)何也。』大王覽其說而不計其實。夫從人朋黨比周，莫不以從為可(7)。臣聞之，齊與魯三戰而魯三勝，國以(8)危，亡隨其後(9)，雖有戰勝(10)之名，而有破亡之敗(11)。是何也？齊大而魯小(12)。今秦之與趙(13)，猶齊之與魯。秦與趙戰於河漳(14)，趙亡卒(15)數十萬人，邯鄲僅存；雖有勝秦之名，而國已破(16)矣！是何故也？秦強而趙弱(17)。今秦楚(18)嫁女娶婦，為(19)兄弟之國；韓獻宜陽，魏効河外。今大王不事秦，秦驅韓、梁攻齊之南地(20)，悉趙兵渡清河，指博關(21)，臨菑、即墨非大王之有也。國一旦見攻，雖欲事秦，不可得矣(22)。是故願大王熟(23)計之，齊湣王許。

(《鳴沙石室佚書》(二) 羅振玉舊藏〈秦語〉)

校記：

(1)「使」字下甲卷有「張儀」二字，「湣」作「泯」。

(2)「計」字下甲卷有「者」字是，與《國策》、《史記》合。

(3)「之」字甲卷無，與《國策》、《史記》合。

(4)「強」字甲卷無。

(5)「人」字《國策》同，甲卷作「民」，《史記》、《長短經》同。此避太宗諱，恐《國策》回改未盡也。

(6)「奈」字下甲卷有「我」字，《國策》同。

(7) 甲卷「莫」作「無」，「可」字下有「耳」字。

(8)「以」字原卷作「與」，敦煌俗寫「以」「與」屢相混，上文「齊與魯三戰而魯三勝」，乙卷「與」即作「以」，今據甲卷改正。

(9)「隨」字原卷無，文意不足，今據甲卷補。

(10)「戰勝」二字甲卷作「勝敵」。

(11)「敗」字甲卷作「實」是，上云「名」與「實」相對爲言。

(12)「小」字下甲卷有「也」字是。

(13)「趙」字上原卷有「秦」字，後塗去，與甲、乙卷合。

(14)「河漳」二字乙卷無「河」字，甲卷作「漳河」。案：《國戰》高誘注：「河漳，漳水。」是。此所云乃秦與趙戰於長平，阬四十餘萬之事，原屬韓上黨地，在今山西省東南高地，爲漳水上游之地，又《史記》此句下有「再戰而趙再勝秦；戰於番吾之下，再戰又勝秦。四戰之後。」文意稍備。

(15)「卒」字上原卷有「秦」字，乙、丙卷同，此衍文，今據甲卷刪。

(16)「已破」二字乙卷作「以亡」。

(17)「弱」字下丙卷有「也」字，與《史記》同。

(18)「秦楚」二字乙卷作「楚秦」。

(19)「爲」字上甲卷有「長」字。

(20)「梁」字《史記》同，甲卷作「魏」與《國策》同；「地」字乙卷無。

(21)「博關」《國策》吳師道補注引《後語》注云：「今兗州博城縣有古關，是博關。」

(22)「矣」字甲卷作「也」。

(23)「熟」字丙卷作「孰」，「孰」「熟」古今字。

案：張儀說齊湣王見《史記》七十儀本傳、《國策》齊一「張儀爲秦連横齊王」章，《長短經》五〈七雄略〉。

三（四）

張儀去齊西說趙肅侯曰：「弊邑秦王使臣効愚於大王，大王率天下(1)賓秦，秦兵不敢出函谷關十五年矣。大王之威行於山東，弊邑恐懼慴服，繕甲厲兵，飾車騎，習戰射，力田積粟，守四封之內，愁居慴遠，不敢動搖，唯願大王有意督過之(2)。今以大王之力，西舉巴蜀，并漢中，東苞兩周而遷(4)九鼎，守白馬之津。秦雖僻遠，然而心怨含怒之日久矣。今秦有弊甲彫（凋）

兵軍於黽池，願渡河踰漳，據藩吾(5)，會戰邯鄲之下，願以甲子合戰，以征殷紂之事，故使臣先聞左右(6)。凡大王之所信以為從者，恃蘇秦。蘇秦熒惑諸侯，以是為非，以非為是，欲(7)反覆齊國而自令車裂於市。夫天下之不可一亦明矣，今楚與齊為昆弟之國，而韓、魏稱東蕃之臣(8)，齊獻漁(9)鹽之地，此即斷趙之右臂(10)，夫而求與人鬬，失其黨而孤居，求欲無危，豈可得乎？今秦發三軍，其一軍塞午道，告齊使興兵渡河於邯鄲之東(11)；一軍軍於成皋，驅韓、梁而攻河外；一軍軍於黽池(12)。約四國為一以攻(13)趙，破趙而四分其地。是故不敢匿意隱情，以先聞於左右。臣竊為大王計，莫如與秦王遇於黽池，面相約而口相結，請按兵無攻伐(14)，願大王(15)定計。」趙肅侯許之。　（伯二七〇二）

校記：

(1)「下」字甲、乙、丙卷並有「以」字。

(2) 乙卷無「唯」字；「過」字原作「遇」乙、丁卷同，甲卷作「通」。鄭良樹曰：「《國策》、《史記》、《長短經》『遇』作『過』，是也；當從之。」案：鄭說是，「遇」「通」並「過」字形近之譌，茲據改正。

(3)「并」字上甲、丁卷並有「南」字。

(4)「而」字丁卷無。「遷」字上甲、丁卷並有「西」字。

(5)「藩」字甲卷作「蕃」，丁卷作「潘」。《國策》、《史記》並作「番」。

(6)「使」字甲卷作「遣」，「先」下有「以」字。

(7)「故」字丁卷同；甲卷作「欲」，與《國策》、《史記》、《長短經》合，意較長。

(8)「稱」字下甲卷、《御覽》八六四鹽引有「爲」字，「蕃」字《國策》同，丁卷作「番」；《御覽》引作「藩」與《史記》同，《通訓定聲》乾部第十四「蕃」字下云：「叚借爲藩……《周禮・大行人》『九州之外謂之蕃國』」，又「番」亦爲「藩」之假借字，說並詳《通訓定聲》。

(9)「漁」字甲卷、《御覽》引並作「魚」，「魚」「鹽」並名詞，連舉當是，《國策》、《史記》、《長短經》同。

(10)「即」字甲卷無。又《御覽》引，「臂」字下有注云：「齊負海有魚鹽之利，今云『獻魚鹽之地』，矯辭以脅趙也。」

(11)「興兵渡河」甲卷作「興師度清河」，與《國策》、《史記》合。又「於」字上甲卷有「一軍」二字，「一」字恐涉上下文而衍；鄭先生以爲原卷「於」字上脫一「軍」字，是。

(12)「黽池」甲卷作「澠池」，與《國策》、《史記》同。

（13）「攻」字原卷無，今據甲、丁卷補。

（14）「按」字丁卷作「安」，意並可通。「攻」字上甲卷有「相」字。

（15）「王」字下甲卷有「之」字。

案：張儀說趙王見《國策》趙二「張儀爲秦連橫說趙王」章、《史記·張儀列傳》、《長短經》五〈七雄略〉。三書所載謹云說趙王，不云趙肅侯，考趙肅侯在位爲秦孝公十三年（西元前349年）至秦惠王前元十二年（西元前326年），前說楚王時蘇秦已死，當秦惠王後元十四年（西元前311年），此恐有譌誤。豈孔衍以史、策並無明書，因涉蘇秦說趙肅侯而誤乎？（此例又參本則第二段校（1）。）

三（五）

張儀乃去趙兆之燕說昭（1）王曰：「大王之所親，莫如趙，昔趙襄子嘗以其姊為代王妻（2），欲并代（3），約與代王遇於句注之塞，乃令工人作金斗（4），長其尾，令可擊人。與代王飲，陰告廚人曰：『即酒酣樂，進熱啜，反斗擊之。』於是酒酣，飲熱啜，廚人進斗，反斗以擊代王（5），其姊（6）磨笄以自煞，故至今有磨笄（7）山，天下莫不聞矣。夫趙王之狼戾無親（8），大王之所明見也。且以趙王為可親乎？趙興兵攻燕，再圍（9）燕而劫大王，大王割七城以和。今趙王已入會澠池（10），効河間（11）以事秦，大王不事秦，秦下甲雲中，九原，驅趙而攻燕，則易水長城非王之有也。且今時趙於秦猶郡縣也（12），不敢妄興師以征伐。今王事秦，秦王必喜，趙不敢妄動兵（14）。是西有強秦之援（15），南無齊、楚之患，願大王熟（16）計之。」燕昭王聽儀（17）。儀歸赦未至，惠王卒，子（18）武王立。武王自為太子時不悅於張儀，及即位，群臣多讒儀曰：「左右賣國以取容於秦，若必復用，恐為天下笑。」諸侯聞之，皆叛衡而復合從也。　（伯二七〇二）

校記：

（1）「昭」字原卷作「照」，今據丁卷改正。

（2）「趙」字「嘗」字甲卷無。「伐」字原卷作「大」，今從鄭良樹說引《御覽》七一八笄，《天中記》四九引《後語》改正。鄭良樹又云：「《御覽》、《中記》引『妻』並作『夫人』。」

（3）「代」字原卷形譌作「伐」，今據《御覽》引及後文改正。

（4）甲卷「作」字下有「爲」，「金」作「銅」。

（5）「王」字下甲卷有「煞之」二字是，文意較備，與《史記》合。

（6）「婦」字下甲卷有「因」字。

(7)「笄」字下甲卷有「之」字，與《國策》、《史記》同。

(8)「天」字上原卷提三格，以寫卷例乃別爲一則，今據丁卷及全書之例（同一事不割裂爲二則）合之。「狼戾」鄭良樹曰：「『狼』乃『狠』之誤未確，《國策》即作「狼戾」，鮑注云：「暴戾如狼。《史記斠證》二二五三頁。」」，說詳王叔岷。「親」字原卷無，今據甲、丁卷補。

(9)「圍」字原卷形譌作「園」，今據丁卷改正。

(10) 甲卷無「已」字，「黽」字作「澠」同。

(11)「間」字原卷形譌作「聞」，今據甲、丁卷改正。

(12)「趙」字下甲卷有「之」字；「郡」字原卷形譌作「群」今據丁卷改正。

(13)「征」字甲卷作「攻」。

(14)「兵」字下甲卷有「矣」字。

(15)「援」字丁卷作「授」，恐形近譌誤，《國策》、《史記》、《長短經》並作「援」。

(16)「熟」字原卷俗省作「孰」此據甲、丁卷改正。

(17) 甲卷「儀」作「張儀」，下兩「儀」字同。

(18) 甲卷無「子」字。

案：張儀說燕昭王見《國策》燕一「張儀爲秦破從連橫謂燕王」章、《史記・張儀列傳》、《長短經》五〈七雄略〉。此則文辭與《史記》多同，似自《史記》出。

四（一）

武王元年，羣臣日夜惡張儀，而齊又來讓儀(1)。儀懼誅，因謂(2)武王曰：「儀有禺(3)計，願効之。」曰(4)：「奈何？」儀曰：「東方有大變，然後王可以多割其地。今齊王甚憎儀，儀之所在必興師伐之，願効其不肖身之魏(5)，齊必伐(6)魏，齊、魏之兵(7)連於城下，不能相去，王以其間伐韓，入三川，出兵函谷，而無(8)伐齊，以臨周求九鼎(9)，祭器必出矣。挾(10)天子，按圖藉（籍），此王業也。」武王以為然，乃興軍車卅乘，送儀(11)之梁。齊果興師而伐魏，襄王恐(12)，儀曰：「王勿恐，請令罷兵(13)。」乃使其舍人馮喜之楚，借使之齊，謂齊王曰(14)：「王其憎儀，然今厚矣！王之託儀於秦也(15)。」王曰：「寡人伐之，何謂(16)託儀於秦也。」對曰：「是乃所以託儀也(17)。夫儀之出，知王必伐之，故與秦立約，伐韓三川(18)，臨周取祭器，而王果伐之(19)，以成其計，此非託儀而何？」齊王乃解兵而歸。儀相魏一年而卒(20)。　（伯二七〇二）

校記：

(1)「儀」字丁卷作「張儀」。
(2)「謂」字原卷作「爲」，丁卷同，敦煌卷俗寫「謂」「爲」每相混，此據甲卷改正。
(3)「禺」字甲、丁卷作「遇」，《國策》、《史記》並作「愚」是。
(4)「曰」字上甲、丁卷並有「王」字。
(5)「願」字上甲、丁卷並有「儀」字；「効」字甲卷作「乞」，與《國策》、《史記》同；「身之」二字原倒，今據甲卷乙正；「魏」字甲卷作「梁」。
(6)「伐」字原卷音譌作「罰」，今據甲卷改正。
(7)「兵」字上甲卷有「士」字。
(8)「無」字丁卷同，甲卷作「先」，與下文「臨周求九鼎不符，「先」恐是「旡」之譌。
(9)「九鼎」丁卷同，甲卷作「祭器」，《國策》、《史記》只云「以臨周」，而無「求九鼎」之言，考前文第〔一〕則張儀與司馬錯爭論於秦惠王前，張儀亦有「據九鼎，按圖籍。」之語。又「九鼎」「祭器」並國之重寶，置此並可通，雖兩本歧異，今兩存之。
(10)「俠」字丁卷同，甲卷作「挾」。案《漢書》四三〈叔孫通傳〉:「殿下郎中俠陛」師古注曰:「俠與挾同。」《國策》、《史記》並與甲卷同。
(11)「儀」甲卷作「張儀」。
(12) 甲卷「襄」字上有「魏」字，與《國策》吳師道補注引《後語》合，《史記》作「梁哀王」，黃丕烈《國策札記》云:「恐《史記》之哀王，《世本》謂之襄王，《後語》依世本也。」是，說詳〈秦語〉中〔二〕(2)校(11)。又「恐」字下甲卷有「懼」字。
(13)「兵」字上甲卷有「齊」字，與《國策》、《史記》同。
(14)「王曰」二字原卷無，文意不足，今據甲卷補。
(15)「也」字甲卷無。
(16)「謂」字甲卷作「以」，與《國策》、《史記》同。
(17)「也」字丁卷無。
(18) 上二句甲卷作「固與秦王約伐韓，入三川。」意亦可通。
(19)「之」字甲卷作「矣」。
(20)「儀」甲卷作「張儀」；又「魏」字原卷無，文意稍不足，今據丁卷補；又甲卷「卒」子下有「雍也」二字，《史記》並不言張儀死所，而雍地戰國時爲秦地，在今陝西鳳翔縣南，蓋謂其死於此也。

案：本事見《國策》齊二「張儀事秦惠王」章，《史記》七十〈張儀列傳〉，本文多與《史記》同而稍簡。

四（二）

張儀本魏人也，始與蘇秦俱學於鬼谷先生。既而(1)遊說於諸侯，嘗從楚相飲(2)，楚相亡璧，門下咸意儀(3)，曰：「儀貧無行資，必盜相君璧也。」共執儀，掠笞數百，不服，乃釋之。歸(4)，其妻曰：「嘻！子無讀書遊說，安得此辱乎？」儀曰：「汝視吾舌尚在否(5)？」其妻笑曰：「在耳。」儀曰：「足矣！」及(6)用於秦，乃為尺二檄(7)，告楚相曰：「始吾從汝飲，不盜汝璧，而掠(8)笞我。今善守汝國，願將盜汝城矣！」由是務欲困楚，終如其志。　（伯二七〇二）

校記：

(1)「而」字甲卷無。

(2)「飲」字原卷無。鄭良樹曰：「《史記》『相』下有『飲』字，疑是。下文云：『始吾從汝飲。』正有『飲』字。」是，今據甲卷補。

(3)「儀」甲卷作「張儀」。

(4)「歸」字上甲卷有「儀」字。

(5) 甲卷無「尚」字；「否」作「不」同。

(6)「及」字丁卷作「乃」，鄭輯本據此，於意稍塞，且與下「乃」字重，作「及」字是。

(7) 鄭良樹云：「《史記》『尺二』作『文』，索隱引王劭曰：『《後語》云：「丈二尺檄。」』所見本與此異。」世昌案：作「尺二檄」是。《文心雕龍》四〈檄移〉：「張儀檄楚，書以尺二。」又《漢書》一下〈高帝紀〉：「吾以羽檄徵天下兵」師古注云：「檄者，以木簡爲書，長尺二寸，用徵召也。」並與原卷合。

(8)「而」字甲卷作「汝」，無「掠」字，《史記》作「若笞我」與甲卷合。

案：此倒述張儀未相秦前之事，以年無可繫，故置於末，其例與卷一商鞅、卷四蘇秦事同。然彼二例文首並有「初」字，此在史書倒述前事時常可見，本則獨無，豈傳鈔者脫之乎？

四（三）

秦興師臨周而(1)求九鼎，周顯王患之，以告顏率(2)，顏(3)率曰：「大王勿憂，東(4)借救於齊。」顏率至齊，謂齊(5)宣王曰：「夫(6)秦之無道，欲興師臨周而求九鼎，周之君臣內自畫計，與秦不如歸之大王(7)。夫存危國，美名也；得九鼎，厚寶(8)也。願大王圖之。」齊王大悅，發師五萬人，使田忌將以救周(9)，而秦兵罷。齊將求九鼎，周顯王(10)患之，顏率曰：「大王勿憂，臣請（11）解之。」顏率至齊，謂齊王曰：「夫周賴大國之義，得君臣父子相保，願獻九鼎，不識大王何塗之徙（12）而致之齊？」齊王曰：「寡人將寄徑（13）於梁。」顏率曰：「不可。夫梁之君臣欲得九鼎，謀之暉臺之下，海（14）之上，其日久矣！入梁鼎必不出。」齊王曰：「寡人將寄徑於楚。」顏率曰：「不可。楚之君臣欲得九鼎，謀之於華庭之中（15），其日久矣！入楚，鼎必不出。」齊王曰：「寡人將何塗之徙（16）而致之齊？」顏率曰：「弊邑因竊為大王（17）患之。鼎（18）者，非與壺瓮（19）漿甀，可（20）懷挾提挈而致於齊；非與鳥隼烏飛（21），兔與（興）凫遊（逝）（22），欻然可止於齊也。昔者周之伐殷，得九鼎，一鼎九萬人挽之，九九八十一萬人，士卒師徒，器械被具，可以鈎（23）者稱此，今大王縱有其人，何塗之從（24）出，臣竊為大王私憂之。」齊王曰：「子（25）之數來者，猶無與（26）耳。」顏率曰：「不敢。大國疾定所徙，弊（敝）邑遷鼎以待命。」王（27）乃止。　（伯二七〇二）

校記：

（1）「而」字甲卷《白帖》四鼎引並作「以」，鄭輯本據丁卷作「不」，蓋「而」字之形譌。

（2）「率」字姚宏引《後語》注云：「力出切」。

（3）甲卷無「顏」字。

（4）「東」字原卷漫漶，今據丁卷補。又甲卷「東」字上有「臣請」二字，與《國策》合，意較長。且下文「大王勿夏，臣請解之。」亦有「臣請」二字。

（5）甲卷無「齊」字。

（6）「夫」字原卷作「大」，此形近譌誤，下文「夫梁之君臣欲得九鼎」亦作「夫」字，以「夫」爲語辭可省略，《白帖》所引二處並無「夫」字，今據甲、丁卷改正。

（7）甲卷「秦」字下有「之九鼎」三字，「如」字作「若」。

（8）「寶」字《國策》同，甲卷作「實」，諸祖耿《戰國策集注彙考》引金正煒說（頁8），以「寶」字爲「實」字之譌，當是。

（9）「田忌」《國策》作「陳臣思」，「陳臣思」即「田臣思」即「田忌」也，說詳諸氏《彙考》頁494。

（10）「周顯王」甲卷作「周君」。

（11）「請」字下甲卷有「東」字。

（12）「何塗之徙」《白帖》引作「何塗之所從」，意並可通。

（13）「徑」字甲卷作「途」。

（14）「海」字上甲卷有「少」字，丁卷、《白帖》引並有「小」字。古「少」、「小」字通，原卷恐脫。

（15）「華庭之中」姚宏續注《國策》引作「章華之庭」，並引注云：「徐廣曰：華容有章華亭。」是姚氏所見注本與諸本不同。鄭輯本以爲姚氏所引爲古本，敦煌寫卷乃後人據《國策》改，恐非。（姚氏乃南宋人，《後語》爲唐盧藏用注，姚氏所引豈有所謂「古本」，況《六帖》所引詞條亦作「謀於華亭」，敦煌寫卷尤早於姚宏，鄭氏言未當。）又《六帖》引「中」字作「上」。

（16）甲卷無「之徒」二字。

（17）「王」字下原卷有「之」字，此涉下文衍，今據丁卷刪。

（18）「鼎」字甲卷有「夫」字，與《國策》合。

（19）「瓮」字原作「瓷」，甲卷作「兊」，丁卷作「罌」，通假字。姚本《國策》作「醯壺」，與「醬甀」對。

（20）「可」字上《白帖》引有「不」字。

（21）「與」字丁卷作「學」；「烏」字原卷無，今據丁卷補。鄭良樹云：「『隼』當從《國策》作『集』。」當是。

（22）「兔與鳧遊」丁卷同，難解，《呂氏春秋》八〈論威〉：「兔起鳧舉」注云：「起，走；舉，飛也，兔走鳧趨，喻急疾也。」當即此意，《國策》作「兔興烏逝」，則「與」「遊」恐爲「興」「逝」之譌。

（23）「鈎」字丁卷同，鄭良樹云：「『鈎』疑是『鈞』之誤，《國策》作『備』」。

（24）「從」字原卷形譌作「徒」，今據丁卷改正。

（25）「子」字下原卷重複一「子」字，今據丁卷刪。

（26）「與」字下甲卷有「鼎」字。

（27）甲卷「王」作「齊王」。

案：本則見《國策》一東周首章，《國策》只載其事而無顯王、宣王之名，孔衍不知何據而繫於周顯王、齊宣王。後世編年者，如《大事紀》即據姚注引《後語》繫於顯王二三年，顧觀光《國策編年》從之。考《史記・六國年表》周顯王、齊宣王在秦孝公、秦惠王時也（陳夢家《六國紀年表》齊宣王與秦武王同時，然又與周顯王不同時。），時武王未即位。如以顯王、宣王爲眞，則何以繫此事於武王元年之後？余意《後語》十卷七國，無「周語」，而所敘周國事皆附他國。〈秦語〉中只本則及下則略及周事；而下則且及樗里疾（樗里疾爲武王相，置此無不當。）。而本則單敘求九鼎之事而次此者，蓋因與下則同爲周事而早，而其年代又不能詳考，故置於此也。

四（四）

秦客樗里疾以車百乘入周，周君迎之以卒，甚敬。楚王讓周，以其重秦客也。遊勝(1)為周謂楚王曰：「昔者智伯欲伐仇猶，遺之大鐘，載以廣車，因(2)隨之以兵，仇猶卒亡，無被(3)故也；桓公之伐蔡也，號言誅楚，其實襲蔡。今秦者虎狼之國，有吞天下之心，使樗里疾以車百乘入周，周君懼焉，以蔡、仇猶戒(4)之，故使長兵居前，強弩在(5)後，名曰『衛疾』，而實囚之。周君豈能無愛國哉！恐一旦危亡而憂也(6)。」楚王大悅。（伯二七〇二）

校記：

(1)「遊」字姚宏引《後語》作「游」，與敦煌本異。案：《廣玉篇》十：「遊與游同」，是「游」「遊」古書多通用，《長短經》五注敘此事正與敦煌本同。《國策》、《史記》「遊勝」作「游騰」。王叔岷《史記斠證》：「騰、勝古通，周書文酌解：『騰屬威眾。』孔注：『騰、勝也。』即其證。」

(2)「因」字下甲卷有「而」字。

(3) 鄭良樹云：「『被』當從《國策》、《史記》、《長短經》作『備』，音近而誤也。」

(4)「戒」字原卷作「夷」，「夷」字之俗體與「戒」字形相近，今據丁卷改正。

(5)「在」字甲卷作「居」。

(6)「危亡而憂也」五字甲卷作「亡國而憂及大王」，意較長。

案：遊勝說楚王事見《國策》西周策三、《史記》七、〈樗里子列傳〉、《長短經》五〈七雄略〉注，四者文辭稍有出入。

五（一）

武王二年，初以樗里疾為左丞相，甘茂為右丞相(1)。武王謂甘茂曰：「寡人欲容車通三川，以窺周里，而寡人死(2)不朽矣。」甘茂曰：「請之魏，約伐韓取宜陽，則可以得志矣！」甘茂之魏，魏既聽命，而還。王迎之於息壤，甘茂曰：「宜陽大縣，上黨、宜陽(3)積之久矣。雖名曰縣，其實郡也(4)。今使臣背數險行千里，攻之難矣。昔曾參處費，費人有與曾參同姓名者而煞人，人告其母曰：『曾參煞人。』其母織自若(5)。頃之，一人告之『曾參煞人。』其母尚織自若也。頃之，又一人走來曰(6)：『曾參煞人。』其母(7)投杼下機，踰墻而走。夫以曾參之質，其母信之，三人疑之(8)，其母懼焉。今臣之賢不若曾參，大王之信臣，又不若參母之(9)信參，疑臣者非徒三人，臣恐大王之投杼。始(10)張儀西并巴蜀之地，北開西河之外，南取上庸，天下不以多

張子，而以賢先王。魏文侯令樂羊將而攻中山，三年而拔之，樂羊返而論功（11），文侯示之謗書一篋。樂羊再拜稽首曰：『此非臣之功，君王之力也。』」今臣羈旅，樗里子、公孫奭二人者挾韓而議，王必聽之，是王欺魏而臣受公仲侈之怨。」王曰：「寡人不聽，請與子盟。」盟于息壤。遂使甘茂伐宜陽。五月不拔，樗里子、公孫奭果譖之，王亦果召甘茂欲罷兵。甘茂曰：「息壤在彼。」王曰：「有之。」因悉退兵佐甘茂擊之，斬首六萬，遂拔宜陽。韓襄王使公仲侈來，請與秦平。（伯二七○二）

校記：

（1）王叔岷《斠證》曰：「左、右二字當互易。」並舉《史記・甘茂傳》、《新序・雜事二》、《通鑑》赧王六年爲證。甲卷殘斷，猶存「甘茂爲左丞相」句，「左」「右」二字形近易混，王說當是。

（2）「死」字下甲卷有「之」字。

（3）「宜陽」《國策》、《史記》並作「南陽」。

（4）「其」字上甲卷有「而」字，「郡」字原卷形譌作「群」，今據丁卷改正。

（5）「若」字下甲卷有「也」字。

（6）「走來曰」三字甲卷作「云」。

（7）「織自若……其母」三十四字原卷無，恐隔行跳抄，今據丁卷補入。

（8）「疑之」甲卷作「之言」。

（9）「參母之」三字甲卷作「曾參之母」。

（10）「始」字原卷提行另爲一則，丁卷同。參《國策》、《史記》、《新序》，以下並爲甘茂告武王語，不宜折爲二，今併於前。

（11）「功」字原卷音譌作「攻」，今據《御覽》七○五篋引改正。

案：本則見《國策》秦二、《史記》七一〈甘茂傳〉、《新序》二〈雜事〉，三者互有出入，《後語》似據《史記》撰成，內容相近。

五（二）

武王有力，用力士任鄙、烏獲、孟說等皆至大官。武王既平韓取宜陽，遂涉河度武關，東觀周室，與孟說舉龍文之鼎，絕臏而卒。秦人族孟說。
（伯二七○二）

案：本段似綜合《史記・秦本紀》、〈趙世家〉、〈甘茂列傳〉撰成，〈秦本紀〉、〈趙世家〉只云舉鼎絕臏而死，並不云在周，〈甘茂傳〉則言卒於周而不云舉鼎事，梁玉繩《志疑》始疑之。王叔岷甘茂傳《斠證》云：「案秦本紀、趙世家並稱武王舉鼎絕臏而死，其時蓋在周，故此云『卒於周。』」說與孔衍《後語》合。又原卷末有尾題「秦語中第二」後空白數行，知此與斯七一三尾題「春秋後秦語下卷第三」同例。今挪置於卷首。且爲統一全書體例，補一「卷」字，使整齊之。

〈秦語〉下卷第三 (1)

一

甘茂奔齊，路逢蘇代，將為齊使於秦。甘茂曰：「臣得罪於秦，逃遁至此 (2)，無所容跡 (3)。吾聞貧人女與富人女 (4) 會績，貧人女曰：『我無錢以買燭，而子 (5) 燭幸有光，子可以分我餘光，無損子明而得一斯便焉 (6)。』今臣困，而子方使秦而當路矣！茂之妻子在秦，願君以餘光振之 (7)。」蘇代許諾 (8)。　（《御覽》八二六紡績）

校記：

(1) 此題原爲斯七一三尾題，原作「春秋後秦語下卷第三」，今挪置於卷首，並依全書體例，統一卷首標題。

(2)「此」字下原有注：「遁，潛也。」

(3)「跡」字下原有注：「容跡，猶容足也。」

(4)「女」字《御覽》引原無，此據《白帖》四燈燭引補。

(5)「子」字下《白帖》引有「之」字。

(6)「焉」字下原有注：「斯，在也。言貧女子此一便也。」日人瀧川資言《史記會注考證》引盧藏用云云，即出此注，唯「在」作「此」，「子」作「得」，蓋所據本不同。王叔岷《斠證》云：「在蓋此之誤，此上蓋脫得字。」是。

(7)「之」字下原有注「振，整也。又贍給之義。」

(8)《御覽》所引止於此，下當尚有蘇代爲甘茂說秦王、齊王之事。《國策》四秦二「甘茂亡秦且之齊」章「彼來則置之槐谷」姚續注引《後語》：「『槐谷』注：『槐里之谷，今京兆始平之地。或作鬼谷，大非。』」又「命而處之」「處」字下姚宏引《後語》作「而厚處之」。並可爲證。

案：本事見《國策》四秦二「甘茂亡秦且之齊」章、《史記》七一〈樗里子甘茂列傳〉。本則敦煌卷無，《史記》五〈秦本紀〉：「昭襄王元年……甘茂出之魏。」參以〈甘茂列傳〉所載及《通鑑》繫年，知甘茂奔齊在秦昭王元年，而卷二止於武王二年，依《後語》繫年之例，以此條繫於卷三之首。

二

伍子胥橐 (1) 載而出昭關，夜行晝伏，至於杜陵 (2)，無以餬其口，坐行

匍匐，稽首肉祖（袒）而鼓腹吹蕭，乞食於吳市(3)。　（《御覽》八二七市）

校記：

(1)《國策》秦三吳師道引《后語》注云：「韋橐。」

(2)「杜陵」二字恐有譌誤，杜陵在今陝西長安縣東，與楚、吳相去甚遠。《國策》作「蔆水」，《史記》作「陵水」。說詳諸氏《彙考》頁 292 引程恩譯《國策地名考》。

(3)《御覽》節引《後語》，此乃范雎說秦昭王文。《國策》秦三「范子因王稽入秦」章「人主賞所愛」「人主」下姚注引《后語》作「庸主」；又「爲其凋榮也」「凋榮」下姚注引《后語》作「害榮」。秦三「范雎至秦」章：「此天以寡人慁先生」「慁」字下姚注引《後語》作「授」；又「聞齊之內有田單」「單」字下姚注引《后語》作「文」。是原本《後語》當並有此二章之內容，《史記》並見卷七九〈范雎列傳〉。

案：范雎入秦在昭王三十六年，四十一年封爲應侯，今依序次於甘茂、蔡澤之間。然《後語》之例，分國繫年，且在〈秦語〉中歷敘商鞅、張儀、甘茂、范雎、蔡澤諸相事，而甘茂以昭王元年出之魏，范雎以昭王三十六年始入秦，相去稍遠，其間穰侯、魏冉居秦相位，由是推之，原本《後語》范雎之前疑當有魏冉之事，今佚失耳。

三

秦昭王以白起為將，伐韓、魏於伊闕，斬二十四萬。又伐楚，取冤郢，復武鄢郢，燒夷陵宮，以郢為南郡。秦王封起為武安君。君又攻魏於華陽，北入圍大梁，擄三晉將，斬首十三萬。復與趙將賈偃(1)戰，坑趙卒三萬(2)人於河。自是白起威震天下，為秦攻城略地，侵諸侯七十餘城。

〔四〕十七年秦遂大霸。後與趙將馬服子趙括戰於長平，詐(3)敗以四十萬降起，起並坑之。進軍圍趙邯鄲，而軍糧不屬，乃遣使告秦王請益軍糧滅趙，秦王許之，被應(4)侯范雎知其滅趙功高，位居於上，乃謂昭王曰：「今趙軍雖破，秦亦傷眾，白起但為己本身(5)，使成功，不能連為社稷憂。萬姓困於遠輸，國內空虛。臣恐楚、魏乘虛攻秦，願王釋趙，且息萬姓，一二年復攻滅趙未晚。」王遂罷白起之兵。後年復欲攻趙，武安君諫曰：「不可。」王曰：「前以國虛民困，君不量萬姓之力，求益軍糧而滅趙。今秦人息民養兵士、積糧食，三軍之(6)俸，有倍於前，而君曰不可也(7)。」武安君奏曰：「長平之事，秦軍大尅，趙卒大敗，不遂其時乘機破之，今王發軍雖倍於前，趙之備守者十倍矣！趙自長平之後，君臣憂懼，上下困心，早朝晏退，崇飾子女(8)，四面出嫁，結親燕、魏，連好齊、楚，積慮並心，備秦為務。其國實，其城堅，人心固。以此觀之，趙未可伐也。」王曰：「寡人已興師矣！」遣王陵伐趙，陵戰敗。王欲使武安君，白(9)起稱有疾不行。王使范雎責之，雎曰：「楚，地方五千里，帶甲軍百萬人，君前將軍十萬(10)人入楚，一戰而拔(11)鄢、郢，再戰而燒其(12)宮廟，三戰而辱楚王(13)，又韓、魏二國興兵甚眾，君將兵不能其半，破之於(14)伊闕，斬首二十四萬，天下莫不震怒（恐）。況今趙軍死於長平十已七、八矣，其國弱，是以王(15)發軍，人數多趙國之眾，願使君將而滅趙。且君常以少擊眾，取勝如神，況以強擊寡(16)？」武安君曰：「昔楚王恃(17)國大，不恤(18)，而群臣妬功，良臣逐(19)，百姓離心，兵無鬪志，又無備守；起所以得便引兵深入(20)。入韓、魏，二國爭便，其力不齊，故起得將兵破之。是故立功者計利形(21)勢，何之有神(22)？且秦滅趙軍於長平，不遂(23)此時乘其恐懼破之，且宜捨之(24)。其今得耕稼以益蓄積，養孤長幼(25)以益其眾，治甲兵以益其強，高壘浚池以益其固(26)。而今伐趙，挑(27)其軍，必不出戰；圍其都，必不尅；攻其城，必不拔(28)。兵久無功，諸侯心生，外救(29)必至。起見其害，不見其利，有病不能行。」應侯慙，退告王。王怒曰：「無白起寡人不能滅趙乎？」乃益發軍，更使王齕將伐趙(30)。王陵圍趙，數月不下，頻戰不利。武安君曰：「不取我計，今果中矣！」秦王聞之怒，自至見武安君，王曰：「君雖病，強起為寡人計，而將兵戰之，有功無功，寡人願也。如君不允，寡人恨之。」武安君頓首曰：「臣強行無功，得免於罪；不行雖無罪，不免誅。然願(31)大王聽臣愚計，釋趙且養民，以觀諸侯之變，而誅滅無道。而今天下王業可定，何必(32)趙為先乎？王必欲快心於趙(33)，而致臣二（一）人歸罪(34)，為天下笑，願大王深察。臣(35)聞明主憂其國，忠臣憂其名，寧伏受重誅，不忍苟生為辱〔軍〕之將，願大王察之。」王不答而去。於是魏信陵君矯奪晉鄙兵至，楚王亦遣奉申君將兵救趙，並會邯鄲，解圍，秦軍大敗。秦王謂應侯曰：「果為白起笑。」遂免武安君為士伍(36)，遷於陰密。白起病，不能行，而諸侯之兵攻秦急，秦乃遣君，使白起出，〔不得〕留咸陽。起西出咸陽十里，至杜郵，館，應侯乃譖曰：「白起之遷，其意怏怏不伏，有餘言，願王察之。」王遂賜起劍，令自刎。起遂將劍自刎(37)。秦人憐(38)之，多怨於范雎也。　（胡曾《詠史詩》三「杜郵」陳蓋注）

校記：

(1)「偃」字原漫漶，此據《史記》七三〈白起列傳〉補。

(2)「三萬」〈白起列傳〉作「二萬」。

(3)「詐」字原形譌作「祚」,〈白起列傳〉云:「括軍敗,卒四十萬人降武安君。武安君……乃挾詐而盡阬殺之。」茲據改正。

(4)「應」字原形譌作「原」。案:范睢秦昭王四十一年封爲「應侯」,已見《史記》七九〈范睢列傳〉。今據後文及〈白起列傳〉改正。又「被」字置此,與《後語》他篇所用語法相去稍遠,恐是引此文者所添加。說詳後案語。

(5)「本身」二字原倒,今據上下文意乙正。

(6)「之」字原形譌作「二」,此據《國策》三三中山「昭王既息民繕兵」章改正。

(7) 此句下《國策》有「其說何也?」句,文意較備。

(8)「飾」字原作「篩」,今據上下文意改正。「崇飾子女」《國策》作「卑辭重幣」,意並可通。

(9)「白」字原作「去」,此形近之譌,茲據上下文意改正。《國策》重「武安君」之名,意同此。

(10)「十萬」《國策》作「數萬」。

(11)「拔」字原作「扳」,此形近之譌,茲據胡曾《詠史詩》卷一「故宜城」陳蓋注引及《國策》改正。

(12) 胡曾《詠史詩》一「故宜城」陳蓋注引「其」字作「楚」。

(13)「三戰而辱楚王」句《國策》無,此蓋指《史記・白起列傳》所云「楚王亡去郢,東走徙陳。」而言。

(14)「於」字原形譌作「扜」,此據《國策》改正。

(15)「王」字《國策》作「寡人」,鮑彪注云:「睢稱王命故云」,而此作「王」者,猶洽范睢之稱王命也。

(16)「況以強擊寡乎」句似有脫文,《國策》作「況以彊擊弱,以眾擊寡乎?」文意較備。

(17)「王」字原作「上」,「恃」字原作「持」,並形近之譌,此據《國策》改正。

(18)「恤」字下《國策》有「其政」二字,文意較完備。

(19)「逐」字原作「遂」,此形近之譌。《國策》作「良臣斥疎」,茲據改正。

(20)「深入」二字原倒,此據《國策》乙正。

(21)「利」字原作「万」,此蓋音譌作「历」而缺左筆;又「形」字原俗作「刑」,今並據《國策》改正。

(22)「神」字原作「爭」,文意不順,《國策》作「何神之有哉?」,則「爭」蓋「神」字之譌,茲據改正。

(23)「遂」字原作「遠」,文意不當,此蓋形近之譌,茲據《國策》改正。

(24)「且宜捨之」《國策》作「畏而釋之」。

(25)「蓄積養孤長幼」六字原僅有「孤幼」二字，前後文不相銜接，當有脫誤，今據《國策》以補足其文意。

(26)「浚池」原形譌作「後地」，茲據《國策》改正。又「固」字原作「国」，爲「國」字簡體，此亦形近之譌。前云「高壘浚池」乃爲固耳，茲亦據《國策》改正。

(27)「挑」字原形譌作「排」，此據《國策》改正。

(28)「拔」字原作「捉」，此亦形近之譌，茲據《國策》改正。

(29)「救」字原作「起」，此蓋音近而譌，茲據《國策》改正。

(30)此云「更使王齕將伐趙」《國策》作「更使王齕代王陵伐趙」《史記・白起列傳》同。而下句「王陵圍趙，數月不下。」《國策》無「王陵」。則《後語》似原作如此，非有脫誤。

(31)「願」字原作「猶」，蓋形近之譌，《國策》作「惟願」二字，文意稍備，茲據改正。

(32)「必」字原作「先」，此蓋涉下「先」字而譌，茲據上下文意改正。

(33)「欲」字原作「若」，此涉偏旁形近而譌。「欲」字俗作「欲」，「若」俗作「若」，形相近，而又省其偏旁。又「快」字原作「決」，亦形近之譌。茲並據《國策》改正。

(34)「歸罪」二字原倒，此據上下文意乙正。

(35)「臣」字原作「巳」，蓋原抄所據有殘損而誤，茲據《國策》改正。

(36)「遂免武安君爲士伍」原作「遂克武安君子大在」，並形近之譌(「爲」字草寫，與「子」字形近。)，茲並據《史記・白起列傳》改正。

(37)釋慧琳《一切經音義》九五「杜郵」條下引《春秋後語》云:「杜郵在咸陽西十里，白起死於此也。」即謂此，而文有略耳。《音義》所引類皆如此，又如「商鞅」條引《後語》:「秦孝公時丞相名也。姓公孫氏，封於商邑也。」今伯五〇三四卷背述商鞅事頗詳，此但標其據於《後語》，未必《後語》原文，例與白起事同。

(38)「憐」字原作「憶」，形近之譌，茲據《史記》改正。

案：本則敘白起事，先概述其戰績，自秦昭王四十七年後則詳述攻趙始末，至死。《後語》蓋繫此事於昭王四十七年後也，故次於范雎入秦之後。而前略述其戰績，當冠「初」字，蓋引之者省略耳。本則事散見《國策》三三中山「昭王既息民繕兵」章及《史記》七三〈白起列傳〉，而文辭又略參《史記》五〈秦本紀〉之間。然觀其昔辭，時而與《後語》他篇不類，似已經援引者改動其字句。考陳蓋注胡曾《詠史詩》，援引《後語》十五則五千餘字，頗多獨得，與《御覽》所引相埒。然用以校敦煌卷，則又知彼所引頗多刪節，且又好以時語更動原文，如本則云「武安君奏曰」,「奏」字顯爲引者所補，非《後語》原貌。張政烺於《講史與詠史詩》(中研院史語所集刊十頁 610～645) 中嘗云:「陳注多援村書俗說，如所謂《爾雅》、《史記》之類，皆非古文。引用《春秋後語》、《漢書》、《三國志》等亦皆雜以俚語，不盡原文。」(頁 621) 其說甚是。唯其所引《後語》多獨得，於補足敦煌卷、《御覽》所載《後語》，居功甚大，故雖有改易，亦可見《後語》撰述之大概焉。故後文凡所引獨得，皆作本文處理，如互見，則例列案語中，以說明之，讀者察焉。

四

蔡澤，燕人也。就魏人唐舉請相。舉孰(熟)視而笑曰:「先生偈(1)鼻，戾(2)肩，魋顔，戚齃(齃)。吾聞聖人(3)不相，先生無勞相也。 (《琱玉集》十四醜人)

校記:

(1)「偈」字《史記》卷七九《蔡澤列傳》作「曷」,《集解》引徐廣曰:「『曷』，一作『偈』。」《後語》與一本合。

(2)「戾」字《史記》作「巨」。

(3)「聖人」原作「人聖」，此據《史記》乙正。

案:本事見《史記》七九〈范雎蔡澤列傳〉，蔡澤繼范雎爲昭王相，今次於范雎之後。

五(一)

始皇初立，尊呂不韋為相國。時諸侯多辯士，知荀卿之徒著書布(1)天下，不韋亦使其客著所聞，集論二十餘萬言，以為備天地萬物古今之重，號曰:「呂氏春秋」。布咸陽市，懸千金其上，延諸侯遊士賓客，有能增損改定一字者，與千金。莫能有定者。 (《御覽》八二七市)

校記:

(1)「布」字《史記》同，王輯本據《御覽》作「滿」。

五(二)

呂不韋謂太后曰:「詐腐刑嫪毒(毐)，則得給事中。」乃令人以腐罪告之，拔其鬚眉，以為宦者。 (《御覽》三六五眉)

案:上二則並敘呂不韋事，見《史記》八五本傳。

六

甘羅請張唐相燕，呂不韋叱曰：「我自請不行，汝安能行之。」甘羅曰：「夫項橐七歲為孔子師，今臣十二歲矣！君(1)**其試臣，何遽叱乎？」**(2)。（《御覽》四〇四師）

校記：

(1)「君」字下原衍「曰」字，今據《史記》刪。

(2)《御覽》引至於此，《國策》七秦五「文信侯欲攻趙以度河間」章：「趙攻燕，得上谷三十六縣，與秦什一。」「谷」字下姚宏續注引《後語》：「三十餘城，令秦有其十二。」是〈秦策〉此章及《史記》七一〈甘羅傳〉之首尾，原本《後語》當並有之。

案：本事見《國策》七、《史記》七一，今以文中敘及文信侯事，姑次於其後。

七

尉繚來說王曰：「以秦之強，諸侯譬如郡縣，其君臣俱怨，若或合從(1)**，醮**(2)**而出不意，此智伯、夫差、湣王所以王也。願大王無愛財物，賂其豪臣，以亂其謀。秦不過亡三十萬金，則諸侯可盡。」王大善之。**（《御覽》八一一金下）

校記：

(1)上三句《史記》作「諸侯譬如郡縣之君，臣但恐諸侯合從。」文意稍異。鄭良樹曰：「『俱怨』當從史記作『但恐』，形近而譌也。」今原文亦自可通，兩存可也。

(2)《御覽》引有注：「醮，謂祭盟誓之義也。」

案：本則見〈始皇本紀〉，繫始皇十年下，今次呂不韋事後。

八

秦(1)**三十二年，燕人盧生奏籙圖曰：「亡秦者胡也。」始皇乃使將軍蒙恬將兵三十萬北擊胡，取河南地。遂築長城**(2)**以為塞**(3)。（《文選》十五張衡〈思玄賦〉舊注引〈秦語〉）

校記：

(1)「秦」字恐注音者爲標示秦年號而加。《後語》書例於七國時稱「某王某年」，至始皇則直稱「某年」。《文選》注所引後尚有「三十六年……」之文，某年上無「秦」字，與敦煌寫卷斯七一三合可知。

(2)築長城，《史記・始皇本紀》隸三十四年下。

(3)「塞」字下李善引《文選》舊注尚有「三十六年，始皇南巡……葬始皇酈山。」二八四字，王輯本不見敦煌卷，故全錄入，今以其後段與敦煌卷斯七一三號重，文中且有刪略，故參校於所屬寫卷下。

案：本則見《史記》六〈始皇本紀〉。胡曾《詠史詩》一「阿房宮」陳蓋注引《後語》云：「秦始皇滅六國後，天下一統。有童子云：「亡秦者胡也。」乃遣太子扶蘇，將軍蒙恬，領兵役萬姓，築萬里長城，以防胡。」文辭與此稍異，然陳蓋所引諸條《後語》多有改易（說詳本卷第〔三〕則案語）故不出校，置此以備查考。又陳氏所引「以防胡」下有「胡乃番也」四字，乃陳氏所補，非《後語》文字，宋陳善卿《祖廷事苑》五「築長城」條承此則引《後語》即刪此四字，亦可爲證。且其下又略述始皇崩，二世立之事，文辭較簡，今敦煌卷俱存其事，故不錄。

九

〔三十五年……先作前殿阿房〕阿房宮東西五百步，南北五十丈，上可以坐萬人，下可以立五丈旌旗也。修營未竟(1)……〔作宮阿房，故天下謂之〕阿房宮(2)。□□□（徙）七十萬人□（赴）麗山。

初，始皇使盧□□□□□□□□□不死之藥，至是(3)不得。盧生等乃曰：「人主之所居，人臣知之，則害於神(4)。願階（陛）下所(5)上宮無令人知。」始皇乃自咸陽之阿房二百里內，宮觀二百七十，盡通道(6)連屬，帷帳鍾鼓美人充之，不移而具。所(7)幸有言其處者，罪死。始皇幸梁山之上宮(8)，望見丞相出(9)，車騎眾(10)，不(11)善也。中(12)人或告丞相，丞相後損車騎。始皇怒曰：「此中人□□□吾語者。」案問莫服，乃捕在(13)旁者，盡殺之。自是後，莫知其所，群臣決事，盡於咸陽宮。盧生等竟不能致神仙，乃亡去。始皇聞之，大怒，使御史悉□咸陽，審問諸生。諸生相轉告，乃自□□犯禁者四百餘人，一時坑(14)之。太子扶蘇諫，不聽，乃使扶蘇監蒙恬軍於上郡。　（斯七一三）

校記：

(1) 以上原卷無，此據胡曾《詠史詩》一「阿房宮」陳蓋注引補入。

(2)「阿」字上原卷殘斷，覆之《史記・始皇本紀》，當在三十五年事。又《史記》「旁」作「房」，《史記》八七〈李斯列傳〉《索隱》云：「房音旁，一如字。」是《後語》亦有所本。

(3)「是」字上原卷旁校（下省稱「原校」）補「時」字，疑「時」字當在「是」字下，於意爲順。

(4)「神」字原卷缺右半，今據《史記》補；下「願」字同此，不再出校。
(5)「所」字下《史記》有「居」字是，原卷疑脫。
(6)「道」字原校補「相」字，於意稍允。
(7)「所」字原校補「其」字。
(8)「宮」字殘去上半，今據《史記》補正。又「上宮」二字原作「宮上」據旁乙例符乙正，下凡此例如無疑義，不再出校。
(9)「出」字下原校補「入」字。
(10)「眾」字上原校補「甚」字。
(11)「不」字上原校補「始皇心」三字。
(12)「中」字上原校補「宮」字。
(13)「在」字上原校補「時」字，於意爲長。
(14)「乃亡去……一時坑」四十字原卷無，恐隔行跳鈔，今據原校補入。

案：本事見《史記》六〈始皇本紀〉三十五年，原卷旁有校文，與原鈔筆跡不同，鄭輯本或直採之入本文，或棄而不顧。今一依原本錄出，凡用旁校文字，則出校說明之。又始皇遣扶蘇監蒙恬事，胡曾《詠史詩》二「殺谷子」陳蓋注引云：「秦皇無道，有太子扶蘇頻諫帝，帝怒，遣往胡，監蒙恬築長城。」即謂此，唯文辭改動甚多，今姑附此以備檢。

十

卅六年，有熒惑守心(1)。有墜星下(2)東郡，至地為石。民或(3)刻其石曰：「始皇死而地分。」始皇(4)令御史逐問，莫服，取石旁人盡(5)誅之，焚其石。有使者從關東來，夜過華陰(6)平舒道，有人持璧遮使者(7)曰：「為我遺鎬池君。」因言曰：「今年祖龍(4)死。」使者方問，因忽不見，置其璧而去。使者奉璧(9)以聞，始皇默然良久，曰：「山鬼不過知(10)一歲事。」退(11)言曰：「祖龍者，人之先也。」使御府(12)視其璧，乃廿八年渡江(13)所沈璧也。於是始皇卜之，兆得遊徙告(吉)。遂東南遊，浮(14)江，上(15)會稽，望于南海，還從江，並海，北至瑯琊。是時齊人徐市等上書，言海中有三神山，名逢萊、方丈、瀛州，仙人之所居，請賚童男女往來求之。遣市發童男女千(16)人，入海求仙人。積年不得，費用已多，恐譴，乃詐曰：「常為鮫魚所苦，不得至，請善射者與俱，可以連弩射之。」始皇有夢，與海神戰，如人狀，問博士，博士曰：「水神不可見，以大魚鮫龍為候(17)，此惡除去，然後善神可致。」乃令入海賚弩(18)捕大魚。

遂(19)至平原津而病。始皇惡言死，群臣無敢言死者。及病甚，乃為璽書賜扶蘇(20)，使與喪會咸陽而葬。以書付行符璽令，趙高未授使者。丙寅，始皇崩於沙丘，時唯小(21)子胡亥從，餘子廿餘人皆無在者。丞相李斯恐天下有變，不敢發喪(22)，棺載轀輬車(23)，所在奏事，上食如故。唯近臣五、六人及子胡亥共知之。遂從井陘邸（抵）九原。時暑，轀輬車臭，乃詔從官(24)載一石鮑魚以亂之。

趙高素與胡亥善，留所賜扶蘇書，密謂胡亥曰：「上崩，無詔封王(25)諸子，獨賜扶蘇書，扶蘇即位為皇帝，子無尺寸之地也。」胡亥曰：「將奈如？」高曰：「非與丞相謀，事不(26)成。」乃謂李斯曰：「扶蘇即位，必用(27)蒙恬為相，於君不益(28)疏乎？善者因敗為福，方今天下未有知上崩者，與扶蘇書及符璽皆在臣所，定天下，定太子，在君與臣之口耳。」李斯然高(29)言，共謀詐，受始皇詔，立胡亥為太子。更為書(30)賜扶蘇曰：「朕巡天下，禱祀名山諸神以延壽(31)。而扶蘇數上書非我所為，日夜怨望不得為太子。扶蘇為人子不孝，其賜劍自裁。將軍蒙恬與扶蘇俱，不匡止(33)，宜知其謀。為人臣不忠，亦賜死。」以皇帝璽符封書，遣胡亥客為使者送之。扶蘇得書，泣，入舍欲自殺。蒙恬止之曰：「陛下居外，未立太子，使臣將卅萬守邊，公子為監，此天下重任。今一使者來，即自殺，安知其非詐。請覆之而後死(34)，未慕（暮）也。」使者數促之，扶蘇為人仁(35)，謂蒙恬曰：「父賜子死，何可復請乎？」即自殺。蒙恬不肯死，使者即以屬吏。使者還報，胡亥、斯、高等大喜。至咸陽，發喪，胡亥即位，為二世皇帝。葬始皇於酈山下，洞三泉，宮觀百官奇珍器怪無所不備。以水銀為百川，上具天文；以(36)魚膏為燈燭，度不可滅。又令工匠作機弩(37)，無有遠近(38)，所穿則機弩自發(39)。或云：「工匠出，泄中事。」二世乃使訖，因(40)生閉墓中，無得出者。又令先帝後宮請（諸）無子者皆出(41)。

初，始皇(42)寵用蒙恬兄弟，恬常任外事，而弟毅常為內謀，名為(44)忠信，雖將相莫敢與之爭也。始皇之病，使毅還禱山川，未反而崩。趙高與李斯謀立胡亥，而賜扶蘇死，恬不肯自殺，繫於陽周。胡亥欲(45)釋之，趙高恐其(46)復用，或為後患，欲滅其家。乃言胡亥曰：「臣(47)聞先帝欲舉賢立太子久矣！而毅常諫不可。以臣愚計，不如誅之。」毅還至代，亥(48)繫之。既即位，趙高日夜毀之，求其罪過。子嬰諫(49)，不聽，於是遣御史之代，令蒙毅曰：「先王欲立太子，而卿難之，今丞相以卿不忠，罪及宗族，不忍(50)，乃賜卿死，不亦幸甚！卿自圖之。」毅欲因使者自陳，使者不聽而殺之。又遣使者之陽周，令蒙恬曰：「君之過多矣！而毅有大罪，法及內史。」恬又因使者自陳，并諫二世，言甚懇切，使者〔曰〕：「臣受詔行法論將軍，將軍言不得聞。」恬喟然歎息曰：「我何負於天，無過而死。」良久曰：「恬罪故當死！夫赴（起）臨洮屬之遼東，城塹萬餘里，此中不能無絕地脉，此乃恬之罪也。」遂吞藥而死。（斯七一三）

校記：

(1)「熒惑」原形譌作「滎或」，茲據《史記・始皇本紀》改正。《呂氏春秋》六〈制樂〉:「宋景公之時，熒惑在心。公懼，召子韋而問焉，曰:『熒惑在心，何也？』子韋曰:『熒惑者天罰也，心者宋之分野也，禍當於君。』」高誘注云:「熒惑，五星之一，火之精也；心，東方。」同。

(2)「下」字下原校補「於」字。

(3)「民或」二字原無，今據原校補。

(4)「皇」字下原校補「聞之」二字，於意稍備。

(5)「盡」字原校塗去，補於「取」字上，與《史記》合。原本意亦可通，原校似據《史記》改之，今且存舊。

(6)「陰」字下原校補「山中」二字。

(7)「者」字原無，今據原校補。

(8)「祖龍」原卷倒，今從原校乙正。

(9)「而去使者奉璧」六字據原校旁原補。

(10)「知」字據原校補。

(11)「退」字下原校補「而」字，意並可通。

(12)「府」字原校旁改作「史」。

(13)「江」字下原校補「時」字。

(14)「浮」字原校旁改作「度（渡）」。

(15)「上」字下原校補「至」字。

(16)「千」字上原校補「數」字，與《三教指歸覺明注》卷中引合，《史記》同。

(17)「侯」字下原校旁補「故不得至（致）神」五字。

(18)「弩」字原卷無，據原校旁寫補，《史記》作「乃令入海者齎捕巨魚具，而自以連弩候大魚出射之。」

(19)「遂」《文選》十五〈思玄賦〉舊注引作「還」。

(20)「扶蘇」《文選》舊注引並作「蒲蘇」。扶、蒲古同聲。

(21)「小」字《文選》舊注引作「少」。

（22）「喪」字原脫，此據原校補，《文選》舊注引不脫。
（23）「車」字原卷無，下文亦云「轀輬車」，茲據原校旁寫補。
（24）「官」字下原校旁補「車」字。
（25）「王」字下原校旁補「及」字。
（26）「不」字下原校旁補「能」字。
（27）「用」字《文選》舊注引作「召」。
（28）「益」字《文選》舊注引作「亦」，並可通。
（29）「高」《文選》舊注引作「趙高」。
（30）「書」字原卷無，意稍塞，《文選》舊注引作「更作書賜蒲蘇」，據補。
（31）「延壽」原校補作「延年益壽」，《文選》舊注引作「延年壽」。
（32）「人」字原卷譌作「太」，今據原校及《文選》舊注引改正。
（33）「止」字《文選》舊注引作「正」，與《史記》合。
（34）「請覆之」三字「後」字，原校塗去，補於行間，墨淡，不能辨識。
（35）「仁」字下原校旁寫補「不（而）孝」二字。
（36）「以」字原卷無，從原校旁寫補。
（37）「弩」字原卷無，從原校旁寫補。
（38）「無」字「近」字原卷無，從原校旁寫補。
（39）「發」字下原校補「射之」二字。
（40）「訖因」二字旁原校有「口詔」二字。
（41）「出」字下原校補「不宜皆從死」五字，與《史記》合。
（42）「初始皇」三字原卷只二字，爲原校塗去，不可辨識，姑從原校所改。
（43）「外」字原卷無，此從原校旁寫補。
（44）「內謀名爲」四字從原校旁寫補。
（45）「欲」字從原校旁寫補。
（46）「其」字下原校旁寫有「後」字。
（47）「臣」字從原校旁寫補。
（48）「亥」字上原校補「胡」字。
（49）「諫」字下原校補「曰：趙王遷煞其良臣李牧而用顏聚燕王喜用荊口（軻）……其古（故）世忠臣……議此三君者以失其國而殃及其身今蒙氏……謀……而……之臣……」八十餘字，然多不可辨識。此恐校者《史記》八八《蒙恬列傳》子嬰進諫之文鈔入，《後語》原文無有也。
（50）「忍」字下原校補「誅之」二字。

案：本則見《史記》六〈始皇本紀〉並參見李斯、蒙恬兩列傳，《後語》所載稍簡略。又本則胡曾《詠史詩》二「殺谷子」陳蓋注引云：「始皇臨崩，使趙高賷詔詔扶蘇歸咸陽立之爲嗣。高乃與丞相李斯謀藏詔書，而遣使詐勑，賜扶蘇死。使至，蘇受詔，蒙恬曰：『今天子出遊於外，而賜殿下死，朝廷必有變。今北有四十萬軍，請伏兵問罪，然後死之。』太子〔曰〕：『孰知煞罪？且爲人之子安欲抗其父？』蘇乃自煞之。秦國賢良皆垂淚，而憶太子，而恨李斯詐勑。」此頗改動原文，錄此以備尋撿。

十一

二世元年，以趙高為郎中令，常侍中用事。二世與趙高謀曰：「朕年小，初即位，黔首未集附。先帝巡行郡縣，以示強，威服海內。今晏然不行，見弱，無以臣畜天下。」乃東行郡縣，到竭（碣）石，並海，南至會稽，而遍刻（1）始皇所立石，旁著大臣從者姓名。遂至遼東而還。

趙高又為二世計曰：「諸公子甚（2）多，皆帝（3）兄；大臣又先帝所置。今帝初立，此屬怏怏不服，恐為變（4），不如盡誅之，更樹所親。賤者貴之，貧者富之，如此則害除（5），而德歸陛下。」二世曰：「善。」乃從高言治之，所誅殺著甚眾。於是六公子戮死於社，公子將閭兄弟三人囚於內宮，二世使使令將閭曰：「公子不臣，罪當死（6），吏致法焉。」將閭曰：「闕庭之禮，吾未嘗敢不從賓贊也；廊廥之禮，吾未當失節也；受命應對，吾未嘗失辭也。何謂不臣？願知罪而死！」使者曰：「臣不得與謀，奉書從事。」將閭而（7）仰天大呼者三，曰：「天乎！痛哉！吾無罪，昆弟三人皆誅！」引劍自殺。宗室振（震）懼，群臣諫者以為誹謗，長吏持祿取容，黔守（首）恐（4）罪。

於是關東兵起，相共（9）立為侯王，合縱西〔鄉〕，名曰：「伐秦」，不可稱數。謁者從東方來，以反聞者，二世輒怒，以為（10）妄言，皆下吏（11）。後至者曰（12）：「群盜耳（13），守尉逐捕，盡得，不足憂（14）。」二世乃悅。（斯七一三）

校記：

（1）「刻」字下原校補「石」字，恐非。

（2）「甚」字原卷無，此據原校補。

（3）「帝」字上原校補「先」字，非。

（4）「變」字上原校補「動」字。

(5)「除」字上原校補「矣」字。

(6)「死」字上原校補「矣」字。

(7)「而」猶「乃」也，見《經傳釋詞》卷七。《史記》作「乃」。

(8)「恐」字上原校補「振」字，恐罪自通，姑存舊。

(9)「相共」二字原卷作「胡」，此從原校改。

(10)「爲」字原卷無，此從原校補。

(11)「吏」字下原校補「治之」二字。

(12)「曰」字上原校補「皆」字。

(13)「耳」字上原校補「聚」字。

(14)「憂」字上原校補「帝」字。

案：本事見《史記・始皇本紀》，文辭稍簡而異。

十二(一)

二世二年，關東兵遂盛，周章等眾數十萬至瀸(1)。二世大驚，與群臣議。少府章邯曰：「盜既至，眾甚盛，今萬乃發遠縣(2)，不及矣。酈山徒多，請赦之，受兵以擊之。」於是二世(3)大赦天下，使章邯□(將)，擊破周章，遂東擊破陳勝等。關中發卒給軍東□無已，□□□□。而二世方事阿房宮，百姓苦役，李斯諫曰：「群盜並起，發兵□□□□□□□□然猶不止，盜日益多(4)，皆以戎漕轉作事苦，賦稅大也。□□□□□□□□□□□。」二世曰：「吾聞韓子曰：『堯□(舜)□(采)椽不斲，□□□□□□□□□□□□□□□□□之養，不穀於此。禹鑿龍門，通大夏，決□□□□□□□□□□□□□□□□□脛不生毛，臣虜之勞，不列(烈)於此。』凡所貴天□□□□□□□□□□□□□□□□□□□敢為非，以制海內，雖有萬乘之尊而□□□□□□□□□□□□□□□□之駕，萬乘之屬，實吾□□□□□□□□□□□□□□□□□□□宮室，以彰得意。今朕即□□□□□□□□□□□□□□□□□□□□□以報先帝(5)，次不為朕盡□□□□□□□□□□□□□□□□□□□□二世從之。於是刑者相半□□□□□□□□□□□□□□□□□□□□□□□(二)□(世)曰：「此謂能督矣(6)。」

校記：

(1)「瀸」字下原校補「水」字。《史記》作「戲」，《集解》引孟康曰：「水名」。

(2)「縣」字下原校補「兵」字。

(3)「世」字原卷因諱作「代」，又改缺筆作「せ」，今並回改。

(4)「多」字下原校補「矣」字。

(5) 以上並見《史記》六〈始皇本紀〉。

(6)「次不爲朕」以下詳〈李斯列傳〉。敦煌伯五五四四殘類書引《春秋後語》云:「李斯,六國時楚人也。仕秦始皇爲丞相。始皇崩,二世立。無道,群賊並興,乃責李斯禁令不切。李斯於即(是)奏督責之〔術〕,申韓非之法。刑者三分過二,死者日積數千,快意稱心,以爲威烈。」所引當即此段,然類書多刪減節引,與原文相去較遠,姑列此備檢。

案:本段殘缺太甚,事見《史記・始皇本紀》、〈李斯列傳〉。

十二(二)

□□□□□□□□□□□□□□□□□□□□□者,乃說二世曰:「天子所以貴□□□□□□□□□□□□□□□□□□□□□□春秋,未必盡講諸事,而□□□□□□□□□□□□□□□□□□□□非所以示神明於天下□□□□□□□□□□□□□□□□□□□□□□□□也。」李斯非之,不能爭,頗有言。趙□□□□□□□□東群□□□□□□□□繇治阿旁宮,聚狗馬無用之□(物),□(臣)□(欲)諫,為位卑。此真君□□□□□□□□□□□斯曰:「固也,欲言之久矣!今上不出(1)朝庭,居深宮(2),欲見寧(3)閑?」高曰:「君誠□(能)諫,□□君侯上閑。」於是趙高候二世方讌樂,婦女君(居)前時,告斯「上閑矣!」至宮□(上)謁。如是者三。二世怒曰:「吾嘗多閑日,丞相不來,吾方私讌,丞相□(輒)來□□□□豈少我哉?」趙高因曰:「此殆矣!沙丘(4)之謀,丞相與焉,今陛下已立為帝,而丞□(相)□(貴)不益,此其意亦望裂地而王。陛下不問臣,臣不敢言。丞相子為三川守,□□□勝等通,未得其審,故不以聞。」二世乃使責三川守與盜(5)通狀。李斯聞之,遂□□言趙高短。二世不信,告高,高曰:「丞相所患者獨高,高已死,丞相即為田常所□。」□(二)□(世)曰:「其以李斯屬為郎中令。」趙高案治斯,斯遂拘(6)執束縛,居囹圄中,仰天歎□□□不道之君何可為計哉!昔桀殺龍逢,紂殺比干,吳王夫差殺子胥,此三臣豈有不忠哉!然而身不免於死,故所忠者非也。今吾智不及三子,無道過於桀紂、夫差,吾以忠死宜矣。」獄吏責斯與子謀反狀,皆被捕宗族賓客。趙高治(7)斯,笞掠千餘(8),不勝痛(9);自誣服。二世喜曰:「微趙高,幾為丞相所反。」遂具斯五刑,斬之□□(咸)陽市。斯出獄,與其子俱執,謂子曰:「吾欲與汝復牽黃犬俱出上蔡東門逐狡兔,可得乎?」遂父子俱哭,而夷三族。

校記：

（1）「不出」二字原卷無，此據原校補。

（2）「居」字原形譌作「君」，無「宮」字，並依原校改正。

（3）「寧」字原校旁寫改作「無」，與《史記》合。

（4）「兵」字原形譌作「丘」，此據《史記》改正。

（5）「盜」字原形譌作「益」，此據《史記》改正。

（6）「拘」字原卷無，據原校旁寫補。

（7）「治」字原卷作「李，此據原校改正。而原校「治」上又補一「案」字，恐涉上文「趙高案治斯」而補。

（8）敦煌伯五五四四號殘類書引《後語》云：「二世令高推驗，先拷掠數萬，後始具五刑煞之。」與此異，「數萬」恐鈔者誇大之辭。

（9）「痛」字下原校補「苦」字。

案：本段見《史記・李斯列傳》，文意稍簡略。

十二（三）

初，李斯居□上蔡□□，年少時，為倉（郡）小吏，見吏舍廁中，鼠食不潔，近人犬，數驚恐。入倉，觀倉□□□□粟，居大廡（1），無驚恐之憂。斯安（2）歎曰：「人之賢不肖，譬如鼠矣，□□□□□。」遊事荀卿，擇諸侯而入秦，果取卿相，如其志。秦（3）并天下，制度草創，□□□斯。長子由為三串守，諸男皆上秦公主，女悉嫁秦諸子。功臣責任莫與為□。由□在三川（4），當告歸咸陽，斯大置酒於家，百官□□皆來為壽，門□□騎以千數。斯慨然歎曰：「嗟呼！荀卿有言『物禁大盛』，斯乃上蔡布衣，□□□□富貴極則衰，吾未知所稅駕也。」及為趙高所讒，知將死□□□□□□□□功，實無反心。從獄中上書自陳，冀二世覺悞（悟），忍受酷□□□□□□□□□□書，弗（5）為奏，曰：「囚（5）安得上書。」使人詐為御史謁者，更往覆訊□□□□□□□□以自誣。

校記：

（1）「廡」字下原校補「下不見人犬」五字，並可通。

（2）「安」《史記》作「乃」，王引之《經傳釋詞》二：「安猶於是也，乃也，則也。《管子・山國軌篇》曰：『民衣食而繇，下安無怨咎。』言下乃無怨咎也。」

（3）「秦」字原卷無，此從原校補入。

（4）「口」字原校改作「爲」，原卷遂不可辨識。又於「川」字下補「守」字，已失原貌，鄭輯本云「在」字衍。今存舊。

(5)「弗」字上原卷有「不」字，旁有刪節符，原例不出校，鄭輯不悟，故說明之。

(6)「因」字原卷形譌作「曰」，今據《史記・李斯列傳》改正。

案：本則倒述李斯事，見《史記・李斯列傳》，《後語》稍簡略。

十三

二世三年，以趙高為丞相，關東兵日盛，章邯等□□□□□秦而降之。趙高懼，高欲為亂，恐群臣不聽，乃先□（設）驗，持鹿獻於二□□□□□□世曰(1)：「丞相誤也(2)，謂鹿為馬乎？」問左右，左右或默然，或言鹿。高因陰中諸言鹿者煞，……(3)莫敢復違。□□兵日進，沛公已屠武關，二世數責讓高以盜(4)事。高因謝病不朝見，二世夢白虎嚙其左驂(5)，殺之，心(6)怪之。卜云：「涇水為祟(7)。」二世乃(8)齋於望夷宮，欲祠涇水。趙高因(9)與女壻(10)，咸陽令閻樂及其弟趙成，謀廢二世，更立公子子嬰。詐為有大賊，令閻樂召吏卒將兵千餘人至望宮殿門，縛衛令僕射，曰：「賊入此，何不止？」遂斬之，與將吏二千徑入(11)。郎中宦(12)者大驚，或走，或格，輒死者數十人(13)。樂、成等並射殿屋及坐帷。二世召左右，左右皆迸走，無鬪者。唯一人侍不去，二世入內謂侍曰：「公何不早告我，乃至此乎？」對曰：「臣不敢言，故得全，若臣早言，皆已誅矣，亡得至今！」閻樂前至二世所，數之曰：「足下驕恣，誅殺無道，天下共叛足下，足下其自為計。」二世曰：「丞相可得見不(14)？」樂曰：「不可。」二世曰：「吾願得一郡為王。」不許，又曰：「願為萬戶侯。」不許，「願與妻子為黔(15)首，比諸公子。」閻樂曰：「臣受命於丞相，為天下誅足下，足下雖多言，臣不敢報。」二世自殺。

趙高乃召諸大臣公子，告以誅二世之狀。因曰：「秦本王國，始皇并（併）天下，故稱帝。今六國復立，秦地益少，乃以虛名為帝，不可，宜為王如故。」立二世兄子子嬰為秦王，以黔首葬二世於宜春苑中。令子嬰齋，當廟見，受王璽。王子嬰與二子謀：「趙高殺二世，恐群臣誅，佯以義立我，實與楚約，滅秦宗而王關中。使我廟見，欲因(16)廟中殺我。我稱疾不行，高必自來，來即殺之。」高使人請子嬰，子嬰不行，高(7)果自往，曰：「宗廟重事，王奈何不行？」子嬰遂刺殺高，夷三族，其家以徇咸陽。

子嬰立為秦王四十六日，至霸上，子嬰素車白馬，繫頸以組，奉天子璽符，降於軹道旁。沛公釋之。居日（月）餘，項籍至□，殺子嬰，盡滅其族。（斯七一三）

校記：

(1)「曰」字上原校旁寫補「笑」字，與《史記》同。

(2)「也」字原校改作「耶」字。

(3)「因陰中諸言鹿者煞……」諸字據原校旁寫補入，「煞」字下殘去若干字。

(4)「盜」字下原校補「之」字。

(5)「二」字原卷殘，據《御覽》七二六卜補。

(6)「必」字下《御覽》引有「惡」字。

(7)「祟」字，《御覽》引有注：「鬼物爲災曰『祟』，音思醉切。」

(8)「乃」字原卷無，此從原校旁寫補。

(9)「因」《史記》作「陰」意較長，此恐音近譌誤。

(10)「壻」字原作「聟」，聟為壻之異體字，《禮記・昏義》：「壻執鴈入」，《釋文》：「壻本作聟。」今作「婿」。

(11)「與」原校改作「其」，又「將」下補「軍」字，「入」下補「宮」，全句作「其將軍吏二千徑入宮」。

(12)「宦」字上原有「患」字，此涉「宦」字而衍，今刪。

(13) 此句文意不順，《史記》作「格者輒死，死者數十人。」，疑原卷脫「格」「死」二字之重疊符。

(14)「不」字原校改作「耶」字，並可通。

(15)「黔」字原無，此从原校旁寫補。

(16)「因」字原無，此从原校旁寫補。

(17)「高」字同前校。

案：本則見《史記・始皇本紀》。又胡曾《詠史詩》二「軹道」三「咸陽」陳蓋注引《後語》亦及此，唯文辭頗有改易，今附於後，以備尋檢：

帝用趙高為丞相，高欲專權，恐人必不隨，乃取苑中鹿進與帝，以為馬。帝曰：「鹿」高曰：「馬」，而帝問左右，左右皆隨高言是馬，輒有言是鹿者，高必煞之。高遂專權縱暴，左右無致言者。後天下亂，盜賊起，帝頻以盜賊事責高不治，高懼誅，乃令女婿閻樂領兵入宮煞矣（帝）。兵遂至，樂謂帝曰：「奉命取足下，惟足下裁。」帝曰：「願為一郡王。」樂曰：「不可。」帝曰：「願封萬戶侯。」樂曰：「不可。」帝曰：「願作一黔首。」樂曰：「不可。」揮劍進前，帝自殺矣。樂遂不掠宮殿也。　（胡曾《詠史詩》三「咸陽」）

趙高事少子胡亥，帝用高為丞相，天下亂，盜賊起，帝頻以盜賊之事責，高懼誅，乃煞帝而立子嬰為王。及漢軍至，高頻請子嬰出，欲害之，子嬰不往，高自至，見子嬰，乃煞趙高於秦宮，以謝天下。漢軍乃至，子嬰乃銜璧而降漢王，漢王不煞。後項羽至，乃煞之軹道，為子嬰伏於路旁車跡中矣。
（胡曾《詠史詩》二「軹道」）

〈趙語〉上卷第四（1）

一

趙簡子告諸子曰：「吾藏肘後寶符於常山上，先得者賞。」諸子馳山上，求無所得，唯襄子毋（2）卹還曰：「卹已得之符矣。」他人皆不可分，簡子請奏之，毋卹曰：「從常山上，下臨代，可取也。」簡子曰：「毋卹賢矣！」立為太子。　（《萬松老人評唱天童覺和尚頌古從容庵錄》三・第五十二則）

校記：

（1）此題據伯二五六九略出本，原作「春秋後趙語第四」。

（2）「毋」字原作「母」。案：趙襄子之名，《左傳》哀公二十年作「無卹」。《史記》四三〈趙世家〉作「毋卹」，此作「母」，蓋因《史記》而又形譌也。茲據改正。

案：本則敘趙簡子立太子事，見《史記》四三〈趙世家〉，衡諸前後文，乃晉定公十二年事，覈之〈十二諸侯年表〉在魯定公十年。此乃春秋末事，與《史通・六家篇》敘《後語》始自秦孝公者尤早。是知《史通》所言者略述〈秦語〉（卷一至卷三）之起迄耳，未明究各國敘事之年代也。

二（一）

〔張孟談曰……世治〕晉（1）陽，而尹鐸循之，其餘教猶存，君其居晉陽。」□□，乃入晉陽。行城郭，案府庫，視倉廩實矣。召張孟談曰：「吾城郭之全，府庫足用，倉廩實矣。奈無箭何（2）？」張孟談曰：「臣聞董子之治晉陽（3），公宮之垣皆以荻蒿楛楚牆之（4）。其高至於丈（5），君發而用（6）之。」於是發而試之，其堅則箘羽（7）之勁不能過也。君曰：「矢（8）足矣！吾銅少。」張談（9）曰：「臣聞董子之治晉陽，公之宮堂皆鍊銅為柱礩，請發而用之，則有餘銅矣（10）。」君曰：「善」。號令已定，脩守盡具。三國之兵乘晉陽城，遂戰。三月不能拔，因舒軍（11）而圍之，決晉水以灌之。圍晉陽城三年，城中巢居而處，縣釜而炊（12），財食將盡，士卒大夫羸病。襄子謂張談曰：「吾不能守矣！欲以城下，何國而可？」張談曰：「臣聞之，亡不能存，危不能安（13），則無為貴智主矣！君釋之勿言，臣請出見韓、魏之君。」襄子曰：「諾。」張談於是陰見韓、魏之君，曰（14）：「臣聞『脣亡（15）齒寒』，今智伯率二君而伐趙，趙亡矣，則（16）二君為之次。」二君曰：「我知其然。

夫智伯為人麤中而少親，我謀未遂，則其禍必至，為之奈何？」張談曰：「謀出二君(17)之口，入臣之耳，人(18)莫之知也。」二(19)君即與張談陰約三軍，與之期日，夜，遣入晉陽。張談報襄子，襄子拜之。張談因(20)智伯而出，遇(21)智果轅門之外。智果入見智伯曰：「二主殆將有變，臣遇張談，察其志矜而行高。」智伯曰：「不然。吾與二主約謹矣！子勿出口。」智果出，見二君，入說智伯曰：「二君色動而變，必背(22)君矣！不如煞之。」智伯曰：「兵著於晉陽三年矣！旦暮將拔之而後(23)其利，乃有他心？不可，子慎勿復(24)言。」智果曰：「不然則遂親之。」智伯曰(25)：「親之奈何？」智果曰：「魏宣子之謀臣趙葭，韓康子之謀臣段規，是皆能移其君之計。君其與二君約破趙，則封二子有萬家之縣一，如是二主之心可以不變，而君得所欲矣！」智伯曰：「破趙而三分其地，又封二子各有萬家，則吾何得焉？不可。」智果見君之不用，言之不聽，出，更其姓為輔氏，遂去不復見。張談入見襄子曰：「臣遇智果轅門之外，其視有疑臣之心，入見智伯，出更其族，今暮若不擊，必後之(26)矣。」襄子諾，因使張談見韓、魏之君，更日夜期，趙氏煞守堤之吏，而決何（河）水灌智〔伯〕，智伯軍救水而亂，韓、魏翼而擊之，襄子將卒犯其前，大敗智伯，煞智伯而三分其地。漆智伯之頭以為飲器(27)。智氏盡滅，唯輔氏存(28)焉。

校記：

(1)「晉」字上原卷殘斷，由後文得知，此乃《國策》十八趙一「智伯帥趙、韓、魏而伐范、中行氏」章後半。

(2)「奈無箭何」《御覽》一〇〇〇蘆荻引作「奈何無箭」。

(3)《初學記》八河東道引「董子」作「董安于」，「治」作「在」。《御覽》卷一六三并州、說郛本、青照堂叢書本同。

(4)「垣」字原作「恒」，「荻蒿」二字原作「萩藁」、「牆」字原作「檣」，並形近之譌，茲據《初學記》八河東道、《御覽》一六三并州、《御覽》一〇〇〇蘆荻引改正。又「楛」原作「苦」意不可通，茲據《韓非子》三〈十過〉改正。又「楚」子下原有「占」字，此涉上「苦」字而衍，茲據《御覽》一〇〇〇引刪。

(5)「文」字下《御覽》一〇〇〇引有「餘」字。

(6)「用」字原卷脫，今據《御覽》一〇〇〇引補。

(7)「羽」字《御覽》一〇〇〇引作「簬」，與《國策》同。

(8)「矢」字原卷形譌作「失」，《韓非子》此句作「吾箭已足矣」，今據改正。

(9)「張談」前二見作「張孟談」，後文並作「張談」，《初學記》、《御覽》引并作「張孟談」。考《韓非子》、《國策》並作「張孟談」，《史記》「談」作「同」，唯《國語》十五《晉語》九作「張談」，則二名似並有據。然《後語》一書不容兩名前後歧異若是，恐有一種經後人改易。姑存舊。

(10)「矣」字上原卷有「足」字，「銅」字上即言「有餘」，此不當有「足」字，恐涉上文「矢足矣」而衍，今據《國策》刪。

(11)「舒」字原卷形譌作「野」；「軍」字，譌不可識。今並據《韓非子》、《國策》改正。

(12)「縣」字《元和郡縣圖志》十三河東道二「晉陽縣」引作「懸」、「縣」「懸」古今字。又「炊」字原卷从「心」，形近譌誤，今據《韓非子》、《國策》改正。

(13)「安」字原卷作「公」，形近譌誤，據《韓非子》、《國策》改正。

(14)「曰」字原卷無，今據《御覽》三〇五征伐下引補。

(15)「亡」字下《御覽》三〇五引有「者」字。

(16)「則」字上《御覽》三〇五引有「趙亡」二字。

(17)「君」字原卷無，今據上下文及《韓非子》、《國策》補。

(18)「人」字原卷無，據上下文及《韓非子》、《國策》補。

(19)「二」字據上下文及《韓非子》、《國策》補。

(20)「因」字下《韓非子》、《國策》有「朝」字，意較完備。

(21)「遇」字原形譌作「過」，茲據《韓非子》、《國策》改正。後文「臣遇智果轅門之外」同此例，不再出校。

(22)「背」字原作「皆」，於意不合，此形近譌誤，今據《國策》改正。

(23)「後」字於意難通，恐有譌誤；《韓非子》作「嚮」，《國策》作「饗」是。

(24)「勿復」二字卷作「不後」，形近譌誤，今據《國策》改正。

(25)「曰」字原卷無，據《韓非子》、《國策》及前後文意補足。

(26)「之」字原卷作「亡」，意不可通，此據《國策》改正。

(27)「漆」字原作「桼」，此簡俗字，茲據《御覽》七一二伏虎引改正。又「為」字原卷脫，此據《御覽》引補。又「飲器」下《御覽》引原有注：「穢器、虎子也。」此說本《史記》八六〈刺客列傳〉《索隱》引晉灼之說，諸氏《彙考》引宋起鳳說不同。

(28)「存」字原卷無，今據《國策》補足文意。

案：本段大致與《國策》十八趙一「知伯帥趙魏韓而伐范中行氏」章同，間出入於《韓非子》三〈十過〉。文末「漆智伯之頭以為飲器」，乃用以啓下文豫讓事，故與《國策》書法稍不同。《史記・六國年表》繫「襄子敗智伯晉陽，與韓、魏三分其地。」於趙襄子五年（西元四五三年）。

二（二）

襄子既滅智伯，智伯之臣豫讓變名姓之趙（1），為刑人，入宮。陰塗廁以刺襄子，襄子如廁，心動，問塗廁者，乃豫讓也。內持刃欲為智伯報讎，左右欲誅之，襄子曰：「此義人也，幸吾避之。且智伯已死，無後，而其臣至於報讎，此天下之賢人也。」釋而弗誅。居有頃，豫讓（2）又柒身為厲，吞炭為啞（3），使形狀（4）不可識知。行乞於市，其妻不識也。行見其友，友人識之，為泣曰：「以子之才，委質臣事襄子，襄子必近幸子，乃為所願，顧不易也？殘身苦形，不亦難乎？」豫讓曰：「既委質臣事人，而煞之，是懷二心以事君也。自吾所險難身（5），然所以為此事者，將以恥天下（6）後世之為人臣懷二心者也。」既去，頃（7），豫讓伏於橋下，襄子出，至橋，馬驚，襄子曰：「必是復（8）豫讓也。」使人視之，果見豫讓也。於是襄子面數之曰：「子昔亦不嘗事范、中行氏乎？智伯盡滅之，子不為報仇（9），反（10）委質臣事之，今智伯死，何獨為讎深也？」豫讓曰：「臣之事范、中行氏，皆眾人遇我，我故眾人報之；至於智伯，國士遇我，我故國士報之。襄子慨然歎泣曰（11）：「嗟乎豫讓！子之為智伯（12），名既成矣！而寡人之赦（13），亦已足矣！子其自為計，寡人不釋子（14）！」使兵圍之。豫讓曰：「臣聞明主不掩人之（15）美，忠臣死，名存，前君已寬恩赦臣，天下莫不稱君賢，今日之事臣固伏誅，願得君之衣而擊之，雖死不恨。悲所望也，敢布腹心。」於是襄子義之，脫附身之衣以與之，豫讓拔劍三躍（16），呼而擊之，曰：「吾可以（17）報智伯矣！」遂伏劍而死。趙國志士聞之，皆為（18）之流涕。

校記：

（1）「讓」字卷形譌作「嚷」，今據原卷後文及《御覽》六八九衣引改正。又「名姓」二字《御覽》引作「姓名」。

（2）「讓」字下原卷衍「子」字，今據略出本刪。下文「豫讓曰：既委質臣事人……」「讓」字下原亦衍「子」字，正與此同例，然旁有刪節符，故不出校。

（3）「呑」字原卷無，「啞」字原譌省作「亞」，今並據略出本補正。

（4）「形」字原卷譌作「刑」，「狀」字原脫，今並依略出本補正。

（5）「自吾所險難身」句不可解，當有脫誤，略出本「自」作「且」，餘同，亦不可通。《史記》作「且吾所爲者極難耳」。

（6）「下」字原卷作「六」，此卷書「下」並作「[illegible]」，猶存草書之跡。知此「六」字即「[illegible]」字之形譌，今據略出本改正。

（7）「頃」字下略出本有「之」字，意較長。

（8）「復」字略出本無。

（9）「不」字「爲」字略出本並無。

（10）「反」字原卷作「及」，與下句文意不合，蓋形近而譌，今據略出本改正。

（11）「泣日」二字原倒，意不可通，今據略出本乙正。

（12）「子」字略出本、《御覽》引並作「豫讓」；「之爲」二字原倒，意稍塞，今據略出本、《御覽》引乙正。

（13）「赦」字原卷作「救」，意難通，據略出本、《御覽》引改正。又「赦」字下《御覽》引有「子」字。

（14）「子」字下《御覽》引有「矣」字。

（15）「之」字原卷無，意稍塞，據略出本補。

（16）「躍」字略出本作「踴」。案：「踴」即「踊」之異體字，《禮記》三《檀弓》下「辟斯踊矣」鄭玄注：「踊、躍」。

（17）「以」字下《御覽》引有「下」字。

（18）「爲」字原卷脫、據略出本補。

案：本事見《國策》趙一「晉畢陽之孫豫讓」章、《史記》八六〈刺客列傳〉、《說苑》六〈復恩〉，其文辭多與《史記》同。

二（三）

襄子有疾，卒。以其兄伯魯之不得立也，廢其太子，更立代成君之子完（1）為太子，是為獻子。獻子（2）卒，列（3）侯立。

校記：

（1）「完」字《史記》作「浣」。

（2）「獻子獻子」原卷作「獻二子：」，「二」字爲重疊符之譌，今據《史記》改正。又「獻子」《史記》作「獻侯」。《史記》云：「（烈侯）六年，魏、韓、趙皆相立爲諸侯，追尊獻子爲獻侯。」梁玉繩《志疑》二三云：「獻侯是追尊，不當稱侯。」此即用其原稱。

（3）「列」字《御覽》八二一資產引同，《史記》作「烈」。王叔岷《斠證》云：「初學記二十、白帖十四烈並作列，古字通用。」

案：本事見《史記》四三〈趙世家〉，文辭略同。

三

列侯六年，韓、魏皆立為諸侯。列侯好音，謂其相公仲達（1）曰：「寡人

所愛，可以貴之乎？」建曰：「富之(2)可也，貴之則否。」列侯乃命(3)以田萬畝賜善歌者二人，公仲建諾(4)而不與。居一月餘(5)，列侯之代還，問曰：「與之乎？」(6)曰：「未有可者。」有頃，列侯又問，卒不與，乃稱疾不朝。既而進(7)士三人，牛畜、荀欣、徐越三人既侍於列侯，或□之以仁義，或勸之以伎能，或教之以節用。於是列侯使使謂相公(8)曰：「歌者之田且止。」遂官牛畜為師，荀欣為中尉，徐越為內史，賜相(9)衣二襲，而不復言歌者。（伯三六一六）

校記：

(1)「建」《御覽》八二一資產引同，今本《史記》作「連」，王叔岷《斠證》云：「御覽六百三十引此文連亦作建」。

(2)《御覽》引無「之」字，「否」作「不」。

(3)「命」字原卷無，與下文意不符，今據《御覽》引補。

(4)「諾」字上《御覽》引有「許」字。

(5)《御覽》引無「餘」字。

(6)「問」字原卷形譌作「門」，又無「曰與之乎」四字，今並據《御覽》引補正。

(7)「進」字原卷形譌作「矦」，即「侯」字（本卷習「侯」作「矦」），今依上下文意據《史記》改正。

(8)「公」字《史記》作「國」，原卷疑有誤，或「公」字下脫「仲」字，疑不能明。

(9)「相」原卷譌作「葙」，今據《史記》改正；又「相」字下《史記》有「國」字。

案：本則見《史記》四三〈趙世家〉，除「公仲建」《史記》作「公仲連」外，敘事略同。

四

列侯九年，卒，子敬侯立，始都於邯鄲(1)。（伯三六二六）

校記：

(1)「於」字原作「取」，「鄲」字原作「戰」，並形近之譌，茲據《史記》改正。

案：本則亦見《史記》四三〈趙世家〉，《史記》云：「九年，烈侯卒，弟武公立，武公十三年卒。」是〈趙語〉所載無「武公」。而《索隱》於「武公立」下注云：「譙周云：『《系本》及說〈趙語〉者並無其事，蓋別有據。』」所見正與此合。其所謂「說趙語者」當即指《春秋後語·趙語》也（譙周卒於晉武帝泰始六年，孔衍生於泰始四年，是譙周撰《古史考》必未見孔衍書，此所引譙周云云蓋有誤）。

五

十一年，與韓、魏共滅晉而分其地 （伯三六一六）

案：見同上則。

六

十二年，敬(1)侯卒，子成侯立。 （伯三六一六）

校記：

(1)「敬」字原脫，茲據第〔四〕則所述及《史記》四三〈趙世家〉補。

案：見同〔四〕。

七（一）

成侯廿五年卒，子肅侯立之時，天下諸侯以秦為大。而秦自孝公已（以）來，蠶食諸侯，諸侯患之。於是蘇秦自周而來，欲說肅侯。〔肅侯〕之弟奉陽君為相，不悅蘇秦，蘇秦乃去，之燕。會奉陽君卒，蘇秦乃復從燕而來，說肅侯曰：「天下卿相人君(1)乃(2)至布衣之士，皆高賢君之義，皆願奉教陳忠於前之日久(3)矣。雖然，奉陽君妬，君不任事，是以外客遊士莫敢盡於前者。今奉陽君捐館舍，君乃與士民相親，臣故敢盡其愚慮。為君計，莫若安民無事，且無有事為也。安民之本在於擇交，擇交得則民安，擇交不得，則民終身不安。請言外患，齊、秦為兩敵，而民不得安；倚秦攻齊，而民不得安；倚齊攻秦，而民不得安。故夫謀人之色，隱忍苦辭斷絕人交也。願大王慎無出口。請屏左右，言所以異，陰陽而已。君誠能聽臣，燕必致犬馬旃裘之地，齊必致魚鹽之海，楚必致橘柚之園(4)，韓、魏皆可使致湯沐之奉，而貴戚父兄皆可以受封侯。夫割地効實，五伯之所以覆軍禽將而求也；封侯貴戚，湯、武之所以放弑而爭也。今君垂拱而則有之，此臣之所為君願也。今大王與秦則必弱韓、魏，與齊必弱楚、魏。魏(5)〔弱〕則割河外，韓弱則效宜陽，宜陽効則上郡絕，河外割則道(6)不通，楚弱則無援。此三策者，不可不熟計也。夫秦下軹道，〔則〕南陽効；劫韓苞周，則趙自銷；據衛取淇，則齊必入朝秦。秦欲得於山東，則必舉兵甲而向趙矣。卷甲度（渡）河踰漳，據潘吾(7)，則兵必戰於邯鄲之下，此臣所謂君患也。當今之時，山東之建國莫強於趙。趙地二千餘里，帶甲數十萬，車千乘，騎萬疋，粟(8)支數年。西有常山，南有河、漳，東有清河(9)，北有燕。燕、周弱國，未足畏也。秦之所害(10)於天下者，莫如趙，然秦不敢舉兵而伐趙者何？韓、魏之議其後也。韓、魏，則趙之南蔽也。秦之攻韓、魏也，無有名山大川之阻，稍蠶食之，傅國都而止。韓、魏不能支秦，必入臣於秦。秦無韓、魏之規，則禍必中於趙矣！此臣之所為君患也。臣聞堯無三夫之分，舜無咫尺之地，以有天下；禹無百人之聚，以王諸侯；湯(11)、武之士不過三千，車不過三百乘，立為天子。誠得其道。是故明主外料其敵之強(12)，內度其卒之用，不待兩軍相當，而勝敗存亡之機固已形於胷中矣！豈闇於眾人之言，以冥決事哉？臣竊以(13)天下之地圖案之，諸侯卒十倍秦，六國為一，并力西向而攻秦，秦必破矣。今西面而事之，則臣於秦。夫破人之與破於人；臣人之與臣於人，豈可同日論哉！夫衡人者，皆欲割諸侯之〔地〕以事秦，事秦(14)成則高臺榭、美宮室，聽竽瑟之音，前軒冕(15)，後有長佼，美人巧笑。卒有秦患而不與其憂。是故夫衡人日夜務(16)以秦權恐愒諸侯，以求割地。故願大王熟計之。臣聞明王絕疑去讒，屏流言，塞用黨之門，故尊主廣地強兵之臣得陳忠於前矣。故竊為大王計，莫若一韓、魏、齊、楚、燕、趙從親，以賓客秦(17)。令天下將相會於洹水之上，通質，刑白馬以盟，會約，約曰：『秦攻楚，齊、魏各出銳師以(18)佐之，韓絕其糧道，趙涉河、漳，燕守雲中。秦攻齊，則楚絕其後，韓守城皋，魏塞午道，趙涉河、漳、博關，燕出銳師以佐之。秦攻燕，則趙守常山，楚軍武關，齊涉渤海，韓、魏皆出銳師以佐之。秦攻趙，則韓軍宜陽，楚軍武關，魏軍河外，齊涉清河，燕出銳師以佑（佐）之。諸侯不約者，五國之兵共伐之。』六〔國〕從親以賓秦，則卷甲必不敢出於函谷以害山東矣。如此則霸王之業成矣。」趙王曰：「寡人年少，立國之日淺，未嘗聞社稷之長計。今上客有意存天下(19)，安諸侯，寡人敬以國從。」乃飾車百乘，黃金千溢，白璧百雙，錦(20)繡千純，以約諸侯。

校記：

(1)「君」字《國策》、《史記》並作「臣」，意較此爲長。

(2)「乃」字原作「及」，此蓋涉《史記》而譌，《史記》作「及布衣之士」無「至」字，亦可通。該據《國策》改正。

(3)「久」字原卷形譌作「欠」，茲據《國策》、《史記》改正。

(4)「園」字原卷形譌作「圍」，茲據《史記》改正。

(5)「魏」字上原卷承上句重疊符有「楚」字，言楚弱另見下文，置此殊不類，茲據《國策》、《史記》刪。

(6)「道」字原卷形譌作「遺」，茲據《國策》、《史記》改正。

（7）「潘吾」，《國策》、《史記》作「番吾」。
（8）「粟」字原卷形譌作「票」，茲據《國策》、《史記》改正。
（9）「河」字原卷在「有」字上，茲依上下文意及《國策》、《史記》改正。
（10）「害」字原卷形譌作「宮」，茲據《國策》、《史記》改正。
（11）「湯」字原卷形譌作「陽」，茲據《國策》、《史記》改正。
（12）「明」字原作「朋」，「料」字原作「斷」，此並形近之譌，茲據《國策》、《史記》改正。
（13）「以」字下原卷有「爲」字，意不可通，此蓋涉「以」字連詞而涉，茲據《國策》、《史記》改正。
（14）「事秦」二字原卷「秦」字不重，而重「以事」二字，恐是抄者誤移重疊符，今改正。《國策》「事」作「與」，重「與秦成」三字，《史記》只重「秦」字，並可通。
（15）「軒冕」《國策》作「軒轅」，《史記》作「樓闕軒轅」。《索隱》云：「《史記》俗本亦有作『軒冕』者，《後語》所據蓋此。
（16）「務」字原卷形譌作「佫」，今據《國策》、《史記》改正。
（17）「以賓客秦」者，意謂六國從親，獨以秦爲賓客。《國策》作「以儐畔秦」，《史記》作「以畔秦」，意略不同。
（18）「以」字下原卷衍一「以」字，今依上下文意及《國策》、《史記》刪。
（19）「下」字原卷作「二」。此涉「下」字形草（「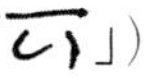」）而譌也，茲依上下文意及《國策》、《史記》改正。
（20）「錦」字原卷作「綿」，此形近之譌，茲據《國策》、《史記》改正。

案：本段見《國策》十九趙二「蘇秦從燕之趙始合從」章、《史記》六九〈蘇秦列傳〉，文辭參錯於二書之間。

七（二）

於是蘇秦從趙之韓惠王（1）曰：「韓北有鞏、洛之固，西有宜陽、高坂（2）之塞，東有宛、穰、濟水（3），南有常山（4）。地方九百里，帶甲數十萬，天下之強弓勁弩，皆從韓出。谿子、少府時力、距來者，皆射六百步之外。韓之卒超足而射，百發不下，遠者括蔽胷，近者羽（5）奄心。韓氏之劍戟，皆出於冥山、棠谿、墨陽、合相（6）、鄧師、宛馮、〔龍〕淵、太阿，皆陸斷狗馬，水截鵠〔鴈〕。堅甲、鐵幕、刀鈹、鞠、革袂、芮（7）。夫韓卒之勇甲，被堅甲，蹠弩，帶利劍，一人當百，〔不〕足言也。夫以韓卒之勁，與大王之賢，乃欲西向事秦，交臂而服，羞社稷而為天下笑，無〔大〕於此者矣。故願大王無事秦，事秦，〔秦〕必求宜陽、成皋。今年效之，明年又(8)復割地。與之，則無地給之；不與，則棄前功而受後禍。且夫大王之地有盡，而秦之求無已，以有盡之地逆無已之求，此所謂市怨結禍者也，不戰而地已削矣。臣聞鄙諺曰：『寧為鷄口，無為牛後』，今西面交臂而臣事於牛後乎？夫以大王之賢，挾(9)強韓之兵，有牛後久名，竊為大王羞之。」王怫然作色，攘臂案劍仰天歎曰(10)：「寡人雖〔死〕，不能事秦，今上客以王之〔教〕詔之，敬奉(11)社稷以從。」

校記：

(1)「韓惠王」《國策》作「韓王」，或作「宣王」，《史記・蘇秦列傳》作「韓宣王」，然〈六國年表〉、〈韓世家〉並稱作「韓宣惠王」，此蓋省「宣」字。《御覽》八五四糟引《後語》敘張儀說韓宣惠王亦作「韓惠王」，例與此同。

(2)「高坂」《國策》作「常阪」，《史記》作「商阪」。

(3)「濟水」《國策》、《史記》並作「洧水」。原卷「濟」字簡作「済」，與「洧」字形近，恐誤。

(4)「常山」《國策》、《史記》並作「陘山」。

(5)「羽」字原卷在「近」字上。《國策》作「遠者達胸，近者掩心」。《史記》作「遠者括蔽洞胸，近者鏑弇心」，《後語》參二者文，「羽」字當在「奄」字上。今參二書及上下句文意乙正。

(6)「合相」《國策》作「合伯膊」，《史記》作「合賻」。《索隱》云：「春秋後語作『合相』」與原卷合。黃丕烈《國策札記》卷下云：「『相』當作『柏』……形近之譌耳。」是。

(7)「幕」字原卷作「慕」，此二字敦煌寫卷常相混淆，今據《國策》、《史記》改正。又「刀鈹」原作「力鼓」，亦形近之譌，《國策》、《史記》並無此二字；考《廣玉篇》十八「敍，魚倚切，釜也。」置此不當，而《說文》十四上：「鈹……一曰劍而刀裝者」段注云：「劍，兩刄；刀，一刄；而裝不同。實劍而用刀削裹之，是曰鈹。」《文選》五左思《吳都賦》：「羽族以觜距爲刀鈹」李善注：「鈹，兩刄小刀也。」茲據改正。又「鞠」字《國策》、《史記》並無。此所云並是攻守戰備之物，鞠爲蹩鞠字，乃習武之具，似不宜置此。又「革」字原卷形譌作「草」此據《國策》、《史記》改正。「袂」字《國策》、《史記》並作「抉」，《索隱》云：「音決。謂以革爲射決。決，射韝也。」此云「革袂」，蓋謂以革爲袂，以應敵，似亦可通。今且存舊。又「芮」字原卷作「苪」，此據《國策》、《史記》改正。《索隱》云：「吷」與『瞂』

同，音伐，謂楯也。芮音如字，謂繫楯之綬也。」

（8）「又」字原卷作「人」，形近之，茲據《國策》、《史記》改正。

（9）「挾」字原卷作「扶」，此形近筆誤，今據《國策》、《史記》改正。

（10）「歎曰」二字原倒，《國策》、《史記》並作「太息曰」音同，今據以乙正。

（11）「奉」字原卷形譌作「秦」，此據《國策》、《史記》改正。

案：蘇秦說韓王見《國策》二六韓一「蘇秦爲楚合從說韓王」章，《史記》卷同前。

七（三）

蘇秦去韓之魏說襄王曰：「大王之地，南有鴻溝、陳（1）、汝（2）、許（3）、郾（4）、邵陵（5）、舞陽（6）、新都（7）、東有淮（8）、穎（9）、煮棗、無踈（10），西有長蚍之地（11），北有河水（12）、卷（13）、燕、酸棗，地方千里。地名雖少，然而田舍廬廡之數，無（14）所畜牧。人民之眾，牛馬之多，日（15）夜行不絕。輷輷（16）若三軍之眾。臣竊料大王之國不下楚，然衡人黜王交強虎狼之秦，以侵天下，卒（17）有秦患，不被其禍。夫魏（15），天下之強國也，王，天下之賢王也。今乃有意西面而事秦，稱東蕃，築帝宮，受冠帶，祠春秋，臣竊為大王恥之。臣聞越王句踐戰弊卒二（10）千人，擒夫差於干遂；武王卒千三人，革車三百乘，制犲於梅野（20），豈（21）其卒眾哉？能奮其盛（22）也。今竊聞大王之卒，武力廿〔萬〕，蒼頭廿萬，奮擊廿萬，廝徒廿萬，車六百乘，騎五千疋，此其過越王、武王遠矣。今乃覽於羣臣（24）之說而欲事秦，必割地効實，故兵不用而國已虧矣。凡（25）羣臣之言秦者，皆姧人，非忠臣也。夫為人臣，割其主之地以交外，偷一旦之功而不顧其後，破公家以成私門，外挾強秦之勢以內劫其主，以求割地，願大王熟察之。《周書》曰：『綿綿不絕，漫漫奈何？毫𣯴不伐，將成斧柯。』前慮不足，後有大患。故弊邑趙王使臣効愚計，奉（26）明約，在大王詔之。」魏王曰：「寡人不肖，未嘗得聞教，今主君以趙王之詔詔之（27），敬以國從。」

校記：

（1）「陳」《國策》、《史記》同。《御覽》一五八東京開封府引作「陳留」，說郛、青照堂叢書、王輯本同。案：作「陳」是。蓋陳在魏、楚之交，《國策》、《史記》所載多屬楚地，諸租耿《國策集注彙考》卷十七楚四（頁 820）引顧觀光《七國地理考》云：「蘇秦說魏曰：『南有陳。』越世家云：『魏亦覆其軍，殺其將，則陳、上蔡不安。』蓋與魏地犬牙交錯，故所屬不常也。」此在今河南淮陽縣。陳留則今開府縣，去陳殊遠，《御覽》所據蓋譌誤已久，故入本則於州郡部開封府，後世諸輯本並據此而譌。

(2)「汝」字下《御覽》等引並有「南」字，《國策》、《史記》同。張琦《國策釋地》卷下以汝為汝水，吳師道則以「汝南」讀，謂即汝南郡，今姑存兩說（餘說詳諸氏《彙考》頁 1155～1157）。

(3)「許」字《御覽》等引《後語》並無。

(4)「鄢」蓋「郾」字之通假俗寫，《御覽》等引並作「郾」字，《史記》同。《國策》作「鄢」。

(5)「邵陵」《御覽》引、王輯本、《國策》並同，《史記》作「召陵」。說郛本、青照堂本則誤「邵」作「郡」。

(6)「舞陽」《御覽》引、王輯本、《國策》、《史記》並同。說郛本、青照堂本作「武陵」，蓋「武陽」之譌。《史記》四四「秦葉陽、昆陽與舞陽鄰」張文虎《校刊史記集解、索隱、正義札記》四云：「『舞陽』宋本、毛本與國策及正義合。各本誤『武陽』。」

(7)「新都」《御覽》引、說郛本、青照堂本同。王輯本作「新郪」無「新都」，與《國策》同。《史記》兩者並有之，《集解》云：「地理志潁川有昆陽，汝南有新郪縣，南陽有新都縣。」今兩存之。

(8)「淮」字王輯本、《國策》、《史記》並同。《御覽》、說郛本、青照堂本並作「譙」，考「譙縣」，春秋時陳焦邑，秦置譙縣，即今安徽亳縣治，在魏之東南角。未知孰是，姑並存之。

(9)「潁」字原卷形譌作「疑」，此據《御覽》、王輯本改正。《國策》、《史記》亦作「潁」。

(10)「踈」字《御覽》引作「疏」同。《御覽》引原有注云：「鴻溝，今在譙縣。潁，今潁州。煮棗，今曹州宛可地。『無疏』或作『無胥』，未詳所在。」案：「譙縣」，唐、宋時並屬亳州，見《讀史方輿紀要》二一鳳陽府亳州。又「宛可」當作「宛句」，形近之譌；《舊唐書》三八〈地理志〉一作「冤句」，《新唐書》三八〈地理志〉二作「宛句」，並屬曹州，《宋史》八五〈地理志〉一：「元祐元年改冤句縣為宛亭」即此地，「可」並作「句」。《史記集解》引徐廣曰與《新唐志》同，《正義》作「宛朐」，並可為證。

(11)「長虵」《御覽》、說郛本、青照堂本並作「長蛇」，「虵」為「蛇」之俗（《廣韻》五支）。《御覽》引有注云：「《史記》作『長城之地』，今武原縣有長城。」《國策》、《史記》亦作「長城」，作「長蛇」者，恐形近之譌，王輯本作「長城」是。然王謨亦據《御覽》，今所見宋本《御覽》已作「長蛇」，具注《後語》者以《史記》作異文，則其誤來久矣，王謨或即據《國策》、《史記》改之耳。又《御覽》注云：「今武原縣有長城」，「武原」當是「原武」之誤倒。《史記集解》引徐廣曰：「滎陽，卷縣有長城，經陽武到密。」《讀史方輿紀要》四七開封府：「卷城，在（原武）縣西北七里。」《史記正義》云：「卷在鄭州原武縣北七里。」是唐代原武縣在魏長城左近之證。

（12）「河水」《御覽》引同，王輯本作「河外」，與《國策》、《史記》合。《長短經》五亦作「河水」與《後語》同。

（13）「卷」字下王輯本有「衍」字，與《國策》合。王謨云自《御覽》輯出，然與宋本《御覽》多異，反與《國策》合，雖其所據版本或異，然不應如此巧合，恐王氏以《後語》不合史書所載，逕自改易耳。

（14）「數無」二字原卷無，與上下文意不合，今據《御覽》引補正。

（15）《御覽》、說郛本、青照堂本無「日」字。

（16）「輷輷」王輯本同，《御覽》、說郛本、青照堂本作「輷輷」，《史記》作「轊轊」。案：《文選》六左思〈魏都賦〉「振旅輷輷，反旆悠悠」。李善注云：「蒼頡篇曰：『輷輷、眾車聲也。』呼萌切。今爲『輷』字，音田。」（《玉篇》零卷車部引《蒼頡篇》作「輷輷、聲也。」所見異），是原卷自有所本，姑兩存之。《御覽》引下又有「殷殷」二字，並出注云：「車馬聲也。輷，火宏切。」說見王叔岷《斠證》頁2207。

（17）「卒」字原卷作「交」，形近之譌，今據《國策》、《史記》改正。

（18）「魏」字原卷脫，今據《御覽》等引《後語》補正。

（19）《國策》、《史記》「二」字作「三」。

（20）「梅野」《國策》作「牧之野」，《史記》作「牧野」。《說文》十三下作「坶」，段注云：「《詩・大明》『矢於牧野』，《正義》引鄭《書序》注云：『牧野，紂南郊地名。《禮記》及《詩》作「坶野」，古字耳』。此鄭所見《詩》《禮記》作『坶』……『坶』作『坶』者，字之增改也。每亦母聲也。」此作「梅野」則或亦音近相假借耳。

（21）「豈」字原卷作「置」，此形近之譌，今據《國策》、《史記》改正。

（22）「乘」字《國策》、《史記》作「威」，意較長。

（23）「廿萬」《國策》、《史記》作「十萬」。

（24）「臣」字原卷無，與上下文不合，且下文云：「羣臣之言秦者」，即有「臣」字，今據補足。

（25）「凡」字下原卷衍「人」字，今據《國策》、《史記》刪。

(26)「奉」字原卷作「秦」，亦形近之譌，與前段校（12）同例，茲據《國策》、《史記》改正。

(27)「君」字下原卷有「主」字，蓋涉「君」字連辭而衍，今據《國策》、《史記》刪。又「詔詔之」三字原卷無，蓋隔字跳鈔，意未完備，下則云：「今足下以趙王之詔詔之」不脫，茲據《國策》、《史記》補足。

案：蘇秦說魏王見《國策》二二魏一「蘇子爲趙合從說魏王」章，《史記》卷同前，文辭與《史記》稍近。

七（四）

蘇秦因東說齊宣王曰：「齊南有太山，東有瑯琊(1)，西有清河，北有渤海，此所謂四塞〔國也。齊地〕方千里，帶〔甲〕數十萬，粟如丘山。齊卒之良，五家之兵，進若鏃矢，戰如雷電，解如風雨。即有軍役，未嘗背太山，絕清河，涉北海(2)也。臨淄(3)之中萬戶，臣竊庶之，一戶三男子，三七廿(4)萬，不待(5)發於遠縣，而臨淄之卒固已廿一萬矣。臨淄甚(6)富而實，其民莫不吹竽、鼓瑟、彈□(7)、擊筑(8)、鬬鷄、走狗、六博、蹹(9)鞠者。臨淄之塗，車輦擊，人肩磨，連衽成幃，舉袂成幕，揮汗成雨，家殷而富，志高氣揚。夫以大王之賢與齊之強，天(10)下不能當。今乃西面而事秦，臣竊為大王羞之。且韓、魏之所以畏秦者，為與秦接境壤界也。兵出而相當，不(11)出十日，戰勝存亡之機決矣。韓、魏戰而勝秦，兵則半折，四境不守；戰不勝，則國以亡隨其後。是韓、魏之所重與(12)秦戰，而輕為之臣也。今秦之攻齊則(13)不然。倍韓、魏之地，過衛晉陽之道，徑乎亢父之險，車不並軌，騎不得比行，百人守險，千人不能過。秦雖欲深入，則狼顧，恐議(14)其後。是以洞疑虛竭(15)而不敢進，則秦不能害齊亦明矣。大王料秦之無奈何齊，而欲西(16)面事之，是群臣之計過也。今無臣事秦之名，而有強國之實，臣固願大王少留意計也。」齊王曰：「寡人不肖，僻守遠海，窮道東境之國也，未嘗得聞餘教。今足下以趙王之詔詔之(10)，敬以國從。」

校記：

(1)「瑯琊」《國策》、《史記》並作「琅邪」。案：《廣玉篇》一玉部「瑯，正作琅」，又「琊，瑯琊，正作琊。」字並可通。

(2) 吳師道校注《國策》云：「渤海，後語北海。」所見與此本合。

(3)「也臨」二字原倒，今據上下文意與《國策》、《史記》乙正。又「淄」字原卷並作「淄」（即「溜」字），蓋鈔者習誤爲常，今據《國策》改正。後並同此，不復出校。

(4)「廿」字下疑脫「一」字，下文亦云「廿一萬」。《國策》、《史記》並作「二十一萬」。
(5)「待」字上原卷有「得」，蓋涉「待」字形近而衍，今據《國策》、《史記》刪。
(6)「甚」字原卷作「其」，形近之譌，今據《國策》、《史記》改正。
(7)「□」字原卷空一格，《國策》、《史記》作「琴」字。
(8)「筑」字下原卷有「於縱容」三字，當非本文，《國策》、《史記》並無此三字，茲據刪除。
(9)「蹹」字原卷作「蹞」，此形近之譌，茲據《國策》改正。
(10)「天」字上原卷有「夫」字，蓋涉「天」字而衍，今據《國策》、《史記》刪。
(11)「不」字原卷在「當」字上，「出」字旁有乙倒符。案：此乙倒符當在「當」字旁，鈔者誤下移之，今據《國策》、《史記》乙正。
(12)「與」字下原卷誤重一「與」，今據《國策》、《史記》刪。
(13)「則」字原卷作「之」，文義不順，據《國策》、《史記》改。
(14)「議」字原卷誤省作「義」，此據《國策》、《史記》改正。
(15)「洞疑」《國策》、《史記》作「恫疑」。案：《史記・太史公自序》云：「殺隱幽友，大臣洞疑」。又《後漢書》二八下〈馮衍傳〉：「并日夜而幽思兮，終悇憛而洞疑。」「洞疑」並恐懼之意，說詳《讀書雜志》三之六〈太史公自序〉「洞疑」條。又「虛竭」《國策》、《史記》作「虛猲」，《長短經》五作「虛喝」，意較此爲長。
(16)「西」字原卷作「而」，形近之誤，茲據《國策》、《史記》改正。
(17)「詔詔之」三字原卷作「詔詔之之」，「之」字下誤衍重疊符，此據《史記》刪。

案：蘇秦說齊王見《國策》八齊一「蘇秦爲趙合從說齊宣王」章，《史記》卷同前，文辭與《史記》稍近。

七（五）

蘇秦乃西南說楚王(1)曰：「楚，天下之強國也(2)；王，天下之賢主也。西有黔中、鄢、郢(3)，東有夏周(4)、海陽(5)，南有洞庭、蒼梧，北有枌陰(6)、郇陽(7)，地方(8)五千里，帶甲百萬，車千乘，騎萬疋，粟(9)支十年。此霸王之資(10)也。夫以楚之強與大王之賢，天下莫能當。今乃欲西面事秦，諸侯莫不西面(11)朝於章臺之下矣。秦之所害，莫若楚，楚強則秦弱，楚弱則秦強，此其勢(12)不可兩立。為大王計，莫如從親以孤秦。大王不從，秦必起兩軍，一軍出武關，一軍下黔中，則鄢、郢動矣。臣聞治之其未亂也，為之其未有也；患已至而後憂之，則無及矣。故願大王早計。大王誠能聽臣、臣請命山東之國奉四時之獻，以承大王之明詔，委社稷，奉宗廟(13)，鍊士厲兵，在大王所用之。大王誠能聽臣，則韓、魏、齊、趙、燕、衛之妙音美人必充後宮，燕、代橐駝良馬必實外廄。故從合則楚王，衡(14)成則秦帝，今(15)釋一霸王之業，而有事人之名，臣竊為大王不取。夫秦虎狼之國，有吞天下之〔心。秦，天下之〕仇也，衡人皆欲割諸侯以事秦，此所謂養仇而奉讎者也。人臣割其王之地，以外交強秦之盛，以內劫其主，以求割地，人臣不忠，無過此者。故從合則諸侯割地以事楚，衡合則楚割地以事秦，此兩策相去遠矣！而大王何居焉？故弊邑趙王使効愚計，奉明約，在大〔王〕詔之。」楚王曰：「寡人之國，西與秦接境，秦有舉巴(16)并漢中之心。秦，虎狼之國，不可親。韓、魏迫(17)於秦患，不可與深謀，與深謀恐反人以為秦，故謀未發而國已危矣。寡人自(18)料，以楚當秦，不見勝焉，內與群臣謀，不足恃也。寡人臥不安席(19)；食不甘味，心搖搖如懸旌，無所終伯(20)。今上客欲一天下，安諸侯，存危國，寡人謹奉社稷。」於是六國合從而并力焉。

校記：

(1)《御覽》三三〇警備引無「西」字，「楚王」作「楚威王」。案：《後語》原卷張儀、蘇秦遊說各王並標某某王，此則獨異，恐失之，《御覽》所引是。

(2)「楚」字「之」字原卷並脫，與下句「王，天下之賢主也」不對，茲據《御覽》引補。

(3)「鄢、郢」《御覽》引作「巫郡」，《國策》、《史記》同。

(4)「夏周」《御覽》引同，《國策》、《史記》並作「夏州」。吳師道引盧藏用注《後語》云：「屈原離騷（案：當作《九章・哀郢》）『過夏口而西浮』，蓋是山也。」(「夏口」今本作「夏首」)。王輯本「周」作「州」，改盧注「山」作「卅」，蓋據《國策》、《史記》而改，並形近之譌也。

(5)「海陽」下吳師道引盧藏用云：「在廣陵東，今揚州海陵縣。」

(6)「枌陰」《御覽》引作「汾陰」，《國策》作「汾陘之塞」，《史記》作「陘塞」。案：「枌」字蓋「汾」字之譌，然汾陰在河東，地屬魏國（《史記・秦本紀》：「惠文君九年，渡河，取汾陰、皮氏，與魏王會應。」)，去楚稍遠。則「陰」字蓋「陘」字之譌。

(7)「郇陽」二字原卷「郇」字作「郇」，「陽」字空缺，茲據《國策》、《史記》補正。

(8)「地」字原卷空缺，「方」字譌作「万（萬）」，今茲據《御覽》引補正。

(9)「粟」字原卷作「票」，形近之譌，茲據《御覽》引改正。

(10)「資」字《御覽》引作「質」。

(11)「面」字下原卷有「於」字，蓋涉下文而衍，今據上下文意刪。
(12)「勢」字原卷作「世」，此蓋音同致譌，今據《國策》、《史記》改正。
(13)「廟」字原卷作「廣」。案：「廟」字俗作「庿」或「厝」或「庿」，「廣」俗作「廣」或「廣」，二字形近易譌（參秦公《碑別字新編》頁317）。茲據《國策》、《史記》改正。
(14)「衡」字原卷作「行」，音近形省而譌，下文「衡合則楚割地以事秦」亦作「衡」，茲據《史記》改正。
(15)「今」字原卷作「令」，形近之譌，茲據《國策》、《史記》改正。
(16)「巴」字原卷形譌作「巳」，此據《國策》、《史記》改正。又「巴」字下《國策》、《史記》有「蜀」字是，此疑脫。
(17)「迫」字原卷作「百」。《廣韻》入聲二十陌並「博陌切」，蓋音同而譌，茲據《國策》、《史記》改正。
(18)「自」字原卷形譌作「百」，此據《國策》、《史記》改正。
(19)「席」字原卷形譌作「虒（虎）」，此據《國策》、《史記》改正。
(20)「伯」字《國策》、《史記》並作「薄」，鮑彪云：「薄、泊同」，「伯」字蓋「泊」字之譌，下則「泣」譌作「位」與此同例。

案：蘇秦說燕王見《國策》十四楚一「蘇秦爲趙說楚威王」章，《史記》卷同前。

七（六）

初，蘇秦與張儀事鬼谷先生，十一年皆通六藝，經營百家之言。鬼谷先生弟子五百餘人，為之掘窖，深二丈，曰：「有能獨下說窖中，使我泣(1)出者，則能分人主之地矣。」蘇秦下說窖中，鬼谷先生泣下沾衿。張儀下說(2)。鬼谷曰：「秦之與儀一體也，然拊地後索，矯尾厲角，含吐縱(3)，抵掌推□(4)，隊內儀不如秦也。」學終而辭歸，道乏資用(5)，行次燕人傳□□□□說自給(6)，各解臧獲之裘(7)。張儀入楚，蘇秦入趙，逢其隣子易水之上，貸布一疋，約償百金(8)，隣子不與。邯鄲之北有蘇人侯(9)，蘇秦往說之，蘇人侯送(10)以黃金百溢。其家丞諫曰：「君之與客無故(11)而送之百金，其說可得聞也(12)？」蘇人侯曰：「客，天下之(13)辯士，立談之間再奪我地而復歸之。吾地雖小，豈直百金(14)？」及蘇秦至趙，相李兌(15)送明珠、白璧、黑貂之裘、黃金百溢，蘇秦得以為用。乃歸，說周顯王，顯王左右素知蘇秦少之不信。西入秦，秦惠王又不能用。蘇秦留久，黑貂裘弊，黃金盡，乃還歸家，羸瘦履屩，負書擔囊，形(16)容枯槁而面目黧黑，狀有饑色。到家，妻不為下機，嫂〔不為〕炊，父母不與言，皆笑之，謂曰：「周人俗，治產業，力商枯（賈），逐(17)十一以為務。今子釋本而事口舌(18)，困，不亦宜乎？」蘇秦自傷曰：「嗟乎！妻不以我為夫，嫂不以為叔，父母不以為子，皆是秦之罪也。」乃閉戶不出，曰：「夫士業已屈首而受書，不能以說人主，出其金玉錦(19)繡，而不取卿相尊榮者，雖多(20)亦何以為？」於是夜發書，陳(21)篋數十，得《周書陰符》而讀之(22)。欲睡，引錐刺其股，血流至(23)踝。朞年，以出《揣磨篇》(24)曰：「此可以說當世之君矣！」既來至趙，遂為趙說諸侯，合從約。蘇秦於是為從約長，并相六國，皆佩其印，乃還報趙。諸侯各發使送之，車騎輜重，其眾擬於王者。行過洛陽，周顯王聞之恐懼，除道，使人郊(25)迎，乃來歸家。兄弟妻嫂側目(26)不敢仰，跗伏侍食。蘇秦笑謂其嫂曰：「何乃前踞而後恭也？」嫂委〔虵〕跗伏，以面掩地而謝曰：「季子位高金多故也。」蘇秦歎曰：「此一人之身，富貴則親戚畏憚之，貧賤則輕易之，況眾人乎？使我有洛陽負郭田二頃(27)，吾豈能佩六國相印乎？」於是發千金以賜宗族貧者。初(28)，曾貸百錢為資，則以百金償之，遍報諸所曾見德(29)者。其一人獨未得報，乃前言。蘇秦曰：「我非忘子，子之與我至燕，再三欲去我……(30)」。　（伯三六一六）

校記：

(1)「泣」字原卷形譌作「位」，今據《御覽》四六三辯上引《史記》（今本《史記》無此文，說詳王叔岷《斠證》頁21）改正。下「泣」字同此，不復出校。

(2)「儀」字原卷形譌作「議」，茲據上下文改正，下「秦之與儀一體也」之「儀」字同此，不復出校。又「說」字下意未完，《御覽》四六三引《史記》有「窖中亦泣」四字，疑此脫之。

(3)「縱」字下疑有脫字，《繹史》一一四引《鬼谷子》曰：「鬼谷先生曰：『蘇秦、張儀一體也，然其矯尾厲角，含吐縱橫，儀不如秦也。』」「縱」字下似當有「橫」字。

(4)「□」字原卷稍漫漶，似「鑣」字，未確。《說文繫傳》二七軵引《後語》有「鬼子曰：『牽受推軵，儀不如秦也。』」似引此而與敦煌卷不同。

(5)「道乏資用」四字《御覽》七二六蠡卜引作「道乏困」。又施之勉《史記會注考證訂補》以「道乏困」之事即《史記・蘇秦列傳》所載「出游數歲，大困而歸家。」事，因謂《後語》與《史記》合（見頁1165）。此說未確，《後語》述蘇秦窮困歸家，乃在見秦惠王後，所據爲《國策》，非《史記》也，施氏未見伯三六一六號寫卷，故有此誤。

(6)此句中有漫漶，《御覽》七二六引作「行以燕人蠡卜傳〔王叔岷《斠證》頁2192云：

「『傳說』乃『傅說』之誤，注文可證。」是亅說自給。」與此稍異。又《御覽》引有注：「燕人用蠡卜，秦託此以取資自給，傅會以爲詞說」。

(7)「裘」字下《御覽》七二六引有注：「臧獲役人解其衣裘，以賞其怪說之言也。」楊雄《方言》三：「荊淮海岱雜齊之間，罵奴曰臧，罵婢曰獲。齊之北鄙，燕之北郊，凡民男而婿婢謂之臧，女而歸奴謂之獲。亡奴謂之臧，亡婢謂之獲。皆異方罵奴婢之醜稱也。」《御覽》註以「臧獲」「役人」並稱，乃同義複辭。

(8)《御覽》八二〇布引《典略》亦及隣子事，「償」作「價」，意較此爲長。又「百金」作「千金」。

(9)《御覽》四六三辯上引《典略》亦載蘇秦說蘇人侯事、文辭稍簡，所引「蘇人侯」並作「蘇大侯」。

(10)「送」字原卷作「逆（逆）」，意難通，此蓋形近之譌，《御覽》八一一金下引作「送」是，據改正。下文「送之百金」「送」字同此，不復出校。

(11)「故」字下《御覽》八一一引有「舊」字，《御覽》四六三引《典略》同。

(12)「也」字《御覽》八一一引作「耶」。

(13)《御覽》八一一引無「之」字。

(14)「直」原卷作「眞」，《御覽》八一一引作「其」，並形近之譌，茲據《御覽》八二〇引《典略》改正。又王輯本「溢」並作「鎰」，「百金」並作「百鎰」，恐以臆改也。

(15)「相李兌」句上下恐有脫誤。《白帖》四裘引《史記》：「蘇秦說相李兌，兌遺之以黑貂裘」又同卷衣服引《史記》：「蘇秦說趙李兌，兌送以黑貂之裘。」（此二則不見今本《史記》，而《國策》十八所載較詳，然文辭不類。）是。「相」字當有「說」字，「兌」字下疑脫一重疊符。

(16)「形」字原卷作「刑」，此二字敦煌卷多相混用，茲據《國策》三「蘇秦始將連橫」章改正。

(17)「逐」字原卷作「遂」，形近之譌，茲據《史記》改正。

(18)「今」字原卷作「金」，「釋」字作「檡」，蓋音同形近而譌，茲據《史記》改正。

(19)「錦」字原卷作「綿」，形近之譌，茲據《國策》改正。

(20)「多」字下《御覽》六一六讀誦引有「畜」字。

(21)《御覽》六一六引無「陳」字。

(22)「符」字原卷作「苻」，此即潘老師《敦煌卷子俗寫文字與俗文學之研究》（二）偏旁無定「艹、竹不分」例，茲據《御覽》六一六引改正。「符」字下《御覽》引有注：「《戰國策》云：『得太公陰符之謀』」與今本《國策》合。又「而」字上《御覽》引有「伏」字，與《國策》、《史記》合。

(23)「至」字原卷無，文意不順，茲據《御覽》六一六引補。

(24)「揣磨篇」《御覽》引作「揣摩」，與《國策》、《史記》合。原卷「磨」字蓋「摩」字之假借字，本卷「摩」並作「磨」，前文第（四）段「人肩磨」《國策》、《史記》並作「摩」，即同此例。《史記集解》云：「鬼谷子有揣摩篇」，《索隱》引王劭云：「揣情、摩意是鬼谷之二章名」，今本《鬼谷子》亦有〈揣篇〉、〈摩篇〉。

(25)「郊」字原卷譌省作「交」，茲據《國策》、《史記》改正。

(26)「目」字原卷譌省作「日」，茲據《國策》、《史記》改正。

(27)「頃」字原卷譌省作「傾」，茲據《史記》改正。

(28)「初」字原卷作「阡」，此形近之譌。「初」字古書作「礿」與「阡」形近，茲據《史記》改正。

(29)「德」字原卷作「得」，此二字敦煌寫卷常混用，茲據《史記》改正。

(30)「我」字下原卷殘亡。《史記》「我」字下有「易水之上，方是時，我困，故望子深，是以致子。子今得矣。」二十二字。

案：本段散見諸書，說李兌事見《國策》十八趙一「蘇秦說李兌」章。「說周顯王」以下錯見《國策》三秦一「蘇秦始將連橫」章及《史記・蘇秦列傳》，餘己悉詳各條注中。唯「學終而辭歸……各解臧獲之裘」一段文字，未知孔衍何據。又鬼谷子掘窖事，亦見王充《論衡・答佞篇》引「傳曰」文，然《論衡》稍簡略，孔衍當別有據。唯《御覽》四六三引《史記》「又曰」，文字大致與《後語》同，而今本《史記》不見，或即引《後語》而列於《史記》諸「又曰」中，然《後語》間亦頗據《史記》以成文，或兩者並有而今本《史記》佚失耳。又《御覽》所魚豢《典略》，多與《後語》同，魚豢處魏、晉間，張鵬一《補魚豢傳》云：「豢卒當在太康（280～289）以後」，孔衍生於晉武帝泰始四年（268），時代略相近，是知兩者所據若非同源，則必有相當之關係。

〈趙語〉下卷第五 (1)

一

武靈王十九年春正月，大朝信武宮 (2)，乃召肥義與議天下事，五日而畢。遂北略中山，登黃華之上 (3)。 （吳師道《戰國策校注》六「王破原陽」章注）

校記：

(1) 此題據伯二五六九略出本《春秋後語》。

(2)「信武宮」《史記‧趙世家》作「信宮」。

(3) 吳師道並引注云：「黃華，山名也。戰國策云：『武陵王游於大陵，夢見處女鼓瑟而歌，登黃華之上。』」案：此所引《國策》，即姚宏等所云《國策》佚文（姚宏題辭，姚寬書後並引此佚文，云見《春秋後語》，實則引《國策》佚文者爲盧藏用注，《後語》爲史書，何得徵引？然諸氏《彙考》所附《國策》佚文，猶承此誤。）。諸祖耿《戰國策集注彙考》、鄭良樹《戰國策研究》並附《國策》佚文，皆無「而登黃華之上」七字，彼蓋據姚宏、姚寬所引，此正可補之。又案：鄭輯本據《天中記》二一引「趙武靈王遊大陵，夢見處女鼓瑟而歌，詩曰。」以爲《後語》佚文，非。陳耀文此文明引《史記》，而於「琴」字下注「後語作瑟」，陳氏所謂《後語》，即指吳師道所引《後語》注引《戰國策》文也，非《後語》本文。

案：本則前後，敦煌寫卷不存。《史記‧趙世家》武靈王告公子成語有「錯臂左衽」句，《索隱》云：「孔衍作『右臂左衽』」，又《國策》十九趙二「武靈王平晝閒居」章「甌越之民也」，姚宏云：「《後語》作『臨越』。注云：『臨，亦百越之一名也。』」又〈趙世家〉惠文王四年「公子章之敗，往走主父，主父開之，成、兌因圍主父宮。」「開之」《索隱》云：「譙周及孔衍皆作『閉之』，閉謂藏之也。」則武靈王欲胡服事及李兌圍武靈王事，《後語》當並有之，在本則之後，今佚失耳。

二

趙惠王得楚和氏璧，秦昭王聞之 (1)，使人遺趙書曰：「願□（以）十五城易之。」趙王與大將軍廉頗等謀，恐秦詐也。相如進曰：「秦強趙弱，不可不許。臣願奉璧，如不得城，完璧歸趙。」趙王遂貲相如 (2)。相如至秦，奉璧，秦王大喜，持示美人及諸左右，左右皆呼萬歲。相如視秦王無與城之意，乃前曰：「璧有瑕，請指示王。」王即授璧。相如大怒，髮上衝 (3) 冠，謂秦王曰：「大王願璧，使使〔至〕趙，趙王悉召羣臣議曰：『秦負其強，妄言求璧，城難得也。』議不與秦。〔臣曰〕：『臣以布衣為交，尚不相欺，況大國乎？豈以一璧之故而逆強秦之歡。』於是趙王乃齋五日，使臣〔奉〕璧拜〔書〕(4)，何者？嚴大國之威，以脩敬也。今臣見大王，大王見臣禮節甚踞(5)，得璧傳示美人以戲臣，〔臣〕觀大王無與城之意，故臣復取其璧。大王急臣，〔臣〕頭與璧俱碎於柱。」欲以擊之。秦王恐其破璧，乃謝之曰：「請召有司案圖籍(6)與城。」相如謂秦王曰：「和氏之璧天下所共至貴，可齋五日，設九賓於庭，然後〔上〕璧。」秦王度之不可強奪，遂許之。至時，設九賓引相如，相如至，謂秦王曰：「秦自穆公以(7)來廿餘君，未曾有堅盟約者，恐臣見欺而負於趙，故令人持璧奔歸，已至趙矣。且秦強趙弱，若先割城與趙，趙終不敢留璧。臣知合誅，請就湯鑊(8)。」秦王大驚，然（忿）然勃怒，左右欲引相如赴鑊，秦王曰：「今璧已去，煞之何益？不如厚遇之，使歸，趙王豈以璧之故而欺寡人也。」遂以禮放還。相如既歸，惠文王以為賢吏，不辱君命，乃拜為上卿。秦亦不以城與趙，趙亦不以璧與秦。（斯二〇七二殘類書）

校記：

(1)「趙惠王得楚和氏璧秦昭王聞之」十三字斯二〇七二原引作「藺相如，趙相，時秦昭王聞其（『其』字疑衍）趙得和氏之璧。」。案：斯二〇七二所引皆先出人名，與《琱玉集》、《類林雜說》同例，此乃編類書者所改易，未必《後語》原文，故依宋陳善卿《祖庭事苑》五「萬歲」條所引《後語》替換之，庶幾近於《後語》原編。

(2)「賚相如」三字原作「此人」。《史記》作「遣相如奉璧西入秦」，《御覽》四六七喜引《史記》作「使藺相如賚璧西入秦」，「此」字蓋壞下「貝」字，重疊符當屬下句「相如」，茲據補正。

(3)「衡」字原形譌作「衡」，此據《史記》改正。

(4)「使」字原譌省作「史」，此據《史記》改正。此句《史記》作「使臣奉璧拜送書於庭」。

(5)「踞」《史記》作《倨》，相通用。《鹽鐵論・結和四十三》：「今有帝名而威不信長城，反賂遺而尚踞敖。」即同此。

(6)「籍」字原作「藉」，敦煌寫卷「竹」、「艸」每相混淆，今改正。

(7)「以」字音俗作「已」，今據《史記》改正。

(8)「鑊」字原作「鑵」。《顏氏家訓》六《書證篇》：「吳人……呼『鑊』字爲『霍』字，故以金傍作霍代鑊字。」則六朝以來俗「鑊」爲「鑵」，蓋爲常例。又下「鑊」字形譌作「鑊」，今並據《史記》改正。

案：本則見《史記・廉頗藺相如列傳》，較《史記》爲略。《史記》云：「趙惠文王時，得楚和氏璧。」《通鑑》次於周赧王三十二年，即趙惠文王十六年，今次於武靈王後，惠文王二十九年之前。

三

秦昭王強盛，乃遣使命趙惠王開會，宴於澠池(1)。趙王袛欲不赴，又恐違秦王之命，袛欲赴，又恐秦王擄入咸陽城，乃與羣臣論之。藺相如、廉頗皆勸王令赴，趙王乃令藺相如為將，將兵從王赴秦國，頗與羣臣送王至河，臨別，頗(2)曰：「王赴秦，往返袛可三十日，如三十日不歸，臣請立太子為王，以絕秦望。」王許之。便行至會，燕樂。秦王曰：「寡人聞趙王善琴，請鼓之。」趙王乃為秦王鼓琴送酒。秦御史乃書之。相如恥之，乃前曰：「趙王善鼓琴，請秦王擊缶。」秦王怒，不許。是日（時）相如〔持〕缶進秦王，王不肯擊，相如乃按劒曰：「五步之內請秦王辱，相如請以頷血濺大王矣！」秦王左右欲殺相如，相如張目叱之，左右皆退。秦王懼，乃為擊缶。相如乃召趙御史，亦書記某月日，秦王為趙王擊缶。秦羣臣曰：「請以趙十五城為秦王壽。」相如曰：「亦請以咸陽為趙王壽。」秦終不能勝於趙，趙立戟設(3)兵待秦，秦亦不敢動趙。既(4)歸還，趙王以相如勳大，拜為上卿。

（胡曾《詠史詩》三「澠池」陳蓋注。）

校記：

(1)「澠池」二字原殘缺，此據《史記・藺相如列傳》及詩題補。

(2)「頗」字下原衍「秦」字，此據上下文意刪。

(3)「設」字原作「投」，形近之譌，茲據《史記》改正。

(4)「趙既」二字原倒，文意不順，茲據《史記》乙正。

案：本事見《史記》八一〈廉頗藺相如列傳〉，《史記》敘此次於完璧歸趙之後，〈六國年表〉載於趙惠文王二十年，今次此。陳氏所引《後語》頗雜俚語，如「趙王袛袛欲不赴，又恐違秦王之命；袛欲赴，又恐秦王擄入咸陽城。」決非《後語》原文。然今所見，此條獨得，猶可補敦煌卷及他書徵引之未備也。

四

趙惠王二十九年，秦、韓相攻，軍於閼與(1)。王召廉頗問曰：「可救不？」對曰：「道遠險狹，難救也。又問樂乘，對曰：「如廉公言。」又問趙奢，對

曰：「道遠陜，譬兩鼠鬬於穴中，將勇者勝。」王乃令奢救之。（《御覽》九二鼠）

校記：

(1)《御覽》引有注：「上黨有閼與。閼，烏連反；與，音預；成（或）音余。

案：見《史記・趙世家》、〈廉頗藺相如列傳〉。

五

初，廉頗之免於長平(1)**歸也，失勢，故人賓客盡去。及復用，客乃復至。頗謝遣之。客曰：「吁！君何見之晚也。天下市道交，君不知之耶？君有勢，我即進；君無勢，我即去，此固其理，君何怒焉。」**（《御覽》八二七市）

校記：

(1)「長平」《史記》同，王輯本《御覽》作「將而」，恐臆改。

案：此見《史記・廉頗藺相如列傳》。

六

秦攻趙，急(1)**，求救於齊，齊王曰：「必以**(2)**長安君為質。」長安君者，太后之小子也**(3)**，太后愛之，不肯遣。大臣強諫，太后怒，謂左右曰：「敢復言長安君為質者，老婦必唾**(4)**其面。」**(5)**左師觸龍請見太后曰：「老臣病足，曾不能疾走，不得見久矣。竊自恐太后體亦所苦也。」太后曰：「老婦恃輦而行耳。」因是太后怒色稍解，乃徐說之，太后從之**(6)。（《御覽》七四○跛躄）

校記：

(1)「急」字《御覽》三六五面引，在「攻」字上。

(2)「以」字原無，據《御覽》三六五補。

(3)「太后之小子也」《史記索隱》引孔衍云：「惠文后之少子也」蓋用以注「長安君」耳，非所見本作「惠文后」也，吳師道校《國策》云：「春秋後語並作『太后』，與《御覽》引合，可證。

(4)「唾」字說郛本作「肆」。

(5)「謂左右曰……唾其面」十九字據《御覽》三六五補。

(6)《御覽》七四○引止於此，本二句疑《御覽》裁省之文，非《後語》原本如此也。《國策》「老臣竊以爲媼之愛燕后賢於長安君」「媼」字下吳校引《後語》云云（見校（3）），則《後語》並詳觸龍與太后之文可知。

案：本則見《國策》二一趙四「趙太后新用事」章、《史記・趙世家》。〈世家〉繫此事於孝成王元年，今置此。

七

平原君對趙王(1)曰：「澠(2)池之會，臣察武安君之為人(3)，小頭而銳，瞳子白頭分明，視瞻不轉。小頭而銳，斷敢行也；瞳子白黑(4)，見(5)事明也；視瞻不轉，執志強也。可以持久，難與爭鋒。廉頗足以當之。」（《御覽》三六四頭下）

又

秦(6)昭王伐韓上黨，韓不能救。上黨太守馮高(7)乃遣使投趙，請救之，韓遂不阻隔秦軍(8)。〔使者曰〕：「臣今民不願入秦，今願以上黨城市邑十七城降趙。」趙王乃詔趙豹議，豹諫不令受之，王曰：「今發兵攻諸侯，猶不獲尺寸之地，今人以城邑十七降，安可不受乎？」豹曰：「秦攻韓數年，只圖上黨，今不得而趙得之，此謂無故之利，秦禍必集於趙，願王勿受。」王問平原君，〔對曰：〕「上黨之地近邯鄲，願取之以益邯鄲，而多秦敵。秦將白起，臣前後〔隨〕王於會上見之，臣觀白起形象，頭尖而銳，視瞻不轉，執而強，此人難與爭鋒，可與持久。今廉頗敵之。」趙王乃許。馮高降遣趙勝將兵救上黨，因之秦軍遂退。自此秦、趙相攻。秦令白起攻趙，趙遣廉頗拒之於長平，數年不下。秦乃罷，白起令王齕將兵與頗相守，又且使人行貨於趙，贊（譖）廉頗，令趙改將。云：「秦將只畏馬服(9)子趙括，不畏廉頗。」趙孝成王信之，合趙括令將兵代廉頗拒秦。括母見王，諫王不令妾男將兵拒秦。王曰：「何故？」對曰：「妾夫趙奢在日，男括每念兵書，與父論兵法。其父謂妾曰：『此子久後不可為將。若為將必敗破軍也。』今王必若使將兵拒秦，或有所失，妾請不立（並）具罪。」上許之。乃遣趙括將四十萬人往長平城代廉頗。頗怒，奔齊矣。括乃與秦將王齕戰，齕敗，括縱兵逐之，秦乃令武安君白起將兵從間道邀擊趙軍，又約軍中不令漏泄云：武安君白起將兵至長平邀截趙括，絕其糧道，遮括歸路。括乃與秦軍大戰，武安君臨陣，乃於陣上謂趙軍曰：「我是武安君白起也。」趙卒聞之，皆戰懼哭，悉不敢戰。括乃倒戈降白起，起曰：「趙多變易。」乃斬括，並坑趙卒四十萬人，血流成水。又縱兵攻趙，趙王大懼，乃使蘇代入秦說應侯范睢，睢妬白起功大，乃諫秦王令罷兵。昭王乃抽武安君兵迴，趙遂不滅也。（胡曾《詠史詩》一「長平」陳蓋注）

校記：

(1)「對趙王」三字據《御覽》三六六目引補。

(2)「澠」字《世說・言語篇》劉孝標注引嚴尤《三將敘》同，《御覽》三六六引作「沔」，「沔」蓋「沔」字之譌，青照堂本即作「沔」。

(3)《御覽》三六六引「人」字下有「也」字。

(4)《御覽》三六六引「黑」字下有「分明者」三字，與《三將敘》同。

(5)「見」字說郛本、青照堂本並作「視」。

(6)「秦」字上原有「昔」字，此陳氏注詩所補，非《後語》原文，其所引《史記》、《漢書》、《魏志》、《南史》並於引文前加「昔」字（卷一），皆非原文，今刪去。

(7)「馮高」《國策》、《史記》並作「馮亭」。

(8)「軍」字下原有「不能救」三字，疑涉前文而衍，今據前後文意刪。

(9)「服」字原形譌作「眼」，今據《史記・廉頗藺相如列傳》改正。

案：本事略見《國策》十八「秦王謂公子他」章，《史記》四三〈趙世家〉、八一〈廉頗藺相如列傳〉。而平原君謂趙王論白起一段《國策》、《史記》未見。考《世說・言語篇》十五則注、《類聚》十七頭引漢嚴尤《三將敘》正與此段同，孔衍或據此以補《國策》、《史記》之未足。覈之〈趙世家〉，本事在趙孝成王四年至八年之間，今次於此。又陳蓋注《詠史詩》所引文辭改易頗多，稍失《後語》原貌，說已詳卷三〈秦語〉案語。

八

孝成王十二年，秦復伐我而圍邯鄲。王使平原君如(1)楚，與合從親而請其救(2)。平原君素喜賓客，食客三千餘人(3)，將行，約其客有文武者廿(4)人偕。平原君曰：「使文能取相，即善；文不能取卿相，於華屋之下必得定從約而還。」士不外索(6)，取門下十九人，未有可以備廿者。毛遂自讚請行，平原君曰：「先生處勝門下幾年於此矣？」毛遂曰：「三年於此矣！」平原君曰：「夫賢士之處世，譬如錐之處囊，其鋒立見。今先生(7)三年而無所聞，是先生無能有(8)也。」遂曰：「臣乃今日請處囊中(9)，遂若早得處囊中，乃穎脫而出，非待鋒見也(10)。」平原君乃許與偕，十九人皆笑之。然比至楚，亦皆服之。平原君見楚王，論合從之利害，日出而言，日中不決。十九人謂毛遂曰：「先生上。」遂乃案劍歷階(11)而上，謂平原君曰：「合從利害，兩言決耳！今日出而(12)言，日中不決者，何也？」楚王謂平原君曰：「客何為者？」平原君曰：「是勝之舍人也。」楚王叱曰：「胡不下！吾與汝君言，汝何為者？」毛遂案劍而前曰：「王之所以遇遂者，以楚國之眾也。今十步之內，王不得恃楚國之眾，王之命懸於遂之手。吾君在前，叱者何也？且遂聞之，湯以七十里之地王天下，文王以百里之壤而臣諸侯；今楚地方五千里，持戟百萬，此霸王之資也。以楚國之強，天下不能當。白起，小豎子耳，率數萬之眾，興師以與楚戰；一戰而舉鄢、郢，再戰而燒夷陵，三戰而辱王先人。此百世之怨，趙之所羞，而王不知惡焉。合從者，為楚不為趙也；吾君在前，叱者何也？」楚王曰：「唯，苟若先生之言，謹奉社禝以從。」「定乎？」楚王曰：「定矣！」遂謂楚王左右曰：「取鷄狗血來。」遂銅盆盛血而跪進之，謂楚(13)王曰：「王當唼盟定從約，次者吾君，次者遂。」遂定從於殿上。毛遂左手持盤，右手招十九人曰：「公等相與唼此(14)於堂下。公等碌碌，所謂因人成事者也。」平原君已走從而歸，曰：「勝不敢復相士也。勝之所相，多者千人，寡者百數，自以為不先矣，今乃於毛遂先生失之。毛先生以三寸之舌，強於百萬之師，一至楚，使趙重於九鼎大呂，勝安敢復相天下之士哉。」乃以毛遂為上客。　（伯二五六九）

校記：

(1)「如」字《御覽》七〇四囊引作「入」。

(2) 此句《御覽》引作「求其從約」，似約略此文而成。

(3)「餘人」二字原倒，《史記・春申君列傳》：「春申君客三千餘人」，據乙正。

(4)「廿」字下原卷衍「餘」字，與下文不符，今據《御覽》引刪。

(5)「文」字原卷作「武」，與上下文意不符。《史記》作「文不能取勝」是，據改正。

(6)「索」字原卷形譌作「素」，據《史記》改正。

(7) 鄭良樹云：「案：御覽・天中記『先生』下並有『處勝門下』，史記略同。」

(8) 鄭良樹云：「案：御覽・天中記引『能有』並作『所能』，史記作『所有』。」

(9) 鄭良樹云：「案：御覽・天中記引『中』下皆有『耳』字，史記同。」

(10)《御覽》引「待」作「特」，「鋒」作「末」，並可通。

(11)「歷」字原作「曆」，鄭良樹云：「史記作『歷』」此假借字，茲據改正。「階」字原卷形譌作「偕」，據《史記》改正。

(12)「出而」二字原倒，茲據《史記》乙正。

(13)「楚」字原卷作趙，與上下文不合，今據《史記》改。

(14)「此」字下《史記》有「血」字，意較完備。又「唼」字《史記》作「歃」，《索隱》云：「唼此血，音所甲反。」所見《史記》與此合。

案：本則見《史記・平原君列傳》。〈趙世家〉云：「孝成王八年，平原君如楚請救。」《史記・平原君列傳》《正義》云在「趙惠文王九年」，張照《考證》據〈六國年表〉以爲當在趙孝成王九年，王叔岷《斠證》同其說。《後語》繫此，未知何據。

九（一）

〔魯連曰：「梁未未睹秦稱帝〕之(1)害故〔耳。使梁睹秦稱帝之害，則必助趙矣。」新垣衍曰：「秦稱帝之害何如？」〕仲連曰：「齊威〔王嘗為仁義矣，率天下諸侯而朝周。周貧且微，諸侯莫朝，而齊〕獨朝之。居歲餘，周烈〔王崩，齊後往，周怒，赴於齊曰：『天崩地坼，天子下席。東〕蕃之臣田嬰後至，則斬之。』齊〔威王勃然怒曰：『叱嗟，而母婢也！』卒為天下笑。故生〕則朝周，死則叱之，誠不忍其求□□□□□無已。」新垣〔曰：「先生獨〕未見孚僕乎？十人而從一人者，寧力不能勝而智不若耶？畏之。」仲連曰：「嗚呼！夫梁比秦若僕耶？」新垣衍曰：「然。」仲連曰：「吾將使秦王烹醢(3)梁王。」新垣衍怏然不悅曰：「噫！亦太甚矣！先生之言又惡能使秦烹醢梁王。」仲連曰：「固也，待吾將言之。昔鬼侯、邢侯(4)、文王，紂之三公也。鬼侯有女而好，入之於紂，紂以為惡，醢鬼侯；邢侯爭之強，辯之疾，脯邢侯；文侯聞之，喟然而歎，故拘之羑(5)里之庫。曷為與人俱稱王，卒受脯醢之□（地）。齊湣王出，將之魯，夷維(6)子為執策而從，謂魯人曰：『子將何以待吾君。』魯人曰：『吾將以太牢待子君。』夷維子曰：『子〔安〕取禮而來待吾君？彼吾君者(7)，天子巡守，諸侯避舍，納筦籥(8)，攝衽抱几，視膳於堂下，天子已食，若(9)退而聽朝。』魯人投其籥，不果內。不得入魯。將之薛，假塗於鄒(10)，是時，鄒君死，湣王欲入弔，夷維子謂鄒之孤白：『天子弔，主人必將殯柩設北面於南方，然後天子南面而弔也。』鄒□（之）群臣〔曰〕：『必若是，吾將伏劒而死。』故不敢入於鄒。鄒、魯之臣生則不得〔事養，死則不得〕飯含，然且欲行天子之禮於鄒、魯，鄒、魯之臣不果內。今秦亦萬乘之國也，梁亦萬乘之國，各有稱王之名。覩其一戰而勝，故欲帝之，是使三晉之大臣不如鄒、魯之臣妾也。且秦無以而帝，則且變易諸侯之大臣。彼將奪其不肖而與其所賢，奪其所憎而與其所愛。又將使其子女讒妾為諸侯妃姬，處梁之宮，梁王安得晏然而已？而將軍又何以得寵乎？」於是新垣衍再拜而謝曰：「始吾以先生為庸人，吾□（乃）今日知先生之為天下士也。吾請出，不敢復言秦帝矣。」　（伯二八七二背）

校記：

(1)「之」字上原卷殘斷，覈之《國策》、《史記》知爲魯仲連說新垣衍不帝秦事。

(2)「垣」字原卷作「恒」《國策》、《史記》並作「垣」。《索隱》云：「新垣，姓……漢有新垣乎。」當是。茲據《事類賦》注九金引改正。敦煌卷「垣」多俗作「恒」，參卷四〔二〕一校（4）。下並同此，不復出校。

(3)「醢」字原卷作「醯」，形近之譌誤，據同卷下文改正。

(4)「鬼侯邢侯」《史記》作「九侯鄂侯」，《集解》引徐廣曰：「九，一作『鬼』；鄂，一作『邢』」此與徐廣一作同。

(5)「羑」字原作「羌」，形近之譌。《史記・周本紀》：「帝乃囚西伯於羑里」，據改正。《國策》、《史記》此並作「牖」。

(6)「維」字原筆誤作「唯」，茲據原卷後文及《國策》、《史記》改正。

(7)「者」字下《國策》、《史記》並有「天子也」三字是。疑原卷脫下句「天子」之重疊符。

(8)「筦籥」原作「莧蘥」。《史記》作「筦籥」，《正義》云：「籥即鑰匙也」《國策》鮑注云：「筦，鑰也。」是「莧」爲「莞」之形譌，敦煌寫卷竹、艸多不分，茲據改正。下「籥」字同此，不復出校。

(9)「若」字《史記》作「乃」。若猶乃也，見王引之《經傳釋詞》七。

(10)「鄒」字下原卷衍「魯」，茲據上下文及《國策》、《史記》刪。下文「故不敢入於鄒魯」「魯」亦衍一重疊符，據刪。

案：本段見《國策》二十趙三「秦圍趙之邯鄲」章、《史記・魯仲連列傳》。本段前有殘缺，《事類賦》（頁 2362）注九金引《後語》曰：「秦圍趙邯鄲，魏使將軍新垣衍入邯鄲令趙尊秦爲帝，魯仲連說罷之。」即約略此文而成。伯二八七二爲《後語》原袟，其第二則云：「楚考烈王既與平原君約合從」，知在略出本毛遂事之後，故次此。

九（二）

楚考烈王既與平原君約合從，遂使春申君將兵來救趙，魏信陵君亦矯奪晉鄙軍而來，皆未至，秦急圍邯鄲(1)，邯鄲(2)欲降，平原君患之。邯鄲傳舍吏子李同說平原君曰：「君不憂趙亡耶？」平原君曰：「趙亡即勝為虜矣！何為不憂？」李同曰：「邯鄲之民(3)，炊骨而爨(4)，易子而食，可謂急矣。君(5)後宮以數百，婢妾被綺縠，餘粱肉，而民布(6)衣不完，糟糠不饜(7)，剡木為弓矢，而君器物鍾磬(8)自若。使秦破趙，君安得而有此也(9)。若使趙得全，君何患無有也。今君誠能令吏人已下遍於士卒之間，分功而作；家之所有，盡散以饗士。士方危苦，易得(10)耳。」於是平原君從之，得敢死

士三千人，俱赴秦軍，秦軍為之卻卅里。亦會楚、魏救至，秦兵遂罷，邯鄲復存。李同戰死，封其父為李侯焉。（伯二八七二背）

校記：

（1）「鄲」字原卷並譌作「戰」，茲據《御覽》八五四糟引改正，下並同此，不復出校。

（2）「鄲」字原卷脫一重疊符，據《御覽》引補。

（3）「民」字原卷作「人」，此避太宗諱，《史記》、《說苑》並作「民」，茲據《御覽》引回改。下文「而民布衣不完」「民」字同此。

（4）「炊骨而爨」四字《御覽》引作「析骨而炊」。

（5）「君」字《御覽》引作「而君之」三字，意較長，《史記》、《說苑》同。

（6）「布」字《御覽》引作「獘」，《史記》作「褐」。

（7）「饜」字《御覽》引作「厭」通用。

（8）「鍾磬」《史記》同，《御覽》引作「鍾鼓」。

（9）「也」字《御覽》引作「哉」。

（10）「得」字《史記》作「德」作施惠解，與《說苑》「易爲惡耳」同意。敦煌卷「德」、「得」雖屢相混，然作「得民心」解亦自可通，茲存舊。

案：本段見《史記・平原君列傳》、《說苑六・復恩》。

九（三）

邯鄲既存，平原君欲封魯仲連，仲連辭謝者三，終不肯受。平原君乃置酒，酒酣，起前以千金為仲連壽。仲連笑曰：「所貴於天下之士者，為人排患釋難解紛，而無取也，則（1）有取者，是（2）商賈之人，仲（3）連不忍為也。」遂辭平原君而去，終身不復見（4）。虞卿欲以存邯鄲之功為平原君請封。公孫龍聞之，夜駕至平原君（5）曰：「龍聞虞卿欲為君請（6）封，有之乎？」平原君曰：「然。」龍（7）曰：「此甚不可。王舉君而相者，非君之智能令趙國無有也（8）；割東武城而（9）封君者，非以君為有功也，以君（10）親戚故也；受相印而不辭無能，受（11）割地不言無功者，亦自以為親戚故（12），今以存邯鄲（13）而請封，是親戚受地（14）而國人計功，此甚不可，君必勿聽。」平原君曰：「善。」虞卿乃不敢（15）復言。（伯二五六九）

校記：

（1）「則」字《事類賦》注九金引同，己卷、《御覽》八一一金下引並作「即」。案：「則」猶「即」也，《史記・高祖本紀》元年：「今聞章邯降項羽，項羽乃號爲雍王，王關中。今則來，沛公恐不得有此。」「今則來」《漢書・高帝紀》作「即來」可證。

(2)「是」字己卷同,《御覽》、《事類賦》注引並作「乃」。
(3)「仲」字己卷無。
(4)「見」字下己卷、《御覽》引並有「也」字。
(5)「至」字《史記》、《國策》作「見」字是,此「平原君」下蓋省處所代辭。
(6)「請」字無,虞卿不能封平原君可知,茲據上下文意及己卷補。
(7)「然龍」二字原倒,茲據己卷乙正。
(8)「非」字下己卷有「以」字,與《史記》同。又「智」字下原卷有「也」字,疑涉下文「非以君爲有功也」句衍,「智能」當連讀,茲據己卷刪。
(9)「而」字己卷作「以」字。
(10)「君」字下己卷有「爲」字。
(11) 己卷無「受」字,與《史記》同。
(12)「故」字下己卷有「也」字,《史記》同。
(13)「邯鄲」下己卷有「之功」二字。
(14)「地」字下原卷有「成」字,《史記》「地」作「城」。鄭良樹云:「『地成』二字蓋『域』字之誤。」恐未允當,己卷亦作「地」,無「成」字,「成」字蓋涉《史記》而衍。《國策》作「受封」,意與此並同。
(15) 己卷無「敢」字。

案:本段見《史記・魯仲連列傳》、〈虞卿列傳〉、《國策》二十趙三「秦攻趙平原君使人請救於魏」章。本卷八〔三〕〔四〕兩段伯二五六九(略出本)、伯二八七二背並有之,次序不同,今以本段敘邯鄲既存之事,恰在八秦軍罷兵之後,《後語》敘次,前後井然,似不應以躄者事橫置於此。而伯二八七二背每事皆提行,躄者事與邯鄲既存事則連鈔,此恐鈔者漏鈔「邯鄲既存」一段,而補於躄者事後。又略出本鈔字年代較伯二八七二背爲早,且無殘損。故從略出本之次序,並以之爲底本。

九(四)

初,平原君家樓臨近民家(1),民家有躄者,蹣跚而行汲水(2)。而平原君美人居樓上,觀(3)見,大笑之。明日,躄者至平原君門,請曰:「臣聞君之好士,士遠千里至者,以君能貴士而賤色也。臣生不幸,有跛癃(4)之疾,而君之後宮美人臨見而笑臣(5),臣願得笑者頭。」平原君應之曰:「諾。」躄者遂去(6)。平原君笑曰:「吾觀豎子,乃欲以一笑之故而煞吾美人(7),不亦甚乎?」終不煞笑者。居歲餘,賓客門下(8)稍稍引去過半。平原君怪之曰:「勝所以待諸君，未嘗敢失禮也，而客去者何多也？」門下有一人前(9)對曰：「以君之不煞笑躄者美人，謂君以為(10)愛色而賤士，士即去耳。」於是平原君乃斬所笑美人頭，自造門下，進躄者而謝焉(11)。賓客聞之，乃復卻來(12)。（伯二五六九）

校記：

(1) 鄭良樹云：「《御覽》引無『近』字，《史記・平原君列傳》同。」「民」字原作「𡰥」缺筆，己卷作「人」，茲據《御覽》七四○跛躄引回改。

(2)「盤跚」原作「蹣跚」，己卷作「盤跚」，《御覽》引作「盤散」下注云：「散音珊。」，《史記》作「槃散」。王叔岷《斠證》云：「槃與盤，散與跚，古並通用。蹣，俗字。」是。「盤」作「蹣」，此即潘石禪師所謂「兩字連文，連類添加。」（詳《敦煌卷子俗寫文字與俗文學之研究》「偏旁無定」例）之例。茲據改正。「盤跚」今謂之「蹣跚」是也。又《御覽》引此句作「盤散行及」，「及」乃「汲」之譌省，《史記》作「汲」字是。

(3)「觀」字己卷同，鄭良樹云：「御覽引『觀』作『臨』，史記同。」

(4)「跛癃」《御覽》引作「跛躄」，王念孫《讀書雜誌》三之四「罷㿮之病」條云：「《淮南・地形篇》『林氣多癃』，《天官書》《正義》引作『林氣多躄』，癃、㿮、躄、躄字異而義同。」。

(5) 己卷無「臨見而」三字，「美」字上有『之』字，文略冗沓。《御覽》引此句作「而君之後宮臨而笑臣」，與《史記》同。

(6)「躄者遂去」鄭良樹曰：「御覽作『及躄者去』，史記無『及』字。」

(7)「以」字原無，茲據己卷、《御覽》引補。「而」字《御覽》引無，己卷作「欲」字。

(8) 鄭良樹曰：「御覽『賓客門下』作『門下客』。」

(9)「前」字己卷無。

(10)「以爲」二字己卷無。

(11)「焉」字己卷無。

(12)「乃復卻來」句己卷作「復稍來」。

案：本段見《史記・平原君列傳》。姚寬《國策》書後述《國策》逸文引《春秋後語》二事之一有「平原君躄者。注云：『躄，攣跛之名。』」則原本《國策》蓋亦有此文，而所引注恐即《後語》注也。

九（五）

初，秦昭王為好書，遺平原君曰：「寡人聞君高義，願與君為布衣之交，君幸過寡人，寡人願與君為十日之飲。」平原君畏秦，且以為〔然〕，往(1)。秦王與平原君飲數日，因謂之曰：「昔周文王得呂尚而以為太師，齊桓公得管仲以為仲父，范君亦寡人之叔父也。范君之仇在君之家，願使人持其頭來，不然，吾興兵伐趙，又不出君於關也。」平原君曰：「貴而為交者，賤而不棄也；富而為交者，貧而必愛也。夫魏齊者，勝之交也，在彼不出，又不在臣之所也。」秦王乃遺孝成王書曰；「范君〔之仇魏齊〕今在平原君之家，王疾使人持其頭來，不然吾將興兵伐〔趙，又不出王之弟於〕東。」孝成王乃發兵圍平原君家。魏齊急，夜亡，見虞〔卿。虞卿度趙王終不可說，乃解具〕相印，與魏齊俱亡。念諸侯莫〔可〕以急投者，乃〔復走大梁，欲因信陵以走楚。信陵君聞之，畏秦，猶〔豫未肯見，曰：「虞卿何如人也？」時侯嬴〔在旁，曰：「人固未易知，知人亦未易也。夫虞」卿躡蹻擔笠(2)，一見趙王，賜白璧一雙，黃金〔百鎰；再見，拜為上師；三見，卒受相印，封萬戶侯。〕當此時，天下莫不爭知(3)……。　（伯二八七二背）

校記：

(1) 上二句《史記》作「且以爲然，入秦見昭王。」意較明確。

(2)「躡蹻擔笠」《史記・范雎列傳》作「躡屩檐簦」，〈虞卿列傳〉「屩」作「蹻」與此合，《集解》引徐廣曰：「蹻，草履也。」又云：「簦，長柄笠……笠有柄者謂之簦。」又「擔」字點校本《史記》作「檐」，王叔岷《虞卿列傳斠證》云：「檐借爲儋，儋、擔正、俗字。」

案：本段見《史記》七九〈范雎蔡澤列傳〉。

十

趙相虞卿躡屩檐簦來說孝成王，一說，賜白璧(1)一雙，黃金百鎰，再見，拜為上卿，故號虞卿。　（《御覽》六九八屬）

校記：

(1)「璧」字原形譌作「壁」，茲據《史記》改正。

案：本則見《史記》七六〈平原君虞卿列傳〉，文辭略同，而與前則（五）所載侯嬴說信陵君言稍異，今別爲一則。又今所見《後語》敘及虞卿事較少，未知孔衍次虞卿事於何所，考虞卿與平原君略同時而稍晚，敘其事亦當在後，故今次於此；然虞卿見孝成王，又在前則（五）之前，是《御覽》所引前當有「初」字，以爲敘虞卿之首也。

十一

趙王遷被秦始皇使王翦將兵伐趙，滅其國，擄趙王遷於房陵囚也。王被囚，每見月夜，乃悲恐思憶本國也。

初，秦兵伐趙，趙王使廉頗拒之，趙王有寵臣郭開，與頗有隙，乃譖之，使樂乘代之；頗恐，奔魏。後樂乘敗，王乃使李牧將兵拒秦，秦兵頻敗，秦乃陰使人多與趙王寵臣郭開金帛，令改將，開乃譖云：「李牧欲反。」乃使趙葱、顏聚代(1)之，牧不受譖，王乃使人(2)斬牧。秦始皇大發兵，使王翦將兵伐趙，大破葱等。入邯鄲，擄趙王歸秦，囚將房陵矣，趙氏遂絕矣。（胡曾《詠史詩》三「房陵」陳蓋注）

校記：

(1)「代」字原形譌作「伐」，《史記・廉頗藺相如列傳》云：「趙王乃使趙蔥及齊將顏聚代李牧」茲據改正。

(2)「人」字原譌作「巳」，〈廉頗藺相如列傳〉云：「趙使人微捕得李牧，斬之。」茲據改正。

案：秦滅趙，趙王遷被執後事，《史記》未載，《淮南子》二十〈泰族訓〉：「趙王遷流於房陵，思故鄉，作爲山水（木）之謳，聞者莫不殞涕。」《文選》十六江淹〈恨賦〉李善注引高誘注云：「趙王張敖，秦滅趙，虜王遷，徙房陵。」則此似亦有據。唯「每見月夜」句，諸書未見，或別有所本，又此敘趙王遷被囚後事，再以倒述法追敘李牧，今置〈趙語〉之末。

〈韓語〉卷第六(1)

一

韓之先與周同姓，自韓厥已（以）下至康子四世(2)，世為晉卿，列於春秋。　（伯二五六九）

校記：

(1) 此篇題與前後趙、魏、楚語不同，「後」字下多一「語」字。

(2)《史記・韓世家》韓厥後有宣子，宣子生貞子，貞子生簡子、簡子生莊子、莊子生康子，有六世。案：《集解》引徐廣曰：「《史記》多無簡子、莊子，而云貞子生康子。班氏亦同。」又《漢書・古今人表》：「韓康子，貞子子。」高誘《呂氏春秋》十七〈任數篇〉注：「貞子居平陽，生康子。」無簡子、莊子二世，則韓厥至康子適四世，九衍所據蓋此。

案：此敘《戰國》前韓氏之世系，《後語》殘損，七國之中，僅存此而已，由此知秦、趙、魏、楚、齊、燕六國之卷首亦當有此春秋之世系也。

二

列侯三年，聶政為嚴仲子煞韓相俠累。初，仲子與俠累事韓侯而有隙，仲子懼誅，出之，遊於諸侯，求人可以報俠累者。至齊，齊人有言聶政壯勇，避仇隱於屠肆之間。嚴仲往見之，知其賢，乃奉黃金百溢，前為政母壽。政驚怪其厚，回(1)謝不受。仲子固進之，政曰：「臣母老家貧，客遊以為狗屠者，可以旦夕得甘脆，以供養親，僕不敢當仲子之賜。」仲子屏人與政言曰：「臣有仇，竊聞足下高義，故進百金者，將為夫人麤糲之費，將以交足下之歡耳，豈敢以有求乎？」政曰：「臣所以降志辱身居市者，徒以供養老母，老母在，政身未敢以許人也。」仲子固請讓(2)，聶政竟不受。然仲子卒備賓主之禮而去。久之，政母乃死，既葬，除服。政曰：「嗟乎！政乃市井之人鼓刀以屠為事。然嚴仲子，諸侯之卿相也，不遠千里、枉車騎、舉百金，為老親壽。我雖不受，是亦深知故，夫賢者以感慨睚眥之意(3)，而親信窮僻之士，而政獨安可以嘿然而止乎？且前日所以不許者，以老母故也；今母已終，政將為知己者用。」乃遂西至濮陽，見嚴仲子曰：「前日所以不許仲子者，以老親在故也。今不幸親亡，子所欲報仇者為誰？今願聞命矣，得以從事焉。」仲子具告曰:「臣之仇韓相俠累，韓君之季父也。宗族甚盛，兵衛甚設，臣欲使人刺之，終莫能得就。今足下幸不棄，請具車騎壯士，以為足下輔翼。」政曰:「韓之與衛，閒不甚遠，今煞人之相，相又國君之親，此其勢不可以多人。多人不能無得失，得失則語泄，是韓舉國而與仲子為讎，豈不殆哉！」遂謝車騎壯士，獨行至韓。韓俠累坐相府，持戟兵衛侍者甚眾。聶政直入上殿，刺煞俠累。左右大亂，政大呼，所擊煞者數十人。因自破面決眼屠腹而死，莫知為誰。韓取政尸曝於市，有能知者與千金。久之，莫知也。政姉曰:「嗟乎！何愛妾之身而不揚(4)吾弟之名於天下哉！」乃之韓市，視之曰:「勇哉！壯氣矜而隆，是其逸賁、育而高義成(5)矣。父母既沒，兄弟無在者，此為我故也。」乃抱尸而哭曰:「此妾之弟，軹深井里聶政也。」亦自煞於政尸傍。晉、楚、齊、衛聞之，曰:「非獨聶政之賢，乃其姉亦烈女也。」　(伯二五六九)

校記：

(1) 鄭良樹曰:「《國策》韓策二·《史記·刺客列傳》『回』並作『固』。」

(2) 鄭良樹曰:「《國策》、《史記》無『諸』字」,「諸讓」冗沓，此蓋鈔者以意譯之而衍。

(3)「意」字原卷譌省作「音」，鄭良樹曰:「《國策》、《史記》『音』並作『意』，是。」今從之，據改正。

(4)「揚」字原卷作「楊」，此潘石禪師所謂「偏旁無定」例，茲據上下文意及《國策》改正。

(5)「義成」《國策》作「成荊」。

案：本則見《史記·刺客列傳》及《國策》二七韓二「韓傀相韓」章。繫年從〈韓世家〉，故內文據《史記》而云「韓王」，不云「韓哀王」也。又聶政姉事亦略見《列女傳》卷八。本則前段多從《史記》，聶政姉事則頗與《國策》同。

三

襄王十二年，楚圍雍氏。韓令使者求救於秦，冠蓋相望，秦師不出。使靳尚如秦，謂秦王曰:「韓之於秦，居為隱蔽，出為鴈行；今(1)韓病矣，秦師不出，脣亡齒寒，願大王計之也。」　(《御覽》三二五乞師)

校記：

(1)「今」字原作「令」，據《國策》改。

案：本則見《國策》二七韓二「楚圍雍氏五月」章，繫年從《史記·韓世家》。又案：〈韓語〉殘亡太甚，此三則之次並從鄭輯本。

〈魏語〉卷第七

一

桓子之孫曰文侯。文侯以樂羊為將而攻中山，其子在中山，中山之君烹其子而遺之羹，樂羊坐於幕下而啜之，盡一盃，遂攻滅中山。文侯謂堵師贊(1)曰：「樂羊以我故，食其子之肉。」堵師對曰：「其子之肉尚食之，其誰肉而不食。」樂羊既罷中山，文侯賞其功，而疑其心。（伯二五六九）

校記：

(1) 鄭良樹曰：「國策『堵』作『覩』，注云（姚宏：『後語作「堵」。』所見本與此合。)」又吳師道補曰：「愚案：左傳，褚師段，宋共公子石，食采于褚。其後可師號褚師，後因氏焉。又有褚師比（四部叢刊本「褚」誤作「堵」，中華書局彙校排印本已勘。)『堵』亦姓也，鄭有堵汝父。但此作『堵師』，則恐字有譌。」案：《韓非子》七〈說杯〉上亦作「堵師贊」，孔衍蓋據此。

案：本則見《韓非子・說林上》、《國策》二二魏一「樂羊爲魏將而攻中山」章，文辭多與《國策》同。

二

魏太子擊逢文侯之師田子方於朝歌(1)，引車避，下謁之。田子方不為禮。太子擊因問曰：「富貴者驕人乎？貧賤者驕人乎？」子方曰：「貧賤者驕人耳。夫諸侯而驕則失國，大夫而驕則失家，富貴者安敢驕人？貧賤驕人耳。行不合，言不從，則去之楚越，若脫屣然。」太子不懌而去。（《御覽》六九八屐）

校記：

(1)《御覽》引有注：「朝歌，紂之所都，金（今）衛州地。

案：《史記・魏世家》敘此事於文侯十七年，伐中山，使子擊守之之後，伯二五六九爲略出本，多有省略，今次於此。

三

文侯飲酒，皆令諸大夫論己才能。或言君之仁，或言君之義，或言君之智。至於任座，任座曰：「君不肖之君也。」文侯曰：「何以知之？」座曰：

「君得中山之地，不以封君之弟，而以⑴封君之子，以此知君之不肖。」文侯不悅。任座趨出。次復翟黃，翟黃曰：「君，賢君也。臣聞其主賢，其臣言之直。今座之言直，以此知君之賢也。」文侯大喜，使翟黃召任座而入，文侯下堂而迎之，終以座為上客。（伯二五六九）

校記：

⑴「以」字原卷作「已」，今據上下文意及《呂氏春秋》、《新序》改正。卷五〔二〕校⑻例與此同。

案：本則《國策》、《史記》無，《呂氏春秋》二四《自知》、《新序》一〈雜事〉並及此事。《呂覽》以任座爲直臣，《新序》以翟黃爲直臣，《後語》與《呂覽》同，孔衍蓋即據此。

四

文侯以西門豹⑴為鄴令。西門豹既到鄴，會其長老，問民之所疾苦。長老皆言「苦也。為河泊取婦。」豹因問其故，長老曰：「鄴三老、延椽常歲賦斂百姓，取錢得數百萬，用二、三十萬為河伯取婦，與巫祝共分其餘錢持歸。當其時，巫祝行視小家女，見好者曰：『當為河伯婦。』即聘，洗沐之，為治新室、繒綺縠⑵衣，閑居齋戒；為治齋宮於河上，張緹絳帷帳，女居其中。具牛酒飲食，行十餘日。施粉餝之，嫁女牀席，令女居其上，浮河中。始浮，可行數十里乃沒。其所從來久遠。民人俗語曰：『即不為河伯取婦，水來漂沒，溺其民人。』」西門豹曰：「至其取婦之時，幸來語吾，吾亦⑶當往送女。」皆曰：「諾。」既至其時，西門豹往會之，觀者二、三千人。其巫祝者，老女人也，年七十有餘。從弟子女十人，皆衣繒衣以立其後。西門豹曰：「呼河伯婦來，視其好醜。」即將其女出帷中來。豹視之，顧謂三老、巫祝曰：「女醜如是，煩大臣嫗為入報河伯，別更為求好者，後日送之。」即使吏卒共抱一⑷大巫祝投河中。有頃，西門豹曰：「巫嫗不出何久也？」更使弟子趨之。即復取弟子一人，投之河中。有頃，曰：「弟子何久？」復使一人趨之，投一弟子於河中。凡投三弟子，西門豹曰：「巫嫗女子不能白事，煩三老為入白之。」復投三老河中。西門豹簪笏⑸磬折，向河佇立待之而不出。西門豹顧曰：「巫嫗、三老久不來還，今奈何久待之？」欲復使廷椽與豪長者一人趨之。皆叩頭流血，惶怖失色。西門豹曰：「且留待之。」須臾，豹曰：「廷椽起矣。伏河伯留客待之故⑹，而皆罷去歸⑺矣。」鄴吏大驚恐，從是以⑻去，不敢復有言河伯娶⑼婦者也。（伯二五六九）

校記：

（1）「豹」字原作「豿」，俗字，古書「豹」或从「犬」，此蓋誤合二偏旁。茲據後文改正。

（2）「轂」字原卷作「轚」，鄭良樹誤作「繫」，此「轂」字之俗譌。《碑別字新編》頁361〈魏元譚墓誌〉「轂」即作「轚」。茲據《史記》改正。

（3）「亦」字下原卷重一「亦」字，茲據《史記》刪。

（4）「一」字疑衍，「巫祝」僅一人而已，不宜云一。《史記》無「一」字是。

（5）「簪笏」蓋謂插簪捧笏，謹敬之至；然非朝覲，置此不類。《史記》作「簪筆」，《正義》云：「插筆備禮」，意較長。「筆」字俗書作「笔」，與「笏」形近，且「簪笏」連辭，唐人多用以譬仕宦，或以此而譌。

（6）鄭良樹曰：「據《史記・滑稽列傳》『伏』字當是『狀』字誤。」蓋是。又「待之故」三字恐有譌誤，文意稍蹇，《史記》無「待」字，「故」作「久」。

（7）「歸」字原作「皈」，「皈」字鄭輯本以爲缺文，實即「歸」字。佛家語「皈依」即「歸依」。今據《史記》回改。

（8）「以」字原作「已」，敦煌寫卷多不分「以」「已」，此當作「以」字是。本卷三「不以封君之弟，而以封君之子」下「以」字原卷作「已」；卷五二「秦自穆公以來廿餘君」，「以」原卷亦作「已」；並同此例。王叔岷《斠證》引《治要》作「已」，亦同此譌。

（9）「娶」字本則有四處，餘並作「取」。案：《史記・六國年表》秦靈公八年，初以君主妻河。《索隱》：「謂初以此年取他女爲君主，君主猶公主也。……魏俗猶爲河伯取婦，蓋其遺風。」「娶」亦作「取」。抄者所據蓋本作「取」，此偶以正字代之。姑並存舊。

案：本則見《史記》一二六褚少孫補〈滑稽列傳〉。略出本載西門豹事次於任坐直言之後。任座以翟黃而爲上卿，鄴以翟黃舉西門豹而治，並翟黃貴信之迹，以爲後文翟黃與魏成子爭相事張本。《後語》於此前不云翟黃舉西門豹，恐略出本失之。又〈魏世家〉以任西門豹守鄴，魏文侯二十五年，次於「文侯受子夏經藝」之後，今釋文本始於文侯問子夏音樂事，後並無西門豹守鄴事，知孔衍敘西門豹在子夏前也。

五

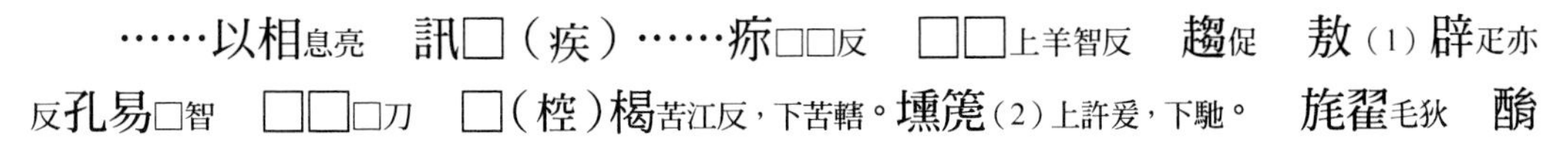

……以相息亮　訊□（疾）……疥□□反　□□上羊智反　趨促　敖（1）辟疋亦反孔易□智　□□□刀　□（椌）楬苦江反，下苦轄。壎篪（2）上許爰，下馳。　旄翟毛狄　酳

(3)羊刃反　**鏗**上苦耕　**橫**上古曠　**聲磬**苦耕反，或作磬。　**聲濫**力暫反(4)**畜聚**上丑六反　**鼓鼙**步迷　**讙**許丸　**將率**(5)子匠反　（斯一四三九）

校記：

(1)「敖」字《史記》作「驁」，《禮記》作「傲」，《經典釋文·禮記·樂記》：「傲，字又作敖。」本卷與《釋文》所見別本合。

(2)「壎篪」原作「埔莀」。案：《史記》作「壎篪」，《釋文·禮記·樂記》：「壎，許袁反；篪，直支反。」又《周禮·春官小師》：「篪，音馳。」則「埔」爲「壎」之譌字；「篪」爲「篪」之省，而「莀」又「篪」之俗譌。今據改正。

(3)「酳」字原卷形譌作「酭」，《釋文·禮記·樂記》：「酳，音胤。」又《詩·大生既》：「胤，羊刃反。」茲據《禮記》、《史記》、《釋文》等改正。

(4)「暫」字原作「瞥」《釋文·禮記·樂記》：「聲濫，力敢反。」又「以濫，力暫反。」，則「瞥」字蓋「暫」字之形譌，茲據改正。

(5)「將率」《禮記》、《史記》並作「將帥」，《釋文》：「帥，本又作率。」又《漢書》七十《張湯傳》谷永上疏訟湯，有「君子聞鼓鼙之聲，則思將率之臣。」即引《禮記》文，顏師古注引《禮記·樂記》「帥」亦作「率」。此二字古通用。

案：本則見《禮記》三九〈樂記〉、《史記》二四〈樂書〉，敘魏文侯問子夏事。〈魏世家〉「文侯受子夏經藝」，繫於文侯二十五年下，孔衍敘子夏事蓋據此。又本則爲斯一四三九釋文本之首，略出本無此事，自此以下由釋文本得知孔衍敘〈魏語〉七、〈楚語〉八、〈齊語〉九、〈燕語〉十所用之材料及排列原貌，於《後語》之復原影響甚巨。今每則釋文另列於本文之後；如無本文，例與本則同。

六

不軾式

案：《史記·魏世家》：「（文侯）二十五年……客段干木，過其閭，未曾不軾也。」事次受子夏經藝後。

七

忿然上孚粉　**屈侯鮒**居勿，下附。

案：本則見《史記·魏世家》文侯二十五年下，《韓詩外傳》三、《說苑》二〈臣術〉，此蓋據《史記》。此敘翟璜與李兌論相事，前文所載樂平、任座、西門豹皆璜所進，明其識人善用；子夏、段干木則魏成子所進，乃爲文侯之師。並爲本則張本。

八

魏文侯(1)謀事而當，群臣莫之逮者逮，及也。，朝而喜色。吳起進曰：「昔楚莊王朝而有憂色，申公巫臣問曰：「『君有憂色，何也？』莊公曰：『吾聞諸侯擇師，王者擇友，霸者自足，而群臣莫之若者亡。今以不穀之不肖而議於朝，群臣莫能逮，吾國其幾於亡乎幾，近。？吾是以憂色。』」。(2) （《御覽》三八八色）

……萬民，實府庫，子孰(3)與起？」田文曰：「不如子。」起曰：「守西河而秦人不敢東向，韓(4)賓從，子孰與起？」田文曰：「不如子。」吳起曰：「此三功者，子皆出吾下，而位加吾上，何也？」田文曰：「主小，國疑，臣未附，方是時屬之子？屬之我？」吳起嘿然良久，曰：「屬之子。」田文曰：「此乃吾所以居子上也。」吳起乃自知不若田文。田文既死，公叔為相。公叔尚魏公主，而欲害於吳起。公叔之僕曰：「起易去耳。」公叔曰：「奈何？」其僕曰：「吳起為人節度廉而自喜(5)，君因先與武侯言曰：『夫吳起賢人也，而君之國小，使與強秦接壤，臣竊恐吳起之無留心。』武侯即曰：『奈何？』君因曰：『試延以公主，起有留心則必受，無留心則必辭。以此卜之。』因召吳起與歸，令公主怒而輕君，吳起見公主之賤君也，則必辭。」於是公叔如其計為之，起果辭。武侯疑之。起懼得罪，遂去如楚。吳起之出也，至於應門，望西河泣。其僕曰：「竊觀公意，視去天下如脫屣，今去西河而泣，何也？」吳起收淚而應之曰：「君誠使我畢能於秦，秦必可亡，西河可以王。今君聽讒人之議，而不知我，西河之地屬秦不久矣，是以泣耳。」 （伯二五八九）

穰苴田完之苗裔，善兵法。景公時大司馬，故號司馬穰苴。(6) 羸糧盈者，檐也。(7) 病疽七余反。又作「癰」，於恭反。(8) 吮之上食兖反，嗽也。(9) 還踵旋 猜忍上七才反 母訣古穴反，別。 齧臂五結反 數有朔 逮代 幾祈音 羊腸在太原，晉陽西九十里。 樂死五孝反 孰與預音 屬之燭音 應門於陵，國門。 抆(10)淚上配粉反，或作收。 （斯一四三九）

校記：

(1)「魏文侯」《荀子》二十〈堯問〉、《新序》一〈雜事〉、《呂覽》二十〈驕恣〉、《吳子・圖國》敘及此事並作「魏武侯」。

(2) 此段文意未完，考此文與《新序》所引最近，《新序》後尚有「『……莊王之所以憂而君獨有喜色，何也？』武侯逡巡謝曰：『天使夫子振寡人之過也，天使夫子振寡人之過也。』」《後語》恐亦有之，《御覽》徵引省耳。

(3)「孰」字原劵譌作「熟」，茲據釋文本改正。下「孰」字同此，不復出校。

(4)「韓」字下原卷旁補「魏」字與前後文意不合，其筆跡與本文同，蓋鈔者漏寫誤補，《史記》「韓」字下作「趙」字是。

(5)「度」字《史記》無，疑涉「廉」字而衍。又鄭良樹曰：「案：今本《史記》『自喜』下有『名』字，王念孫曰：『御覽引此無「名」字，可從。自喜，猶自好也。孟嘗君傳贊「好客自喜」、田叔傳「爲人刻廉自喜」，皆其證。』考證云：『楓山，三條本無名字。』後語用史記文，亦無『名』字，可補諸說。」

(6)「田完」二字原卷誤合爲「莞」字，「穰」字注文譌作「禳」，今並據《史記》六四《司馬穰苴列傳》改正。又此雙行夾注「苗」字下提行，原鈔倒亂。首行作「苗裔善故號司馬穰」次行作「兵法景公時大司馬苴」。此蓋鈔者自「善」字下提行，然注文太多，參差不齊，故於「大司馬」後又移回首行之下，「苴」字又補於次行。故如以夾注常例讀之，則不能通。今並依具文意乙正。

(7)「贏」字原卷作「羸」。案：《史記》作「贏」字是。《釋文》莊子庚桑楚：「贏糧，音盈。」案《方言》『贏，儋也。』」與《後語》釋文合，據改正。又《集韻》四平聲談「儋，說文『何也』，或从手。」又卷八去聲闞「擔，負也，或从木。」「儋」「擔」「檐」並通用。

(8)「癰」原作「瘫」，王叔岷《斠證》云：「楊泉物理論引疽作癰（意林五）……，書鈔一一五、御覽七四二引疽亦並作癰。」是《史記》亦有一本作「癰」，「瘫」字形譌，玆據改正。

(9)王叔岷《斠證》云：「書鈔引吮下有嗽字，『吮嗽』複語，嗽，或欶字。說文：『欶，吮也。』」案：王氏所云複語甚是，《漢書》九三〈佞幸鄧通傳〉：「文帝嘗病癰，鄧通常爲上嗽吮之。」即其證。然嗽自有吮意。《釋名》四〈釋飲食〉：「嗽，促也。用口急促也。」《釋名》釋「嗽」字次於「吮」字下，意本相近。《文選》十三宋玉〈風賦〉：「啗齰嗽獲，死生不卒。」李善注：「嗽，吮也。」《廣韻》、《集韻》並同李注，知後世並以「嗽」「吮」相釋也。

(10)「抆」原卷作「收」，案：「收」字爲「收」之俗寫，依其音注，當作「抆」，《釋文・爾雅・釋詁》「抆，之粉反。」即其證，據改正。此所云「或作收」，與伯二五八九〈魏語〉合。又《呂覽》十一〈長見〉作「抿」，意與「抆」同。

案：本則並述吳起事，由釋文本知原本《後語》蓋以吳起聞魏文侯賢欲事之始，至吮士卒之疽，皆依《史記》之次。次以倒述法載初仕魯事，再述文侯謀事而當羣臣莫逮事。武侯即位後敘吳起諫武侯修德，其後與田文爭賢，被譖而已，則並具伯二五八九。其所運用材料除《新序》一、《呂氏春秋》十一〈長見〉外，餘見《史記》六五〈吳起列傳〉

九

武侯十六年卒，子惠王立。　（伯二五八九）

十

卅年伐趙。趙君告急於齊，齊宣王使孫臏救趙。王大興，使太子申為大將軍，與龐涓俱距齊。過外黃，外黃徐子謂太子曰：「臣有百戰(1)百勝之術。」太子曰：「可得聞乎？」徐子曰：「固願效之。」曰：「太子自將攻齊，大勝，富不過有魏，貴不益為王；若戰不勝，則萬世無魏矣。此臣百戰百勝之術也。」太子曰：「諾，請從公子之言而還。」太子欲還，其僕曰：「將出而還，與北同罪。」太子遂行。與齊人戰，敗馬陵，為齊軍所虜，龐涓死。　（伯二五八九）

孫臏收（扶）忍　（斯一四三九）

校記：

(1)「戰」字本則四見，其三作「戦」，蓋「戰」字之俗字，今並據《史記》改正。

案：前兩則並見《史記》四四〈魏世家〉，繫年與《史記》同。

十一

惠王卅一年，秦、趙、齊共伐我。秦將公孫鞅詐我公子卬而襲取其軍。於是惠王以安邑近秦，懼復為秦所襲，遂徙治大梁。乃卑辭厚弊(1)以招賢者。鄒衍、淳于髡、孟軻皆來如梁(2)。王謂孟子曰：「寡人不佞，兵三折於外，太子虜，上將死，國以空虛，羞先君宗廟社稷，寡人甚愧之。子不遠千里辱於獘邑，將何以利吾國？」孟子曰：「君不可以言若是。夫君欲利則大夫欲利，大夫欲利則庶人欲利；上下爭利，則國危矣。為人君，仁義而已矣，何以利為！」　（伯二五八九）

騶衍(3)《曹植集》「轎羨」　孟軻車輔軸，字子輿。故（古）人名字相配。　（斯一四三九）

校記：

(1) 鄭良樹曰：「案：『弊』史記作『幣』。」幣、弊正假字。《莊子・則陽》二五：「博幣而扶翼」《釋文》：「弊，郭作幣，帛也。」可證。

(2) 鄭輯本以「梁」字屬下讀，故曰：「案：『如』字恐是衍文。」恐非，「如」字不衍，「梁」字當屬上讀，「皆來如梁」本亦可通。

(3)「衍」字原作「行」，形省致誤，茲據前文及《史記》改正。又「騶」字前文作「鄒」，《史記・魏世家》作「鄒」，二八《封禪書》則作「騶」，本有兩說。釋文本所據與伯二五八九異。《詩・大雅・公劉》「昊天白旦，及爾游衍。」《釋文》:「遊羨，餘戰反，溢也。一音延善反，本或作衍。」是「衍」「羨」古相假借，唯此釋文本所云曹植集，未詳所指。

案：本則見《史記》四四〈魏世家〉。

十二

惠王卅六年卒。葬有日矣，天大雨雪甚(1)，至於牛目，且為棧道而葬焉。羣臣多諫太子曰:「雪甚如此，而以喪行，民必甚病，又官費將不給。請弛(2)期更日。」太子曰:「為人子而以民勞官費(3)之故，而不行先王之喪，不(4)義。子其勿復言。於是羣臣莫敢復諫，而以告犀首。犀首曰:「吾未有以言，是其唯惠子乎？請告惠子。」惠子曰：「諾。」駕而見太子曰：「葬有日矣！」太子曰：「然。」惠子曰：「昔王季歷葬於楚山之尾，巒水嚙其墓(5)，棺之前和見(6)。文王曰：『嘻！先君欲一(7)見羣臣百姓也。』乃(8)出棺，張幕，朝以百姓(9)，而(10)更葬之。此文王之義也。今葬有日矣，而雪甚難以行，太子以及日之故，得無疑於欲(11)葬乎？願太子更日，先王必願少留而扶社稷、安黔首也。故使雨雪甚，因弛期而更日，此亦文王(12)之義也。」太子曰:「善。敬弛期而擇日焉。」太子既立，是為襄王。 (伯二五八九)

官費字(芳)昧反　**弛期**式至反，變。　**前和**棺兩頭板　**張朝**更設悵(帳)幕而為朝廷之禮。**亟葬**上居力反，急。　(斯一四三九)

校記：

(1) 斯二〇七二殘類書引《後語》無「甚」字。

(2)「弛」字釋文本同，《呂氏春秋》、《國策》並作「弛」。案:「弛」爲「弛」之後起字。《集韻》五上聲紙「弛，或作弛。」《後漢書》四〈和帝〉永元三年十二月「庚辰，至長安，減弛刑徒從駕者刑五月。」又《御覽》十二雪、五五五葬送三引《孟子》「滕文公卒葬有日矣」事亦作「弛」。

(3)「費」字下《呂覽》、《國策》並有「用」字。諸祖耿《彙考》引金正煒曰:「『用』字疑衍。民勞與官費爲對文，上文官費下亦無用字。」(《戰國策補釋》)陳奇猷校釋《呂氏春秋》亦同金氏之說，《後語》無「用」字，可爲輔證。

(4)「不」字上斯二〇七二引有「是吾」二字。

(5)「巒水」二字斯二〇七二引作「示山水」，蓋析「巒」字爲二，其所據當與此同。姚宏引《後語》作〇〇「欒水」，所見與此異。又引注云:「盛弘之《荊楚記》曰:『宜都縣有欒水，即烏水也。今襄州南有烏水。』按：古公亶父以修德爲百姓所附，遂杖策去之，與太姜踰梁山而止於岐山之陽。故詩曰：『率西水許，至于歧下。』是爲太王。太王生季歷，季歷卒，葬鄠縣之南，今之葬山名。而皇甫謐云：『楚山一名潏山，鄠縣之南山也。』縱有楚山之名，不宜得蠻水所齧，雖惠子之書五車，未爲稽古也。」今查《呂覽》、《國策》並作「欒水」，《類聚》二雪、《御覽》引《孟子》作「欒水」，未詳孰是。又「嚙」前引諸書並作「齧」。案：「嚙」蓋「齧」之後起字。《後漢書》七十〈孔融傳〉：「至於輕弱薄劣，猶昆蟲之相嚙。」與本卷同。

（6）「棺之前和見」斯二〇七二引作「棺之前其捷乃見」，「捷」字恐有譌誤。

（7）「欲一」二字原倒，鄭良樹云：「當從國策作『欲一』」是，斯二〇七二引作「先君願一見羣臣百姓也」即其證，茲據乙正。《類聚》、《御覽》等引《孟子》無「一」字，亦可通。

（8）「乃」字斯二〇七二引作「即」。

（9）「張幕朝以百姓」斯二〇七二引作「張惟（帷）以見百姓」，姚宏引《後語》作「張帳以朝〔百姓〕」。又釋文本作「張朝」，與鮑注吳校本《國策》、《呂覽》、《論衡》合。

（10）「而」字下斯二〇七二引有「子」字。

（11）「欲」字下釋文本有「亟」字，《呂覽》、《國策》同，意較長。

（12）「王」字原脫，茲據斯二〇七二引補。

案：本則見《呂覽》二一〈開春〉、《國策》二三魏二「魏惠王死」章。又《類聚》二雪、《御覽》一二雪、五五五葬送三、《書鈔》一五二雪、白帖一雪「牛目」並引《孟子》，亦及此事，唯「魏惠王」作「滕文公」。今本《孟子》七篇不載，孔廣陶曰：「此當是《孟子外篇》也。」（校《北堂書鈔》案語）蓋是。

十三

襄王元年，與諸侯會于徐州，謀相王也，於是追尊文惠王為〔王〕。襄王（1）欲為中天之臺，曰：「敢（2）諫者死。」許綰負虆操插（3）而入曰：「臣聞大王將為中天之臺，願加以（4）力焉。」王曰：「何也？」對曰：「臣聞天與地相去萬五（5）千里。今王因而半之，當須（6）立七千五百里之臺。七千五百里之臺（7），基趾當廣八千里。盡王之地，不足以為之（8）基。必欲為之，起兵伐（9）諸侯，盡有其地，猶不足；又伐四夷，得八千餘里乃足耳。然林木之積，人徒之眾，倉廩之（10）輸，當給其外，乃可以作。」襄王嘿（11）然，無以應之。乃遂罷築者耳（12）。 （伯二五八九）

負壘力追切，盛土籠。　**操插**楚治反，□（鍤）。（13）　（斯一四三九）

校記：

(1)「襄王」《新序》六〈刺奢〉作「魏王」,《類聚》六二臺、《御覽》一七七臺上引同(董說《七國考》四〈魏宮室〉「中天臺」條引《新序》作「魏襄王」,疑其文字實自《類聚》轉引,而與今所見不同。馬驌《繹史》一四五引《新序》注云:「《藝文類聚》引作『魏襄王』」,與董氏所見合。)考《白帖》三臺「中天」條云:「魏襄王欲築中天之臺,許綰諫,乃止。」不標出處,作魏襄王。又《御覽》四五六諫諍六引《周書》又曰同。則孔衍蓋亦有據也。或今本《新序》脫襄王之名。《御覽》所引《周書》又曰,顯屬誤題,其體例首云「許綰」,再述魏襄王欲為臺事,亦非《御覽》引書之例。余恐《御覽》轉引他書(如于立政《類林》之屬,皆首顯人名者。),而他書或即據《新序》也。

(2)「敢」字略出本有「有」字。

(3)「虆」字釋文本作「畾」。案:《釋文・詩・大雅・緜》:「虆,力追反……或作蘲,音同。劉熙云:『盛土籠也』」與釋文本合。則「虆」「畾」蓋「虆」「蘲」之俗省。又「插」字原卷俗作「揷」,釋文本同,《御覽》四五六引《周書》又曰遂譌作「捶」,略出本即作「插」可證。「插」即「鍤」,《釋名》七〈釋用器〉:「鍤,插也。插地起土也。」今謂之鍬。《漢書》九九上〈王莽傳〉,居攝元年,張竦奏曰:「父子兄弟負籠荷鍤」(點校本頁 4085)意與此略同。今本《新序》、《御覽》四五六引《周書》無「虆」字,疑脫。

(4)「以」字略出本無。今本《新序》及《類聚》、《御覽》所引並作「一」字,意較長。

(5)「五」字略出本作「九」。案:以後文「七千五百里之臺」較之,此作「五」字是,前諸引書同。唯《類聚》所引《新序》與略出本同,然其下云「其趾當方一千(萬)里」,雖中有省略,亦可自圓其說。(案:汪紹楹所據宋刻「萬」譌作「千」,明董說七國考四引「千」作「萬」是。)

(6)「須」字略出本無。

(7)此句略出本無。鄭良樹以為傳鈔者誤重,恐非。案《新序》此句作「高既如是」,與重此句意同,原卷不誤。

(8)「之」字略出本無,《新序》作「臺」。

(9)鄭良樹曰:「案:一本『伐諸侯』作『以討諸侯』」(世昌案:「一本」即伯二五六九略出本)。

(10)鄭良樹曰:「一本『之』作『轉』」。

(11)鄭良樹曰:「一本『嘿』作『默』,同」。

(12)鄭良樹曰:「一本無『者』字,『耳』作『矣』。」

（13）「□」字原卷作「鈮」，疑是「銛」字之譌，說參本則校（3）。

案：本則繫年據《史記》四四〈魏世家〉。許綰事詳《新序》六刺奢。

十四

襄王十六年卒，子哀王立。哀王以田需為相（1），**甚貴信之。惠子謂田需曰：「子必善事左右，今夫楊柳，橫樹則生**（2），**折而樹之又生**（3）。**然後十人樹楊，一人拔之，則無生楊矣。夫以十人之眾，樹易生之物，而不勝一人者**（4），**何也？樹之難而**（5）**去之易。今子雖自樹易生**（6）**於王，而欲去子**（7）**者眾，則子**（8）**必危矣！」**　（伯二五八九）

田需須　（斯一四三九）

校記：

（1）《御覽》九五七楊柳下引有注「需，音須。」，與釋文本同。

（2）「今夫楊柳，橫樹則生。」鄭良樹云：「御覽、天中記引作『今夫樹楊，橫之則生。』」

（3）鄭良樹云：「御覽引有注云：『戰國策曰：「夫楊，橫樹之亦生，倒樹之亦生。」說不同，故存之也。』」PT1291 吐蕃文譯本還譯（下簡稱還譯本）作「比方以楊樹爲例，橫放著它，它也會生長。」無「折而樹之」句。

（4）鄭良樹云：「御覽引無『而』字，『人』下有『拔』字。」

（5）鄭良樹云：「御覽引『難』下無『而』字。」

（6）鄭良樹云：「御覽、天中記引並無『易生』二字。」與《國策》合。

（7）「子」字《事類賦》注二五柳引作「之」字。

（8）鄭良樹云：「御覽引無『子』字。」

案：本則繫年據〈魏世家〉，田需事見《國策》二三魏二「田需貴於魏王」章。又古藏文還譯自此則始，書經二次翻譯，多失原貌，今姑移鈔其文於下，餘並同此例。古藏文還譯：（此並依王堯、陳踐所還譯，原書爲簡體，今改爲正體，餘同。）襄王薨，子哀王繼立。哀王爲政，以田需爲相臣，頗得王之信任。智者惠子對田需說：「你已爲大臣，應該謙恭啊！比方以楊樹爲例，橫放著它，它也會生長。但是，如果一個人去拔它，它就不長了。十個人種楊樹，只用一個人去拔它，它就長不了。十個人用合力去種植像楊樹那樣易于生長的樹，只用一個人去拔的話，它就會不長。這究竟是什麼道理呢？這就是因爲種植、生長比較困茌，而毀壞它、拔除它卻比較容易的緣故啊！如今，你被任命爲大臣，很得大王的寵信，那些不喜歡你，一心想把你逐出大臣之位的人很多。所以，你要警惕啊！你要以大臣的規矩來約束自己啊！

十五

哀王九年，相田需死。而張儀、犀首、薛公並在於魏。楚相昭侯魚（1）**不善三子，謂蘇……**（2）。　（伯二五八九）

昭魚吾　**之璽**胥爾反　（斯一四三九）

校記：

（1）鄭良樹曰：「『昭侯魚』《史記‧魏世家》作『昭魚』」案：《國策》亦作昭魚，《索隱》云：「昭奚恤也」，史策並二見，皆無「侯」字，疑涉「魚」字而衍，釋文本亦作「昭魚」是。

（2）以下殘斷。

案：本則敘蘇代爲昭魚說魏哀王事，釋文「之璽胥爾反」即《國策》「將務以其事魏，而欲丞相之璽。」猶可略見《後語》之原貌，又本則 PT1291 吐蕃文譯本無。

十六

秦破魏軍於華陽（1），**走我將軍孟卯。王使段干**（2）**子崇與秦南陽，以千金和。蘇代謂王曰：「欲璽者，段干子也；欲地者，秦也。今王使欲地者制璽，欲璽者制地，魏地不盡則不和**（3）。**且夫以地事秦，譬猶以薪救火，薪不盡，火不滅也。」王曰：「是則然矣，雖然，事始已行，不可更矣！」**　（《御覽》六八二璽）

蘇代謂魏王曰（4）：**「王獨不見夫博之所以貴梟乎**（5）？**便則食，不便則止。今王曰：『事始已行，不可更。』是何言歟？王之用智不若梟乎？」王**（6）**乃止其行。**　（《御覽》九二七惡鳥）

安釐僖　**葉陽**式業反　**段干崇**段干姓，崇名。　**貴梟**古堯反。　（斯一四三九）

校記：

（1）「華陽」鮑本國策，姚校引一本同。釋文本作「葉陽」。

（2）「干」字下原有「木」字。王叔岷《斠證》以爲衍文，當是。案：段干木乃魏文侯師，去此稍早。文本亦作「段干崇」，《史記》同，《國策》或作「段干子」或「段干崇」並可證，茲據刪。下文「段干子」原亦作「段干木子」，茲據此刪「木」字。又 PT1291 吐蕃文譯本作「段干」「子崇」二人，王堯云：「段干子，名崇，藏文錯作段干、子崇二人，誤譯。」（《敦煌吐蕃文獻選》頁 96 注（11））蓋即據此而誤。又說郛本、青照堂叢書本所引與《御覽》六八二引同，「崇」譌作「從」，王謨、黃奭兩輯本同此誤。

(3)《御覽》引原有注云：「言段子（千）木子以地兌秦而求相印。」「段干子」作「段干木子」衍「木」字，誤同前校。

(4)「蘇代謂魏王曰」六字《國策》、《史記》並作「對曰」，此蓋類書節引，爲備文意而補，非《後語》原文。

(5)「博」字原俗作「愽」，茲據《國策》、《史記》改正。又《御覽》引原有注：「愽（博）之堅者爲梟。《楚詞》云：『成梟而牟乎五百。』梟，古堯切。」

(6)「王」字原作「至」，此句《國策》作「魏王曰：『善』乃案其行。」鮑彪注：「按，猶止。」「至」爲「王」字之形譌，茲據改正。

案：《國策》二四魏三「華軍之戰」章、《史記》四四〈魏世家〉並及此事。《史記》繫此事於安釐王四年。依《後語》例，上則述及哀王九年，此則前當述昭王、安釐王世序。由釋文本有「安釐，僖。」及 PT1291 吐蕃文譯本可證。茲錄王堯還譯於後：

哀王薨，子昭王繼立。在位十九年。昭王薨，子（安釐王）繼位。時，秦兵攻魏城華陽。魏將芒卯驚走，以大臣段干與子崇二人爲使者，赴秦講和。蘇代獻議曰：「今赴秦求和之使者段干者，乃追求封誥之人；秦王者，乃追求土地之人。使臣云：『以魏之土地獻秦則可成和』則使者本人亦可得封誥。（其實），魏之地不盡則和必不可成。若盡魏之地以獻秦而求和成，猶如抱持乾木以救火，木不盡，火亦不滅也。今將魏之地獻秦以求和，秦徒以擴其地，增其勢，如抱持乾木以救火，徒增大勢者相同。」安釐王曰：「你所見極是，其理昭然，但以地獻秦之議已決，使者已就道，不容撤回矣！」（蘇代）曰：「大王未見梟鳥乎？梟鳥每得一食物，爲不被他鳥搶去，必圖安泰而食之。不得安泰住處得食亦不食。請大王深思：遣使向秦獻地之議雖決，何以不可撤回？大王之思，不如梟也！」王曰：「你的話極是！」乃下令撤回赴秦獻地使。

十七

周訢欣　而名亡正反(1)　祝曰之冑反　（斯一四三九）

校記：

(1)「亡」字原作「巳」，《左傳》文公十一年「以命宣伯」杜預注云：「得臣待事而名其之子，因名宣伯曰『僑如』以旌其功。」陸德明《釋文》：「而名，如字，或亡政反。」「巳」字爲「亡」字之形譌，今據改正。

案：本則原文盡亡，只有三條釋文，此蓋承上文秦敗魏於華陽，魏王欲入朝，而周訢諫不可事，見《國策》二四魏三「秦敗魏於華魏王且入朝於秦」章。

十八

智伯率韓、魏之兵以伐趙襄子於晉陽，決晉水以灌晉陽之城，不沒者三板。智伯行水，魏桓子御，韓康〔子〕參乘。智伯曰：「吾不知水之可以亡人國，乃今知之。」然汾水可以灌安邑，絳水可以灌平陽。魏桓子肘韓康子，韓康子履桓子之足，接於車上。而智伯地分，身死國亡，為天下笑。（《御覽》三六九肘）

郪丘犀　中旗其（1）　中行戶郎反　肘韓康子知手反　（斯一四三九）

校記：

（1）《御覽》所引乃中旗告秦昭王語，《史記・魏世家》「中旗馮琴」下《索隱》云：「春秋後語作『伏琴』蓋原本作「中旗伏琴而對日」云云，《御覽》未引耳。

案：本則乃中旗說秦昭王語，見《韓非子》一〈難言〉、《國策》六秦四「秦昭王謂左右」章、《史記》四四〈魏世家〉、《說苑》十〈敬愼〉，文字與《說苑》最近。《史記》繫此事於：「十一年，秦拔我郪丘。」下，《後語》蓋亦據此。今《御覽》所引頗有刪略。王、鄭二輯本並以本則入〈趙語〉，非。

十九

……出（1）。」王再拜而遣之。唐睢（2）到，入見秦王。秦王曰：「丈人芒然，乃遠至此，甚苦矣。夫魏之來求救者，寡人知魏之急也。」唐睢對曰：「大王知魏之急，而救不救，臣竊以為用策之臣無任矣。夫魏萬乘之國，然所以西面而事秦，而稱東蕃、受冠帶、祠春秋者，以秦之彊足以為與也。今齊、楚之兵已合於魏郊，而秦救不發，亦將賴其未急也。使之而急，彼且割地而約從，王當奚救焉？必待其急而救之，是失一東蕃之魏，而強二勁之齊、楚，則王何利焉。」於是秦王遂（3）發兵救魏，魏以復完也。（伯二五八九）

唐雎七余反（4）　先臣蘇見反　芒然莫郎反，言年老惛恾，志意亂。　數矣朔　遽發臣（巨）去反

校記：

（1）「出」字上原卷殘斷，所敘蓋「齊、楚相約而攻魏，魏使人求救於秦」事，由釋文本可知。

（2）「睢」原作「睢」，形近之譌，《國策》作「且」，《史記》作「睢」是。釋文本者注「睢，七余反。」與黃善夫本《史記索隱》音注同可證。茲據改正，下同。

（3）「遂」字釋文本作「遽」。《國策》、《史記》並作「遽」，姚宏云：「一本作『遂』與原卷合。

(4)「睢」字原卷形譌作「雎」，今依其音注據《史記》改正。

案：本則見《國策》二五魏四「秦魏爲與國」章，《史記》四四〈魏世家〉，《新序》三，《長短經》五〈七雄略〉注。吐蕃文還譯作：

魏安釐王在位之時，齊、楚聯軍逼魏境。魏軍困，求援于秦。秦援軍雖排列整齊，但不肯發兵來救。魏之老者，名唐且者，年已九十餘歲，對王說：「讓小人西去秦，說服秦王快發兵來救吧！」魏王握住唐且的手，下令送之。唐且到達秦地，見秦王。秦王謂唐且曰：「老者心頭懋悶，遠地來此。魏王求救兵使者已來多次，我深知魏人的窘境哩！」唐且對曰：「大王知道魏之窘急而不發救兵，依我的鄙見，這是陛下謀略上的失誤！（夫魏乃一萬乘之國）秦之東鄰，若爲秦之藩屬，則秦之政事日益昌隆，且得鞏固。秦之救兵不至，則魏只有敗亡而分割，豈有他哉！則亡後，則魏之地土盡歸於齊、楚矣。此後，秦再發兵相救亦屬無益於事。當魏已敗而無濟之時，方發兵相救，是喪失藩離之魏境也。魏、齊、楚三國合而爲一，於秦究竟有何益處？」

秦王乃集大軍救魏。魏氏得以不亡。唐且之功也。

二十

趙惠文王惡范痤，使人來告曰：「為我煞痤，吾請獻七十里地。」安釐王曰：「諾。」使吏補之，圍而未煞。痤因上屋騎垝(1)**，請使者曰……**(2)　（伯二五八九）

范痤在戈反　**騎垝**騎下魚毀反，室棟　（斯一四三九）

校記：

(1)「垝」字《說文繫傳》十一「極」字下引作「危」，《史記》、《說苑》同，《集解》：「危，棟上也。」與釋文本所釋合。「垝」字从土，《說文》十三下云：「毀垣也」，與室棟意殊，王叔岷《斠證》云：「垝亦借爲危」蓋是。

(2)「曰」字下原卷殘斷。

案：本則見《國策》二一趙四「虞卿請趙王」章，《史記》四四〈魏世家〉，《說苑》十一〈善說〉。此蓋據《史記》。

二一

施上式智　**冥阨之塞**春秋有九塞(1)　**閒之**古莧反　**文臺隳**許規反(2)　藿闕音(3)**於共**恭　（斯一四三九）

校記：

(1)「春秋」蓋「呂氏春秋」之省誤，春秋無九塞之名，此本《呂覽》十三〈有始〉：「何謂九塞？太汾、冥阨、荊阮、方城、殽、井陘、疵處、句注、居庸。」(「疵處」畢阮校改作「令疵」是)《史記正義》引《括地志》云：「呂氏春秋云『九塞』，此其一也。」亦據《呂覽》。

(2)「隳」字《國策》、《史記》並作「墮」，墮、隳古通用。《禮記・月令》：「毋有壞墮」《釋文》「墮，許規反，又作隳。」

(3)「藎」字《國策》作「闞」，《史記》作「監」。《正義》云：「史記齊闞止作『監』字。闞在東平須昌縣。」

案：本則原文已佚，由釋文本知即魏公子無忌說魏惠王事，見《國策》二四魏三、《史記》四四〈魏世家〉。

二二

魏信陵君嘗與王共博。於是北境舉烽火，傳言趙寇至。王釋博，欲召大臣議之。信陵君曰：「趙王獵耳，非為寇也。」復博如故。王恐，心不在博。居有頃，復從北方傳言「趙王獵耳，非為寇也。」王大驚曰：「公何以知之？」對曰：「臣之客有能探(1)趙王陰謀者，趙王所為，客輒以報臣，臣以此知之。」(《御覽》八三二獵下)

魏有賢人侯生(2)，名嬴，隱在夷門，作門監。魏公子信陵君名無忌，是魏王弟也，聞侯生賢，乃往謁之。與公具載遊市，訪故人朱亥，亥即屠者，操刀於市，以觀公子之德。公子乃下車謁之，無愧色也。後秦始皇伐趙國邯鄲，趙王遣使求救魏，魏王乃命將軍晉鄙將兵二十萬救趙。兵未發，秦王乃下令曰：「寡人伐趙，即日破，諸侯敢將兵救，便移兵遵之。」魏王聞之，驚，乃勒晉鄙於熲城屯駐，不敢行。取（置）武符軍印於臥內。趙圍急，平原君發書曰：「趙國一旦亡，即君之姊亦為秦君虜將矣。何不勸王令發兵救也？」信陵領，諫王伯（背）秦，〔王〕終不敢發兵。信陵(3)乃約東（束）門下客百餘人間赴邯鄲。臨行，往辭侯生，生無言而遣公子。行一日，所已來(4)，乃歎曰：「吾聞侯生賢，吾常賢之，吾今往趙死，生無一言而遣(5)吾。」乃迴車。生笑曰：「嬴知公子迴也。」乃謂公子曰：「嬴聞晉鄙武符軍印在王臥內，無人得知，惟王愛妃如姬知之(6)。昔如姬父被賊殺，如姬常構（購）十金求賊，無能得之者。後公子為誅其賊，如姬常思報公子之德。令（今）可言於如姬，令竊晉鄙武符軍印而交兵。晉鄙若遲疑，即令朱亥袖(7)四十斤金鐘擊之，煞，勒兵便發。」公子如其言並依獲矣。公子勒兵，臨發，侯生曰:「老不獲攀隨」乃投輪死。而公子至趙,大破秦軍,邯鄲遂解。令人將兵還魏。信陵恨王,不返,遂留趙。後十年,秦伐魏,信陵方返,會諸侯之軍救魏,大破秦軍。後十五年,秦軍不敢出關也。　(胡曾《詠史詩》一「夷門」陳蓋注)

自度徒洛　能採土南　侯嬴盈　門監古陷,門卒之長。　以監門古銜　虛(8)左謂虛中左畔席,故侯嬴直上車在(載)而坐,不讓。俾倪邪視　偏贊布見反　稠人直由　為公子本作羞(9)　半辭片音　委上於為反,啗。(10)　齎服資(11)　五伯霸　鐵椎直追反,內衣袖中。　反自驕翻　博徒博蕩之徒　賣膠《史記》作賣漿(12)　間步古莧　豪舉摢　趣駕促　蒙驁五到反　醇酒純　(斯一四三九)

校記:

(1)「探」字釋文本同,《史記》作「深」。《索隱》云:「按:譙周作『探得趙王陰事』。」《後語》與《古史考》合。

(2)此句前陳蓋注引《後語》尚有「夷門,乃魏國之郭門也,今汴州東門是也。六龍者,謂秦時山東趙、魏、燕、齊、韓、楚等六國也。」三四字,此分別釋胡曾詩「六龍冉冉驟朝昏」「□來空自照夷門」兩句,非《後語》文字,今刪去。

(3)「陵」字下原有「曰」字,與下文不合,《史記·魏公子列傳》云:「乃請賓客,約車騎百餘乘,欲以客往赴秦軍,與趙俱死。」亦無「曰」字,今據刪。

(4)「所以來」三字恐有譌脫,〈魏公子列傳〉作「心不快」是。

(5)「遺」字原作「遣」,此形近之譌。〈魏公子列傳〉作「送」字是,上文「生無言而遺公子」亦作「遺」,今據改正。

(6)「姬」字下原有「姬文」二字,蓋涉下文而衍;又「之」字原形譌作「云」,今據上下文意刪改。

(7)「袖」字原形譌作「柚」从「木」,〈魏公子列傳〉云:「朱亥袖四十斤鐵錐,椎殺晉鄙。」今據改正。

(8)「虛」字原形譌作「靈」,原卷下勘正,茲據改正。

(9)《史記》《集解》引徐廣曰:「爲,一作『羞』。」

(10)《史記·魏公子列傳》「以肉投餒虎」「投」字《後語》蓋作「委」,即此注文所據。

(11)「齎服」下原文蓋有「三年」二字。《史記》作「資之三年」,《索隱》云:「舊解『資之三年』謂服齊衰也。」《後語》蓋依此解而改如此。「齎」字假作「齊」《詩·小雅·甫田》「以我齊明」《釋文》「齊,本又作齎,又作齍,同;音資。」

(12)「膠」蓋「醪」字之形譌,謂賣酒也。今本《史記》作「賣漿」與此注文合,《集解》引徐廣曰:「漿,一作『醪』。」又《索隱》云:「按:別錄云『漿,或作「醪」

字。』」知孔衍所據爲《史記》別本。

案：本則首尾並據《史記》七七〈魏公子列傳〉，篇幅略相近。由釋文本所出注，知《後語》與《史記》文辭稍近，而陳蓋所引則改易文辭，已失原貌（說詳卷三〈秦語〉下〔三〕案語），今以其獨得，故錄此，讀者察之。

二三

〔三十四年，安釐王卒，信陵君無忌〕亦(1)**卒，子景泯王立。**（伯二五八九）

校記：

(1)「亦」字上殘斷，《史記・魏世家》：「三十四年，安釐王卒，太子增立，是爲景湣王。信陵君無忌卒。」《後語》下有「子景泯王立」等語，此所云「亦卒」當即指信陵君，今補其文意如此。

二四

十五年，卒，子王假立。（伯二五八九）

子王假古下（斯一四三九）

校記：

(1)「王」字原作「下」，旁有刪節符，蓋誤「王」爲「下」而脫「王」字，今據前文補。

案：前二則見《史記・魏世家》，PT1291 吐蕃文譯無此世系。

二五（一）

三年，秦始皇使王賁引洪溝(1)**灌大梁，大梁城壞，虜王假，而滅其國也。**

校記：

(1)「洪溝」《史記》六〈始皇本紀〉作「河溝」。

案：本段見《史記》六〈始皇本紀〉二十二年下，又略見《史記・魏世家》本文及太史公案語。PT1291 吐蕃文還譯第四則前半段亦及此，茲錄於次：

魏王假在位之時，秦王始皇以王賁爲將，攻魏。王賁引大江灌魏之大梁城。水浸，城壞，執王假，滅之。

二五（二）

鄢陵君者，魏之族也。秦始皇既滅魏，使人謂鄢陵君曰：「寡人欲以五百里之地，易鄢陵五十里(1)**，君其許寡人乎？」鄢陵君曰**(2)**：「大王加惠，以**

大易小，幸甚(3)。雖然，受地(4)於先王，願終守之，弗敢易(5)。」秦王不悅。鄢陵君乃使唐雎至(6)秦。始皇見之，謂唐雎曰：「秦滅韓、魏，而鄢陵君以五十里之地存者，以君為長者，故不措意焉。今吾以十倍之地，請廣(7)於君，而逆寡人者，輕寡人故(8)也。」唐雎對曰：「否(9)，非敢若此也(10)。鄢陵君受地於先王而守之，雖千里弗敢易也，豈直五百里(11)哉。夫不以利害義者(12)，固鄢陵君之所不(13)敢也。」始皇勃然作色曰：「公亦曾(14)聞天子之怒乎？」唐雎對曰：「未嘗聞(15)。」始皇曰：「天子之怒，伏屍百萬，流血千里。」唐雎曰：「大王亦嘗聞布衣之士怒乎(16)？」始皇曰：「布衣之士怒，免(17)冠徒跣，以頭搶地耳。」唐雎曰：「此怒，庸夫所怒(18)，非士之怒也(19)。夫專諸之刺吳王僚也，彗星襲月；聶政之刺韓相俠累也，白虹貫日；要離之刺慶忌(20)，倉鷹擊于殿上。此三子者，皆布衣之事(21)，懷怒未發，祲烈擊天(22)，與臣將四矣。若士之(24)怒，伏尸(25)二人，流血五步，天下縞素，今日是也。」挺劍而起進(26)。始皇色撓，長跪而謝曰：「先生何遠至此，寡人論(27)諭矣。夫韓、魏滅亡，而鄢陵君以五十里之地存者，徒以有先生故也。」

校記：

(1)「易鄢陵五十里」鄭良樹曰：「一本此句作『易鄢陵君五十里之地』」此所云「一本」即《伯二五六九》略出本也，下並同此。

(2) 鄭良樹曰：「一本『鄢陵君曰』作『鄢陵君辭，不許；鄢陵君與』」案：「與」字略出本簡作「与」，當是「曰」字之形譌。原本與《國策》同，略出本與《說苑》較近。

(3) 鄭良樹曰：「一本作『幸甚，幸甚。』」誤，鄭氏失檢。案：略出本作「其幸甚矣！」

(4)「地」字上原卷有「城」字，蓋涉「地」字而衍，茲據略出本、《國策》刪。

(5) 鄭良樹曰：「一本『易』下有『也』字。」

(6) 鄭良樹曰：「一本『至』作『入』。」

(7) 鄭良樹曰：「一本『廣』下有『地』字。」

(8)「故」字略出本無。

(9) 鄭良樹曰：「一本無『否』字。」

(10) 鄭良樹曰：「一本無『也』字。」

(11) 鄭良樹曰：「一本『里』下有『地』字。」

(12)「夫不以利害義者」七字原作「夫不以義利割義利者」九字，鄭良樹曰：「此句當從一本作『夫不以利害義者』。」是，案：此句意稍塞，《國策》無此文，《說苑》

作「夫不以利害爲趣者鄢陵也」，取意略同，今據略出本改。

(13)「不」字疑衍，上句云「不以利害義者」，則此「不」字不可通。略出本無「所」字，蓋誤「所」爲「不」，後人又於「不」字上加「所」字也。《說苑》所載前爲否定後爲肯定，蓋是。

(14) 鄭良樹曰：「一本作『嘗』。」

(15)「未嘗聞」三字鄭良樹曰：「一本作『臣未聞』。」

(16) 鄭良樹曰：「一本無『嘗』『士』二字。」下文「布衣之士」略出本亦無「士」字。

(17)「免」字原卷俗譌作「勉」，此據略出本改正。

(18) 鄭良樹曰：「一本此二句作『此庸夫之怒也』。」略出本與《國策》合。

(19) 鄭良樹曰：「一本『怒』下有『也』字。」

(20) 鄭良樹曰：「當從一本補『也』字。」是。

(21) 鄭良樹曰：「一本無『皆』字，『事』作『士』。」《國策》、《說苑》亦作「士」。

(22)「祲烈擊天」蓋云戾氣猛烈上達於天。釋文本「烈」作「裂」，蓋音近之譌。《國策》此句作「休祲降於天」《說苑》作「祲厲於天」，意略異。

(23) 鄭良樹曰：「一本『四』下有『子』字。」

(24) 略出本無「之」字。

(25)「尸」字略出本作「屍」同，然原卷前文亦作「屍」，此當作「屍」字是。《國策》並作「屍」，《說苑》作「尸」意同。

(26) 略出本無「進」字，《國策》同。

(27) 鄭良樹曰：「一本『論』作『詞』，論與詞，並涉『諭』字而衍，國策可爲證。」案：鄭說蓋是，《說苑》亦無「論」字。唯略出本作「試」不作「詞」，鄭氏偶失檢。

案：本段見《國策》二五魏四「秦王使人謂安陵君」、《說苑》十二奉使、《御覽》四八三怒引《新序》，文辭多與《國策》同。PT1291 吐蕃文還譯第四則後半段及第五則即本段全文，今錄於次：

將魏收入治下。後，魏之兄弟往昔未入爲秦之屬民者，由秦始皇遍以詔書諭之：爾之國君政事已爲朕所滅，地亦入秦兵……曰：「恩情雖大，但先生遺我以此城，應該謹守。我以餘年……而此城……不可交換。」秦王很不高興。此後，乃派出使者（唐且）至秦，覲見始皇。始皇曰：「韓、魏兩國都已被我滅掉，安陵君地方五十里，仍被留下。由於安陵君是一位聰俊的人，不願傷其情面，未去攻掠。今，我以十倍之地來交換，安陵君不肯，是乃違逆我言、背離我意，是乃輕慢于我……」唐且對曰：「此言非也！怎敢輕慢陛下？安陵君受先王遺命，固守安陵……不敢交換，五百里之地怎能行？禮義廉恥之止爲些須小利怎能聽從？故此，不能從命也。」（秦王聞而）色變，對唐且曰：「過去你聽說過天子之怒嗎？」對曰：「過去未曾聽說過。」始皇乃曰：「天子之怒，流血千里。」唐且對曰：「陛下曾聞布衣之怒乎？」始皇曰：「布衣之怒，不過以頭搶地，頭上免冠……」唐且曰：「此乃平民庸夫之怒也，并非布衣高士之怒。如我等之輩發怒，立即伏尸二人，血濺五度之遠，流于眾人之前，今其時矣，請觀看吧！」說罷，唐且拔劍而起。始皇大驚，對唐且笑臉相迎，長跪于地，曰：「你所說極是，均可遵命。韓與魏亡，而安陵君以五十里地獨存者，以有先生之故也。」

此中云「禮義廉恥之上為些須小利怎能聽從？故此，不能從命也。」《國策》無此文，蓋指《後語》「夫不以利害義者，固鄢陵君之所取也。」

又案：還詳「由秦始皇遍……地亦入秦矣」一節，《國策》、《說苑》、《後語》並無，蓋吐蕃文譯者依前後文意敷衍而出。

二五（三）

初，鄢陵人縮高，其子仕於秦，秦以為管守。信陵君攻之不下，乃使人謂鄢陵君曰：「其(1)遣縮高，吾將士(2)之，使為持國慰(3)。」鄢陵君曰：「小國不能，必使其民。使者自往，請使吏通(4)使者。」至，縮高曰：「君之幸高也，將使高攻管也。夫父攻子守，人之大笑(5)。見臣而下，是背主也。父教子背，亦非君之喜聞。敢再拜辭。」使者以報信陵君，信陵君大怒，遣大使吏至鄢陵君曰：「鄢陵之地亦由（猶）魏也，今吾攻管而不下，則秦兵不返，社稷必危，願君生束縮高而攻之。若君不致，無忌將發十萬之師以造君城下。」鄢陵君曰：「吾先君武成侯，受詔襄王以守此地。卒受奉符之憲曰：『子煞父，臣煞君，有常不□(6)。國雖大赦，降城亡子，不得與焉。』今縮高(7)……。　（伯二五八九）

校記：

(1) 鄭良樹曰：「國策魏策四『其』上有『君』字，注云：『一本無君子。』後語與一本國策合。」

(2)「士」《國策》作「仕」，二字通用。

(3) 鄭良樹曰：「此句當從國策作『使者持節尉』。」

(4)「通」字釋文本作「導」，與《國策》「道」字同意，「通」「導」於意並可通。

(5)「之」字下恐有脫字，《國策》作「人大笑也」，吳師道曰：「一本標一作『人之所大笑』。」「之」下有「所」字是。

(6) 此字殘去下半，《國策》作「赦」，當是。

（7）「高」字以下原卷殘斷。由注文得知此去〈魏語〉卷末僅百二、三十字，述鄢陵君之言及縮高刎頸、信陵君素服縞素事，事詳《國策》及 PT1291 吐蕃文譯本。

案：本則見《國策》二五魏四「魏攻管而不下」章。PT1291 藏文還譯亦止於此章，茲錄於次：

往昔，安陵人名縮高者，其子被秦國任命爲管地節兒總管。魏之大臣信陵君攻秦之管城。正想引兵前來，遂遣使至安陵君之前，致書云：「請遣你之屬民縮高前來此地，吾將授大夫爵任之爲大臣。」安陵君見使者，曰：「縮高，小國之民，當承王事！」令縮高與使者見面。縮高曰：「魏國大臣高位給我，是想在攻秦地管城之時，讓我去呼應。吾之子爲管節兒總管，讓我爲父的去呼應。人們都會恥笑於我的。若吾子見吾之面而降，那是父逼子而降，人們都會訕笑爲『父誘其子』。我雖爲魏之民，子卻爲秦之守城官。我怎麼能使大臣喜歡我呢？」使者據實回報了。大臣信陵君大怒，致書安陵君曰：「安陵之地，亦魏地也。今，我將攻管，秦之援軍必至。秦兵援至，則我魏國危矣無疑。若縮高不願來，請把他抓來！若不送縮高來，我將發十萬之眾，至安陵城下！」安陵君回書曰：「吾先生受詔，守此城，著錄于憲文：固守此城……民弒君、節兒總管棄城……叛離……子侄輩忘恥，殺戮之事……令縮高守君臣之序，行禮義之事，我世受國君詔令，奉遵憲文。相臣信陵君令抓捕縮高，我死也不能聽從！」縮高聞之。縮高曰：「魏之相臣信陵君乃一（暴戾之人），安陵君之答書到達後，書辭必使信陵君觸怒，必然危及安陵君之社稷。我將給安陵君帶來禍害。此事如何能行？我怎能讓吾之君長安陵君受害？」乃于魏之使者之前，縮高自殺身死，信陵君聞之，乃致書安陵君曰：「我乃卑下之人，心地昏沌，胸臆狹仄，前函有過錯，請勿怪罪。請恕罪！」魏王承認過失而發書信。

二五（四）

鄢於坂反　**惜**昔　**徒跣**先典　**搶地**七羊反　**彗星**遂　**傫**力追　**白虹**戶工反　**祲裂**子鴆反（7）　**色撓**奴孝反　**諭矣**羊樹反　**縮高**所六反　**管守**古滿反　**導使者**徒倒反　**子煞**試　**與焉**預　**悍**戶反（2）　**縞素**上右老反　（斯一四三九）

校記：

（1）「裂」字前文作「烈」說詳校二（22）。

（2）「戶」字下有脫文。「悍」字在翰韻，《經典釋文》或用「戶旦」（《詩・小雅・漸漸之石》）或用「戶幹」（《周禮・春官・大宗伯》）。

〈楚語〉卷第八

一

肅王十一年卒，弟宣王立，以昭奚恤為相(1)，諸侯畏之。王問群臣曰：「吾聞北方畏奚恤(2)，爾熙寡人何如(3)？」江乙對曰：「虎求百獸而食之，得一(4)狐，狐曰：『子無得食(5)我，天帝令我長於(6)百獸，食(7)我是逆天帝之命。子以我為(8)不信，我為子先行，子隨我後，觀百(2)見我能無走乎？』虎以為然，隨而後行，獸見之(9)皆走。虎不知獸之畏己而走(10)，反以為畏狐(11)。今王地方五十里，帶甲百萬，而專任(12)於昭奚恤，北方非畏昭奚恤，其實畏王之甲兵。故人臣見畏者(13)，君威也，君若不用則威亡矣(14)　（伯二五六九）

悼王徒到反　捐不遺專反　射刺上食亦反，下七夕反(15)　（斯一四三九）

校記：

(1)王謨云：「按《急就篇注》引《春秋後語》『楚有昭雁』事無考。」世昌案：今本顏師古注《急就篇》無此文，徐鍇《說文繫傳》七「雁」字下引此。「昭雁」當即《國策》、《史記》之「昭睢」，事見〈楚語〉七。

(2)鄭良樹曰：「事文類聚後集三七、合璧事類別集七八、韻府群玉三、天中記六十、永樂大典一二一四八引『北方』下並有『之民』二字，『奚恤』上並有『昭』字。」《御覽》九〇九狐引與原卷合。

(3)鄭良樹曰：「太平御覽、事文類聚、合璧事類、天中記此句並作『亦誠何如』，永樂大典作『何如』。」

(4)前諸類書引並無「一」字，與《國策》合，《新序》亦有「一」字。案：《後語》此則文字多與《新序》同，諸類書恐據《國策》而刪。

(5)鄭良樹曰：「太平御覽、事文類聚、天中記、永樂大典『得食』並作『瞰』。」案：吳師道校《國策》云：「一本標十二國史、春秋後語『食我』作『瞰我』。」所見本與《御覽》引合。

(6)「於」字前諸類書引無。

(7)「食」字上《御覽》引有「子若」二字。原卷「食」字上有「長」字，後補勘「於」字上，鄭輯本「食」字上有「子」字，恐誤。

(8)「我為」二字原譌倒作「言我」，此據《御覽》引改。《國策》、《新序》並同。

（9）鄭良樹曰：「『隨而後行，獸見之』御覽、事文類聚、合璧事類、天中記並作『隨狐而行，百獸見之』，唯事文類聚、合璧事類、天中記並無『之』字。」
（10）「而走」二字前諸類書引無。
（11）前諸類書引「狐」字下並有「也」字。
（12）「專任」二字《御覽》引作「任之」。
（13）「畏者」二字原倒，今據《御覽》引、吳師道校《國策》引乙正。
（14）「若」字《御覽》、吳師道引並無，「則」字吳師道引作「而」。又「故人臣見畏者」句以下不見《國策》，吳師道引並出注文云：「尹父子有」，今見《新序》卷二。
（15）「捐不」「射刺」二注未知何指。楚世系悼王傳肅王，肅王傳宣王，宣王傳威王，下則注文「得見」以下並威王事，則此二注當不出此四王事。

案：本則見《國策》十四楚一「荊宣王問群臣」章、《新序》二〈雜事〉。此則多與《新序》同，孔衍蓋據此。原卷伯二五六九爲略出本，肅王及肅王以前事今並缺。

二

蘇秦在楚三年，乃得見，談卒，辭行。威王曰：「寡人聞先生若聞古人，今先生不遠千里而臨寡人，曾不肯留，願聞其說。」蘇秦對曰：「楚國之食貴於玉，薪貴於桂，謁者難得見於鬼，王難得見於帝。今令臣食玉炊桂，因鬼見帝，何事不去？」威王曰：「先生就舍，寡人聞命矣。」（《御覽》九五七・桂）

得見胡見反　（斯一四三九）

案：本則見《國策》卷十六楚三「蘇秦之楚三日」章，文辭相去稍遠，《類聚》八〇薪炭火《御覽》八四七食上、《文選》二九〈張協雜詩〉之十注所引《國策》則略近本則，《後語》蓋據古本。

三

楚威王問宋玉曰：「先生其有遺行歟？何士民眾庶不譽之甚也？」宋玉對曰：「天（夫）鳥有鳳而魚有鯨。鳳凰上擊九千里，翱翔乎窈冥之上；夫藩籬（1）之鷃豈能與料天地之高哉！鯨魚朝發於崑崙之墟，暮宿於孟津，尺澤（2）之鯢豈能與量江漢之大哉！故非獨鳥有鳳而魚有鯨，士亦有之。」（《御覽》九三八・鯨鯢魚）

有鯨巨京反　**翱翔**五高反　**窈冥**上烏了，下莫丁。　**蕃田鷃**上甫袁反，下厄諫。　**料天**

地上力吊反（3）　**之墟**五居反　（斯一四三九）

校記：

（1）「藩籬」《文選》作「蕃籬」意同，「蕃」爲「藩」之借字；《新序》作「糞田」意並可通。唯釋文本作「蕃田」，意稍塞，恐經後人改易。

（2）「尺澤」原作「赤澤」，此同音而譌。茲據《新序》、《文選》改正。王輯本亘改「赤」作「尺」是。

（3）「料」字原卷作「斷」此俗體形近而譌，茲據音注及本文、《御覽》引改正，《文選》同。今本《新序》作「斷」，蓋同此譌。

案：本則見《新序》〈雜事〉、《文選》四五〈宋玉對楚王問〉。孔衍據《新序》以此則屬威王事，恐有未當。考《文選》所載此事即以宋玉對楚襄王事，考《史記・屈原賈生列傳》云：「屈原既死，楚有宋玉、唐勒、景差之徒。」而屈原事懷王、頃襄王，宋玉何得事威王？且宋玉諸賦（高唐、神女、登徒子好色、諷、風、舞、鈎、大言、小言）並云在襄王時，無有題威王者。孔衍於此則採《新序》之文入威王時事，後文敘屈原之次又及《新序》五宋玉說楚襄王事，同卷之中一人互見差誤如此，蓋孔衍未見〈宋玉對楚王問〉一文，否則以全書之例，不宜側此事於此，當移至屈原之後。

四

覆軍煞將上敷目反，下子匠反。　（斯一四三九）

案：本則原文全佚，覈諸史籍，當是《史記》四一〈越王句踐世家〉所述「楚威王之時，越北伐齊」事。「覆軍煞將」乃威王使人說越王語。

五

湣王閔（1）　**乃為秦使**上榮偽反，下所事反。　**祠**祥移反　**畫地為虵**上獲　**持卮**職移，酒器。

校記：

（1）「湣王」蓋指「齊湣王」，《史記・六國年表》楚懷王六年當齊湣王元年，《史記・楚世家》「（懷王）六年，楚使杜國昭陽將兵而攻魏，破之於襄陵，得八邑。又移兵而攻齊，齊王患之。……」此所言「齊王」即「齊湣王」，本則所述蓋即此事。

案：本則原文並佚，述楚懷王六年陳軫說昭陽移兵去齊事。對《史記・楚世家》。

六

爭長□兩反　**廝**斯　**閉關**布結反　**致璽**胥爾反，印。　**屈丐**古大反(1)　**黔中**巨金反　**之間**諫　**說王**束銳反　**烹**普耕反　（斯一四三九）

校記：

(1)「屈丐」《史記》作「屈匄」。「丐」、「匄」並「匃」字之俗。

案：本則原文全佚，敘秦破六國合從，遣張儀誘楚懷王以商於六百里地而絕齊事，此事互見《史記‧楚世家》、〈張儀列傳〉、〈屈賈列傳〉，以釋文互見諸篇，此蓋孔衍綜合諸文而成。又略見《春秋後語》二〈秦語〉三〔一〕。

六

魏王遺懷王美女，懷王悅之。夫人鄭袖妬之，而極其所欲為之。王曰：「夫人知我愛悅新人，其愛悅之，亦甚於寡人；此孝子之所以養親，忠臣之所以事君。」夫人知君之不以己為妬也，知新人之信己也，因謂之曰：「王甚悅子，然惡子之鼻醜，子見王常掩鼻，則王長幸子矣。」於是新人見王常掩鼻。王心怪之，謂夫人曰：「新人見寡人常掩鼻者，何也？」對曰：「不知。」王強問之，對曰：「常惡王之臭，是以掩鼻。」王怒而劓之。　（伯二五六九）

妬之當路反(1)　**惡**烏故　**強問**其兩反　**王臭**尺又反　**劓之**魚器反，截鼻。　（斯一四三九）

校記：

(1)「妬」字原形譌作「姑」，據釋文反切及前文改正。

案：本則見《韓非子》十〈內儲說〉下、《國策》卷十七楚四「魏王遺楚王美人」章。《韓非子》內鑠二則，「一曰」所載與本則最近，孔衍或即據此。

七

黃棘紀　**入質**　**如蕃**甫袁反　**郢中**羊整　**頃**上丘穎反　**隘之**上烏賣反　**昭尚**上征遙反(1)　**從間道**閑　**蔽明**卑袂反(2)　（斯一四三九）

校記：

(1)「昭尚」《國策》作「昭常」，楚臣。

(2)「蔽明」二字未詳所指。

案：本則述楚懷王末及頃襄王初與秦、齊二國事。詳見《史記‧楚世家》楚懷王三十年至頃襄王三年間，於頃襄王自齊歸楚。《史記》較略，釋文本「隘之」「昭尚」二注即不見《史記》，此蓋孔衍又以《國策》十五楚二「楚襄王爲太子之時」章，補《史記》之略而成。又《說文繫傳》七「雁」字下云：「《春秋後語》楚有昭雁」，蓋即《史記》昭睢告懷王勿往秦事，亦在此則。

八

枯熇苦老反（1）　**漁父**魚甫　**渾濁**上戶婚反，根學反。　**獨醒**先丁反　**凝滯**語陵反　**餔其糟**上博姑反，下祖曹。　**而歠**觸劣反　**其釃**力之反　**懷瑾**居隱反　**握瑜**羊朱反　**拭冠**上升力反，下古丸反。　**惛惛**呼尊反（2）　**浩浩**戶老反（3）　**汨羅**上迷辟反，又古忽反。　**而隕**榮敏反　（斯一四三九）

校記：

（1）「熇」《史記》、《楚辭》並作「槁」，通假字。

（2）「惛惛」《史記》、《楚辭》並作「汶汶」。洪興祖補注曰：「《荀子》注引此作『惛惛』；惛惛、不明也。」與《後語》同。

（3）「浩浩」《史記》作「晧晧」、《楚辭》作「皓皓」，並較此意長。

案：本則承上文楚懷王死，頃襄王立，敘屈原流放事。此事並見《史記》八四〈屈賈列傳〉、《楚辭》七〈漁父〉。文字在二者之間。

九

宋玉（1）曰：「子獨不見玄猿乎？當居桂枝之中，從容（2）遊戲，倏忽往來；及（3）居枳棘之中，恐懼悼慄。」　（《白帖》二九・猿）

計畫獲　**儵忽**上尸六反　**羿蓬蒙**上魚列反，下莫工反。　**枳**只　**而悼慄**上唐致（到）反，下利日反。**不便**婢面反　（斯一四三九）

校記：

（1）「玉」字原省譌作「王」，此據《新序》改正。

（2）「容」字原作「客」，形近而譌，此據《新序》改正。

（3）「及」字原作「乃」，與上下文意不合，今據《新序》改正。

案：本則述宋玉事楚襄王而不見察事。詳見《新序》五，《白帖》所引頗有省略。

十

昔齊有良兔，曰東郭俊（1），一日走百里。有良狗，曰韓子獹（2），亦一日而走百里。使人遙見而指屬（3），則雖韓獹不及良兔；躡跡而蹤之，則雖東郭不能離也。　（《御覽》九〇七・兔）

良兔（4）湯露反　**東郭駿**酒閏反　（斯一四三九）

校記：

（1）《御覽》引下有注云：「本或作狡兔，以其善走，故曰俊。」此所云「狡兔」者蓋指「良兔」而言。《後語》卷九〔七〕淳于髡說齊威王云：「東郭俊者，海內之狡兔也。」即作「狡兔」。又「俊」字釋文本作「駿」，《新序》作「㕙」，此並同聲而因物立名，此既云兔，則恐作「㕙」爲正。而此作「俊」「駿」者，通假耳。

（2）《御覽》引原有注云：「黑犬也；獹，讀如盧也。」

（3）《御覽》引原有注云：「『指屬』猶指蹤也。屬音之欲功。」

（4）「兔」字原作「菟」，此潘師所謂「偏旁無定」例。今據前文改正。

案：本則亦宋玉事楚襄王事，見《新序》五，鄭輯本以之入〈齊語〉，非。《後語》述宋玉事，或據《新序》，或據《韓非子》，用以補《史記》、《國策》之不足耳。

十一

楚頃襄王時，人有好以弱弓微繳加歸鴈之上者。王聞之，召而問焉，對曰：「外臣之好射鶀鴈、羅籠（1）**，小矢之發也，何足為大王道哉？且楚**（2）**之大，大王之賢，所弋非直此也。昔者三王以弋道德，五伯以弋戰國。夫秦、魏、燕、趙，王之鶀鴈也；齊、魯、鄭者，青首也；鄒、費、郯、邵者，羅籠也，其餘不足射也。見鳥六雙，惟王何取？王若以聖人為弓，勇士為繳，時張而射之，此六雙者可得而囊載也，非特朝夕之樂也。」**（《御覽》八三二七）

飭士卒上式，下子忽反。　**會于宛**（3）　**會于鄢**於板反　**會于穰**而羊　**微繳**章約反　**所弋**羊力反　**鳧鴈**上房夫反　**郯鄒羅籠**洛東反（5）　**褨新繳**上蘇哥反，下之樂反。（6）　**從不約**子松反　**折酈**（7）　**冥塞**上莫經反，下先代反。　**皷趐（翅）**尸至反（8）　**激怒**上古歷反，下乃故反。　**踊躍**羊隴反，下羊略反。　**銳**營歲反　**以塞**桑得反　**虎肉臊**桑刀反　**之蘗**用（甫）悲反（9）　**絀**丑律反　**三翮**衡革　**楚轂**中劣　（斯一四三九）

校記：

（1）「籠」字《史記》作「鸗」。王叔岷《斠證》云：「春秋後語鸗作籠，下同。蓋誤以羅爲網羅字，因妄改鸗爲籠耳。」蓋是。

（2）「楚」字下有「王」，乃因上下文中「王」字而衍，《史記》此句作「且稱楚之大」，無「王」字，今據刪。

（3）「宛」字下疑脫釋文。

（4）「繳」字原卷旁寫「綽」字，蓋直標其音。下釋文「弋」字旁寫「亦」，「繳」字旁寫「灼」，「赳」字旁寫「熾」，並同此意。

(5)「郯、邳」下疑脫釋文，「籠」字原譌作「篭」，據本文《御覽》引改正。

(6)「砦」字《史記》作「碆」，《集解》引徐廣曰：「以石傅弋繳曰碆，碆音波。」《後語》作「砦」蓋形近之譌，然音注作「蘇哥反」，則作音釋者所據本恐已如此，今姑存舊。

(7)「折」字《史記》作「析」字，是。《史記》八、四十一亦作「析」。「酈」字下原卷空一格，缺音譯。

(8)「赳」字誤。《史記》作「狐」，「狐」與「翅」同。考「尸至」所切為「翅」字而非「赳」；且「皷翅」有意而「皷赳」無意。余恐「赳」字即「翅」字之形譌。

(9)音釋「用」字疑誤，「麋」字屬「微」紐，古歸「明」紐，《經典釋文》多切以「亡悲反」。「用」字或「甫」字之形譌。

案：本則並據《史記．楚世家》，由釋文知本則敘楚頃襄王六年至十八年事。《御覽》所引前後並有節略。

十二

頃襄王二十年，秦白起拔楚西陵，或拔鄢、郢、夷陵，燒先王之墓。王徙東北，保於陳城。楚遂削弱，為秦所輕。於是白起又將兵來伐。楚人有黃歇者，游學博聞，襄王以為辯，故使於秦，說昭王曰：「天下莫強於秦、楚(1)，今聞大王欲伐楚，此猶兩虎相(2)鬥而駑犬受其弊，不如善楚。臣請言其說，臣聞之……(3)。」 （《國策》六秦四「頃襄王二十年」章）

黃歇虛謁　**說秦昭王**束銳　**濡其尾**辱適反　**始之易**羊二反　**煞智於鑿臺之下**，徐廣曰：「在榆次。」(4)　**接踵**之勇　**宗廟隳**許規反　**刳**(5)**曝骸**上蒲卜反，下戶匡反。　**係頸**繫音，下經郢反。　**嬰城**於盈反　（斯一四三九）

校記：

(1)《御覽》八九一虎引此句作「天下強國莫過於秦、楚」。

(2)「相」字下《御覽》三〇五征伐下、八九一虎引並有「與」字。

(3)本則全取姚本《國策》卷六「頃襄王二十年」章。姚宏云：「此段首有闕文。《史記》、《新序》、《後語》皆有之，文亦小異。今以《後語》聊足此段之闕。」今鮑本《國策》無「頃襄王二十年」至「臣聞之」一百十字，知姚氏所據《後語》即此段。「臣聞之」以下文字《後語》已殘亡。

(4)本條注原在卷末，原卷此行上云：「此行有錯字，後勘。」蓋謂此。今依黃歇說秦昭王文次於此。

(5)「刳」字下恐有缺字,《史記》、《新序》作「刳腹絕腸」,《國策》作「刳腹折頤」,知《後語》蓋原釋「刳」字,以漏鈔而誤合於下注文。

案:本則見《史記》七八〈春申君列傳〉、《國策》六、《新序》九〈善謀〉。

十三

莊辛對楚王曰:「臣聞鄙諺曰:『見兔而顧犬,未為晚也;亡羊而補牢,未為遲也。』」 (《御覽》九○七兔)

輦從鄢陵上良善反 老悖乎蒲沒反 國妖乎於驕反 補牢郎刀反 青蛉洛丁(1) 挽□寅而食之(2) 螻蟻洛侯,下牛綺反。 俯啄丁角 白粒立 菱藻淩早 左挾彈上刑頰,下徒旦。 右攝丸 酸醎 矰弩 鼎俎夕(多)井反,下側呂(3)。 左挑幼妾上徒了反 右擁嬖補計反 騁勑領反 黽塞桑代 變怍詐 (斯一四三九)

校記:

(1)「蛉」字原作「蛤」,形近之譌,今據釋音及《國策》、《新序》改正。

(2)「而食之」三字原卷合抄於下句,《國策》此句作「俛啄蚉寅而食之」,《新序》作「求蚊虻而食之」,並同在一句,今屬上句。又此句無釋音,蓋脫,下文「右攝丸」、「酸醎」、「矰弩」並同此。

(3)「夕井反」切「鼎」字,「夕」字誤。鼎屬端紐,或恐是「多」字之省譌。

案:本則敘莊辛諫楚襄王事,詳《國策》十七楚四「莊辛謂楚襄王」章、《新序》二,文辭多與《新序》同。吳師道校《國策》「以其類爲招」云:「一本標後語云『以其頸爲的』又章末「與淮北之地也」引《後語》云:「而與謀秦,復取淮北之地。」又姚宏注「飲茹谿流」云:「後語『飲茹溪之流』注云:『茹溪、巫山之溪。』」所引本文及注並爲《御覽》、敦煌卷所無,皆猶親見《後語》完本,可補前人輯本之未備。

十四

楚春申君使孫子為宰,客有說春申君曰:「湯以亳、武王以鄗,皆不過百里,以有天下。今孫子賢人也,而君藉之百里之勢,臣竊為君危之。」春申君曰:「善」於是使人謝孫子,孫子去之趙,趙以為上卿(1)。 (《長短經》三・是非)

荀卿湏巡 璹瑁上徒蓋反,下莫蓋反。 以鄗下火各反 遺之羊季 明嫮上孟音,下子湏反。仲長〔統〕昌〔言〕(2)曰:「毛嬙、西施、陽文、孟娵、吳娃(3)、子夫(4)、飛鷰,皇不同而期於美。」字或作「娵」同(5)。 嫫母謨音、黃帝妃。(6) (斯一四三九)

校記：

(1)「上卿」《國策》同，姚宏校《國策》引《後語》作「上客」。

(2)「仲長昌」三字疑爲「仲長統昌言」之脫譌。然《昌言》一書已佚，嚴可均《全後漢文》八八、八九、馬國翰《玉函山房輯佚書》並輯之而不見此文，今且存疑。

(3)「娃」字原作「姓」，形近之譌，《文選》三四枚乘〈七發〉：「使先施、徵舒、陽文、段干、吳娃、閭娵、傅予之徒，雜裾垂髾，目窕心與。」卷五〈吳都賦〉劉逵注云：「吳俗謂好女爲娃。」今據改正。

(4)「子夫」不可解。

(5)楊倞注《荀子・賦篇》引《後語》作「明陬」，「嫋」「娵」「陬」蓋音同相假借。又《荀子》「閭娵、子奢，莫之媒也。」「子奢」楊倞引《後語》作「子都」，與《韓詩外傳》同。

(6)《荀子》賦末有「嗚呼上天，曷維其同」。下句楊倞注引《後語》作「曷其與同」，今前後文已佚。

案：本則承上敘春申君事轉而及荀卿事。孔衍蓋合《史記》七八〈春申君列傳〉、《國策》十七楚四「客說春申君」章而成此文。又《韓詩外傳》四、《荀子》賦篇〈佹詩〉亦及此。

十五

魏有更羸脉(1)**者，與王處廪下**(2)**，仰見飛鳥，引弓虛發，而鳥墮下**(3)**。魏王怪而問曰**(4)**：「何以得至此**(5)**？」羸脉**(6)**曰：「此孽**(7)**生也。」王**(2)**曰：「先生何以知之？」對曰：「其飛徐，其鳴悲；其飛徐者故瘡**(8)**痛也，其鳴悲者久失群也。故瘡未息而驚心未去，聞弦音烈而高飛，故隕**(9)**也。」**(10)　（《御覽》九一四・鳥）

更羸脉上古行反；下脉，音或脈，直引反。　**處廪**力甚(11)　**此孽也**魚列　**創痛**上楚莊反，下他凍反。　**未去**羌與反　**創隕**于敏　（斯一四三九）

校記：

(1)「更羸脉」《三教指歸覺明注》上之下引「脉」作「脈」同。《國策》無「脉」字。

(2)「王」原形譌作「生」，此據《三教指歸》注引改正。又《三教指歸》注引「王」作「魏王」，無「廪下」二字。

(3)「仰見飛鳥……墮下」《三教指歸》注引作「有鴈從東方來，更羸虛發而鳥下。」

(4)《三教指歸》注引無「魏」字，「而」作「之」。

(5)《三教指歸》注引「此」字下有「乎」字，與《國策》合。

（6）《三教指歸》注引「羸脉」作「更羸」。

（7）「孽」字《國策》同，《三教指歸》注引作「蘖」，說詳校（10）。

（8）「瘡」字釋文、《三教指歸》注引並作「創」，下同。孔衍原本蓋作「創」，《御覽》據《國策》改耳。《御覽》引文末有注云：「創與瘡同」，猶見原本遺跡。

（9）「隕」字上釋文本有「創」字，《國策》作「瘡隕」，與釋文本合。黃丕烈以爲上句「烈」字爲「裂」字之譌，此句當作「故瘡裂而隕也」，諸祖耿同其說。然論據不足，且《御覽》引《後語》自通，與《荀子・議兵》楊倞注引《國策》正合，其說未必確。

（10）《御覽》引有注：「蘖，餘也；先被傷而餘瘡未差，故聞弦聲而奮，驚而隕也；五違切。創與瘡同。」「五違」切「孽」字有誤，「違」蓋「達」字之形譌。《經典釋文》尚書盤庚上「蘖，五達反，又作枿，馬方顛本而生曰枿。」吳師道引徐鍇曰：「孽之言蘖也」二字並可通。

（11）「廩」字原無，與釋音不合，蓋鈔者脫誤，今依前文補入。

案：本則亦見《三教指歸覺明注》上之下引，王輯本、鄭輯本並入〈魏語〉，未確，此乃魏加告春申君引述之語，亦見《國策》十七楚四「天下合從」章，《御覽》四六二遊說下引樂資《春秋後傳》。

十六

承間閑　**朱英**於京反，史記及國冊（策）無此人字（1）。　**於蘄**巨衣反，今蘄春縣。　（斯一四三九）

校記：

（1）吳師道云：「後語云『觀人朱英』，注『觀地在河北平原』。」

案：本則承上敘春申君及李園、朱英事，至楚爲秦所滅。孔衍於此蓋參合〈春申君列傳〉及〈楚世家〉而成。朱英事亦見《國策》十七楚四「楚考烈王無子」章，《國策》文「江東之封」吳師道引《後語》作「江東十二縣之封」。

〈齊語〉卷第九

一

煞簡公試（弒（1）） 濁澤根角（2） 騶忌莊愁 段干多（3）或作朋字。裴駰曰：「老子之〔子〕名宋（宗），為魏將，封於段干（4），段（5）干疑是邑名。魏世家有段（6）干木、段干子，因世家有段干多，疑此三人姓段干也，因（7）邑為姓。而風俗通之姓段名干木（8），恐失之矣。自有姓段，何必（9）干木？」 且折之列反 （斯一四三九）

校記：

（1）田常殺齊簡公見《史記》四六〈田敬仲完世家〉，此春秋末事，《後語》蓋先敘田氏由來。

（2）《史記》四六：「（康公）三年，太公與魏文侯會濁澤。」

（3）「多」《史記》作「朋」，《國策》作「綸」，吳師道所見《後語》作「萌」，亦與此不同。

（4）《史記》六三〈老子韓非列傳〉云：「老子之子名宗，宗爲魏將，封於段干。」此云爲裴駰《集解》之文，蓋參合《史記》本文而言，下文即見《集解》。

（5）「段」字原卷脫一重叠符，今據《集解》補。

（6）「段」字原卷作「疑」，形近之譌，今據《集解》改正。

（7）「因」字上原卷有「世家」二字，然旁有刪節符。案：今本《集解》「因」字上有「本蓋」二字，或抄者涉前文而誤，讀者又刪之。

（8）「姓段名干木」五字原卷錯亂，作「姓段干多木」。「干多」二字倒，「多」爲「名」之形譌，今據《集解》改正。

（9）「必」字原卷形譌作「女」，此據《集解》改正。

案：〈齊語〉之首蓋亦與卷六〈韓語〉之首同，先歷敘其世系。本則後半蓋述恒公午五年，韓求救於齊事。見《史記》四六〈田完世家〉、《國策》六齊一「邯鄲之難」章。

二

桓侯六年（1），越醫（2）扁鵲過齊，桓侯客待之。入朝見曰：「君有疾在腠理（3），不治將深。」桓侯曰：「寡人無疾。」扁鵲出，桓侯謂左右曰：「醫之好利，欲以不疾（4）為功。」後五日，扁鵲復見曰：「君有疾在血脉，不治恐

深。」桓侯曰：「寡人無疾。」扁鵲出，桓侯不悅。後五日，復見曰：「君有疾在腸胃，不治將恐深。」桓侯不應，扁鵲出，桓侯不悅。後五日，扁鵲復見，望桓侯而還去(5)桓侯使人問其故，扁鵲曰：「疾之居腠理，湯熨(6)所及；在血脉，針灸所及；在腸胃，酒醪所及；其在骨髓，司命無奈之何也。今疾在骨髓，臣是以無請。」後五日，桓侯體病，使人召扁鵲，扁鵲已逃。桓侯遂卒，子威王立也。　（《三教指歸覺明注》上之下）

桓侯(8)傅子曰：「是〔時齊無桓〕侯。」裴駰曰：「是齊時（侯）無（田）和之〔子〕桓公午。」(9)　**扁鵲**出（步）典反、《史記》：「勃海鄭人，姓秦氏，名越人。年十餘，長桑君授以禁方，忽然不見。」(10)　**腠理**七奏反，膚之謂，皮上。　**腸胃**謂(11)　**湯熨**於謂反，灸均。　**還走**上旋音，迴走也。　**鍼石**之任反。許順（慎）注《淮南子》曰：「藏（鍼）所以刺，石可（所）以砭。」《韓子》曰：「夫疢疽之痛也，不能使以半寸砭石而彈之。」是也。(12)　（斯一四三九）

校記：

(1)「桓侯」《史記》、《御覽》七三八總敘疾病引作「齊桓公」，依《後語》例不當有「齊」字，此類書編者所補。《集解》云：「傅玄曰：『是時齊無桓侯。』駰謂是齊侯田和之子桓公午也。」案：裴駰以此「桓侯」爲威王之父「桓公午」，說與孔衍同也。《史記．扁鵲倉公列傳》敘此事無紀年，而此云「六年」者，乃據《史記》四六〈田敬仲完世家〉：「（桓公午）六年，救衛。桓公卒，子威王因齊立。」文也。孔衍合〈田完世家〉、〈扁鵲倉公列傳〉推之，故前云「桓侯六年」，末云：「桓侯遂卒，子威王立也。」

(2)《弘決外典鈔》三引「越醫」下日本具平王注云：「本注云：『今越醫，蓋因其名爲號也。』」

(3)《御覽》引原有注云：「腠理，皮膚也。」《弘決外典鈔》引具平王注略同，唯「膚」字下有「間」字。

(4)「疾」字《史記》同，《御覽》引作「病」。

(5)「去」字《御覽》引作「走」，與釋文本、《史記》合。

(6)「熨」字原作「慰」，此形近之譌，茲據唐釋湛然《止觀輔行傳宏決》六之二引、《弘決外典鈔》引、釋文本、《史記》改正。

(7)「灸」字原作「炙」，大正藏《止觀輔行傳宏決》引同，此並形近之譌。茲據明崇禎十年至十二年所刊，嘉興楞嚴寺刊本《止觀輔行傳弘決》二六引、《弘決外典鈔》引改。釋文本作「鍼石」與《史記》同。

(8)「侯」字原卷形譌作「佳」，茲據本文及前所引諸書改正。

(9) 此注文全據《史記集解》，《集解》云：「傅玄曰：『是時齊無桓侯。』駰謂是齊侯田和之子桓公午也。」此注錯亂譌脫，前後夾雜，已失完貌。

（10）此所引《史記》見卷一〇五本傳，史云：「扁鵲者，勃海郡鄭人也，姓秦氏，名越人。少時爲人舍長，舍客長桑君……出入十餘年……乃悉取其禁方、書盡與扁鵲。忽然不見，殆非人也。」此云年十餘與史載不同。又「忽然不見」史乃指長桑君，非扁鵲，注文節錄未明。

（11）「腈」字乃「胃」之俗，《經典釋文》十二《禮記・內則》：「鹿胃、音謂，字又作『腈』同。」陸氏蓋以時人書寫通用言之，此即潘師所云「偏旁無定」例。

（12）本注文原作：「『鍼石』之任反許順刺石可以砭注淮南子曰藏所以之痛不能使以半也韓子曰夫灰疽寸砭石而彈之是也」。「鍼石」爲大字，「之任」至「半也」，「韓子」至「是也」，爲雙行夾注。案：所引許注蓋指《淮南子》卷十六〈說山訓〉：「醫之用鍼石」釋文。今所傳《淮南子・說山訓》爲高誘注，作「石鍼所抵彈人雍痤，出其惡血。」與此異。《說山訓》許注已亡，陶方琦所輯《淮南許注異同詁》亦不收。未能是正。今據《漢書》三十〈藝文志〉醫經序「用度箴石湯火所施」顏師古注云：「箴，所以刺病也。石謂砭石，即石箴也。」及《韓非子》十三〈外儲說右上〉：「夫痤疽之痛也，非刺骨髓，則煩心不可反也；非如是不能使人以半寸砥石彈之。」二文乙正。原卷或因雙行夾注跳鈔，故有此舛譌。（斯一四三九號抄寫頗不嚴謹，雙行注文錯亂頗多，可參卷七〈魏語〉八「穰苴」條釋文。）

案：本事見《韓非子》七〈喻老〉、《史記》一〇五〈扁鵲〉本傳、《新序》二〈雜事〉，本則文辭與《史記》最近。

三

野辟（1）婢亦反，開也。　**無留事**留、滯。　**攻鄄**居面反（2）　**薛陵**思列反　（斯一四三九）

校記：

（1）「辟」《史記》作「闢」王叔岷《斠證》云：「御覽六二三引兩闢字並作辟（通鑑同），六四五引下文亦作辟，古字通用。」

（2）「鄄」《史記・田完世家》「趙攻甄」作「甄」，〈趙世家〉成侯五年「伐齊于鄄」即作「鄄」，兩字同指一地，《史記》一書兩字互出。又原卷「鄄」字有旁寫「見」字，蓋直注其音。《廣韻》「見」在「霰」韻，「鄄」在「線」韻，兩字雙聲而韵用同。

案：本則敘齊威王發奮圖強事，《史記・齊世家》繫此於齊威王九年。

四

擢（1）之上直角反　均諧居倫反　（斯一四三九）

校記：

（1）「擢」字《史記》作「攫」，《御覽》五七七琴上引《周書》作「推」。

案：本則蓋敘騶忌以鼓琴見威王事，見《史記》四六〈田完世家〉、《御覽》五七七引《周書》（案：《事類賦》十一琴引同，文辭與《史記》稍異。」《索隱》：「大弦濁以溫者君也。案：春秋後語『溫』字作『春』，春氣溫，義亦相通也。」所指《後語》在本則，今佚。）

五

鄒忌，六國時齊人也。（1）初得為相，淳于髡（2）見之曰：「得命者昌，失命者亡（3）。」忌曰：「謹受命矣，請無出鄙辭（4）。」髡曰：「狢（5）膏棘軸（5），所以為滑，不能運方穿。」忌曰：「謹受命矣，請謹事左右。」髡曰：「弓膠昔（6）幹，所以為勢，而不能傅合疏罅（7）。」忌曰：「謹受命矣，請謹附萬民。」髡曰：「狐裘雖破（8），不可補以黃犬之皮。」忌曰：「謹受命矣（9），請擇君子，無雜小人（10）。」髡曰：「大車無軫（11），不能載常任；琴瑟無軫，不能成五音。」忌曰：「謹受命矣，謹（12）脩法律而督姦吏。」髡說既畢，趨出至門，謹（13）其僕曰：「是人者，吾語之微言五，合我如響之應聲，是人封不久矣。」居未朞年，果封侯也。　（《琱玉集》十二・聰慧）

無觀古亂反　狢膏胡各反、又作豨子；下古刀。　為滑古八反　方穿昌涓反，車釭（14）。　弓膠腊幹《史記》「交錯」二音（15）　傅合附音，下古合反。　疏罅少嫁反、拆綘（縫16）。　無較古學反　無軫之忍反　眄莫見反　（斯一四三九）

校記：

（1）此《琱玉集》敘述引書之常例，未必是《後語》原文。

（2）「髡」字原形譌作「甄」，此據後文改正。

（3）「得命者昌，失命者亡」《史記》作「得全全昌，失全全亡。」《御覽》引《周書》作「得人者昌，失人者亡。」

（4）「無出鄙辭」《史記》作「母離前」，《御覽》引《周書》作「無觀」與釋文本合。

（5）「狢」字《說文繫傳》十二「楇」字下引作「豨」與釋文本所載一本合。並釋「棘」字云：「棘即棗，亦堅緻滑易之木也」。

（6）「昔」字《史記》同，釋文本作「腊」與《御覽》引《周書》同。案：《說文》七上：「昔，乾肉也……腊，籀文从肉。」二字同。

(7)「𩾣」字原作「乎」，音近之譌，今據《史記》參以釋文改正。
(8)「破」字《御覽》六九四裘引作「獘」。
(9)「謹受命矣」《御覽》引作「諾謹受教」。
(10)「人」字下《御覽》引有「其間」二字，與《史記》同。
(11)「無軫」釋文本作「無較」。案:「軫」字與下文「任」「音」叶韵，「軫」字居車而言爲車後橫木(見《說文》十四上)，居琴瑟而言爲轉弦之物(《魏書》一〇九《樂志》)「中絃須施軫如琴，以軫調聲。」亦自可通。
(12)「謹」字上疑脫「請」字，仿前文之例可知，《史記》、《御覽》引《周書》並有「請」字。
(13)「謹」字恐有譌誤，釋文本、《御覽》引《周書》並作「眄」，《史記》作「面」，音形相去稍遠。《御覽》一九八敘封建引《史記》此文作「語」字，蓋是。
(14)《說文》十四上「釭、車轂中鐵也。」其形中空，用以受軸者也。
(15)「史記交錯二音」，蓋取諸注《史記》音者。「昔」讀爲「錯」乃「交錯」之意，與《索隱》云:「昔、久舊也。」不同訓。
(16)「𩾣」字原作「䰯呼」二字，字書無「䰯」字。此蓋誤析「𩾣」字爲二，《琱玉集》引作「踈乎」亦謹有一字，茲並改从《史記》。

案：本則敘淳于髡見鄒忌事，又見《史記》四六〈田完世家〉、《新序》二〈雜事〉、《御覽》五七七琴上引《周書》。

六

肥孋麗音(1)　**操**七刀反　**豚蹄**上徒忍反、下徒兮反。　**甌窶**上烏侯反、下古侯反。謂側之地，本或在(作)窳字。(2)　**滿篝**徐廣曰:「篝、籠也、古侯反。培塿之處即收一籠一粟。」(3)　**洿**(4)**耶**上烏瓜反、下年(?)奢反。污耶、下地田。　**衻韝**上居免反，徐廣曰:「衻，收衣袖。」下古侯反，臂捍也，字或作搆。　**鞠朓**上居六反，徐廣曰:「鞠、曲身。」下巨篭反，脛後肉也。(5)　**餘瀝**歷音　**投壺**胡音，或作投箸。　**握手**上烏角反，把手。　**目眙**徐廣曰:「丈甑反」今音丑史反，直視。　**隨珥**而志反，耳璫。　**樂此**洛　**襦**而朱反　(斯一四三九)

校記：

(1)「肥孋」未知所指，考此當在齊威王時鄒忌或淳于髡事，《國策》八齊一有「鄒忌脩八尺有餘，身體昳麗。」稍近之。
(2)「窶」字《史記》作「窶」，「窶」「窶」正假字(見《集韻》四侯韻)。又注云「古侯反」，原卷「古」字乃旁寫補入，恐有譌誤，《荀子・大略》楊倞注「窶，力侯反。」《史記索隱》「音如婁」是。又「側」字上原卷無「傾」字，《荀子・大略》「流丸止於甌臾」楊倞注引裴駰云：「甌窶，傾側之地；污耶，下地也。」《後語》釋文本蓋據此，言其地傾斜也，茲據補正。又「本或作窊字」此指「窶」字而言，《荀子・大略》同前注：「或曰：甌臾，窊下之地。」

(3)「篝」字原卷作「溝」，《荀子・大略》楊倞注引《史記》同，注文引徐廣云作「籠」解，則「溝」當从「竹」，此音同而譌，茲據《史記》改正，注文同此。「一籠一粟」下「一」字蓋有譌誤。又此引徐廣曰「培塿之處」與前注「謂側之地」不合，知並引自他說，故以「古侯反」以下並屬引文。今本《史記》三家注《集解》所引徐廣曰無「古侯反」以下十四字。

(4)「洿」字原作「誇」，旁改作「污」。案：「誇」字乃「洿」字之形譌，「污」字又抄者據注文改耳。《史記》作「汙」《集解》引司馬彪曰：「汙邪，下地回也。」作注者蓋直引此文，抄者以原文「誇」字不可解，遂改從注文。今以《說苑》六〈復恩〉、八〈尊賢〉並作「洿」，據改正。

(5)「膗」字《集韻》「膗、鄔孔切，肥貌，或从翁。」蓋有譌誤，注所云未詳。《史記》作「膍」、王叔岷《斠證》云：「索隱單本、景祐本、黃善夫本、殿本膍皆作臄。字當作膍，膍即俗亝字，膍誤為膍，復誤為臄（臄）耳。」此說承《考證》引洪頤煊說，蓋是；「膗」與「臄」形近，又易譌也。

案：本則只存注文，除「肥{膗}」二字未確何指外，餘並見《史記》一二六〈滑稽列傳〉，敘淳于髡與威王事。《索隱》注「冠纓索絕」云：「孔衍春秋後語亦作『冠纓盡絕』也。」亦本則佚文。

七

淳于髡說齊威王曰：「韓子獹、天下壯犬也(1)；東郭俊者、海內之狡兔也。韓子獹逐東郭俊，環山者三，騰山者五，兔極於前，而犬疲於後，犬兔俱疲，各死其處；田父見而獲之，無勞倦之苦而擅其功。今齊、魏相持，頓兵弊眾，臣恐強秦大楚乘其後，而有田父之功也。」威王懼而罷兵。 （《御覽》九〇七・兔）

校記：

(1)「獹」《國策》作「盧」。案：《後語》卷八〔十〕宋玉事亦作「獹」，《廣玉篇》二三犬部：「獹，韓獹，天下踆犬。」「獹」與「盧」通。

案：本則事亦見《國策》十齊三「齊欲伐魏」章，《國策》「齊威王」並作齊王」，此或另有據。今以釋文本不出注，而知在威王時，故次於此。

八

徽章上許韋反。三蒼云：「軍旗幟（幟）也。」字或作「微（徽）」。（1） 以𤔔古亂字，或作率。（2） 還告旋 馬棧仕板反（3） 強之其兩反 （斯一四三九）

校記：

（1）《三蒼（倉）》今佚，馬國翰《玉函山房輯佚書》小學類有輯本，未收此條。

（2）「𤔔」字《國策》作「雜」案：伯二五三三《古文尚書・五子之哥》「今失乎道，𤔔其紀綱。」又二五一六《說命中》「惟治𤔔在庶官」「亂」作「𤔔」或「𤔔」，與此合。「率」蓋「𤔔」之譌。

（3）「馬棧」《國策》同，吳師道引《後語》云：「馬屎之中」，「屎」「棧」雙聲，蓋音近之譌。

案：本則敘齊威王使章子將而應秦軍事，詳《國策》八齊一「秦假道韓、魏以攻齊」章。吳師道校「臣之父未教而死」句「未教」引《後語》作「未赦」，亦此則佚文。

九

盼子普諫反、人姓（1）。 東漁魚音、捕魚。 （斯一四三九）

校記：

（1）《國策》卷八齊一「楚威王戰勝於徐州」章高誘注曰：「盼子、田盼子。」《國策》二三魏二亦有田盼，當即指此人，非姓盼也。

案：本則敘威王二十四年與魏惠王相會事，見《韓詩外傳》十、《史記》四六〈田完世家〉。《聖賢群輔錄》上亦錄此事，末云「見《史記》及《春秋後語》」，今錄此以備考：

齊威王與魏惠王會，田於郊。魏王問威王曰：「王有寶乎？」威王曰：「無有。」魏王曰：「若寡人國雖小，猶有徑寸之珠，照前後車各十二乘者十枚，奈何爲萬乘之國而無寶乎？」威王曰：「寡人之所以爲寶，與王異。吾臣有檀子者，使守南城，則楚人不敢爲冦東取，泗上十二諸侯皆來朝。吾臣有盼子者，使守高唐，則魏人不敢東漁於河。吾臣有黔夫者，使守徐，則燕人祭北門，趙人祭西門，徙而從之者七十餘家。吾臣有種首者，使備盜賊，則道不拾遺。以此爲寶，將以照千乘，豈直十二乘哉？」魏惠王慙，不懌而去。

又《止觀輔行傳宏決》五之一、《弘決外典鈔》三亦有此事，而前云「春秋中」，蓋有脫誤，然其文字與《史記》稍異，日人新美寬、鈴木隆一，所輯《本邦殘存典籍による輯佚資料集成》並續中《春秋後語》輯本據《外典鈔》輯有此條，而《外典鈔》乃自《止觀輔行傳宏決》中鈔出，故今依大正藏《止觀輔行傳宏決》錄出，以相參佐：

春秋中，齊威王二十四年，魏王問齊王曰：「王之有寶乎？」荅曰：「無」魏王曰:「寡人國雖爾,乃有徑寸之珠十枚,照車前後各十二乘,何以萬乘之國而無寶乎？」威王曰：「寡人之謂寶，與王寶異。有臣如檀子等，各守一隅，則楚、趙、燕等不敢輒前，若守寇盜，則路不拾遺，以此為將照千里，豈直十二乘車耶？」魏王慚而去。

十

孫臏扶忍反 **不控捲**巨員反 **捄鬪**救音（1） **不搏撠**博戟 **批亢**上扶結反，又豐鷄反。下胡郎。 **擣虛** **形格勢禁**（2） **衒路**上胡巖反、史記作「衒路」。 （斯一四三九）

校記：

（1）「捄」字《史記》作「救」，《漢書》五六〈董仲舒傳〉：「將以捄溢扶衰」師古曰：「捄、古救字」。

（2）「形」字原屬上注，「格勢禁」三字作雙行小字，此誤合兩條注為一，今據《史記》改正。又「勢」字原作「剆」。案：「勢」古俗作「㔟」（《碑別字新編》頁 234），「剆」又「㔟」之形譌，今據《史記》改正。

（3）「衒路」蓋「路衒」之倒，《史記》云：「據其街路，衝其方虛」。注文舉《史記》云云，蓋傳鈔者誤「衝」為「衒」。

案：本敗敘魏伐趙，趙請救於齊事，詳《史記》六五〈孫子吳起列傳〉，四六〈田完世家〉繫此事於威王二六年，《後語》蓋據此。

十一

騶忌（1）**與田忌不相善，公孫閱**（2）**謂騶忌曰：「何不令人操十金卜於市**（3）**，曰：『我田忌之人。吾三戰**（4）**三勝，聲威天下。欲為人事，亦吉乎？』卜者出，因令人捕之**（5）**驗其辭於王之所。」騶忌從之。田忌懼，無以自白，遂以其徒襲攻臨淄**（6）**，欲殺騶忌。不勝而奔。** （《御覽》三二二・勝）

校記：

（1）「騶忌」《御覽》七二六卜引「騶」作「鄒」。

（2）「閱」字《史記》同，《御覽》七二六引作「閔」，今本《國策》作「開」，《索隱》引《國策》作「閎」，未詳熟是。

（3）「令」字上《御覽》七二六引有「詐」字，「十」作「千」。王叔岷《斠證》云：「千字蓋誤」。

（4）「戰」字下《御覽》七二六引有「而」字，《國策》、《史記》同。

（5）「捕之」二字《御覽》七二六引作「捕焉（爲）卜者」。

（6）「遂」字下《御覽》七二六引有「率」字，無「襲」字。

案：本事見《國策》八齊一「成侯鄒忌爲齊相」章，《史記》四六《田完事家》。本則不見釋文本出注，《史記》繫於威王三十五年，在田忌敗魏於桂陵之後，從之。

十二

初，孫臏與龐涓俱學兵法。涓既事魏，〔得為〕惠王將（1），自以為能不及孫臏，乃陰使人召孫臏。孫臏至，以法刑之，斷其兩足。後齊使以為奇，竊載以之歸。田忌喜而客待之。田忌數與齊諸公子馳逐重射（2）。孫臏見其馬足不甚相遠，有上中下輩。於是臏謂田忌曰：「君弟重射（3），我能令君勝。」田忌信然之，與王及諸公子遂（4）射千金。臨質，孫臏曰：「取君之下駟與彼上駟，取君之上駟與彼中駟，取君之中駟與彼下駟。」既三輩畢，而田忌一不勝而再勝，田忌得千金。於是田忌進孫臏威王，王問兵法而師之。（《御覽》八九六・駟）

數與朔　**重射**食邪反，請以千金為質，輟馬力射（5）。　**君第**徒帝反　**桂**古惠反（6）　**臨質**致　（斯一四三九）

校記：

（1）此句恐有脫文，《史記》作「龐涓既事魏，得爲惠王將軍。」「魏」字下有「得爲」二字，是。

（2）《御覽》引有注云：「馳馬爭先，射重稱爲勝也。」「稱」字蓋「科」字之形譌，《事類賦》注二一馬引作「科」字是。《論語・八佾》「子曰：射不主皮，爲力不同科，古之道也。」馬融云：「爲力，爲力後之事也，亦有上中下三科焉。」皇疏：「古者役使人隨其強弱爲科品，使之有上中下三品。」蓋謂此「科」字。古者射有五善，此蓋謂以主皮分上下。歷來釋「重射」二字，說法紛紜《史記・索隱》以「好射」解，《考證》引董份曰：「『重射』謂以重相射，即下千金是也。」與釋文本注文合，張森楷謂「重射」爲「大射」（詳《稿本》六下頁6061）。余謂覈之孫臏所言「君弟重射，我能令君勝。」一語，釋文本及董份之說差善。

（3）「弟」字釋文本作「第」。《御覽》引「射」字下原有注云：「弟、但也，亦且也。『司馬長卿弟如臨邛』是也。」案：《史記》六五《索隱》亦云：「弟，但也。」又一一七〈司馬相如列傳〉敘文君之言有「長卿第俱如臨邛」，「第」《索隱》作「弟」，並引文穎曰:「弟,且也。」(《漢書》五七上〈司馬相如列傳〉師古注引文穎說同。)

(4)「遂」字《事類賦》注引作「逐」《史記》同,《正義》云:「隨逐而射,賭千金。」此處「遂」字亦可通,今姑存舊。

(5)「輟」字蓋假「綴」字,謂因馬而射。此注與《御覽》迥異,當非一人所注。

(6)「桂」字《御覽》所引及《史記》並無,此未詳可指。

案:本事見《史記》六五〈孫子吳起列傳〉、《史記》載此在孫臏從政之前,《後語》蓋先以繫年敘前則破魏軍事,此再用倒敘法明其原委,此則首有「初」字,即《後語》常例。

十三

刺髡七亦反 **之誹**夫未反(1) **直走**趣音,向也,赴也。 **蹶上將**上巨日反。魏武帝注《孫子兵書》:「蹶猶挫也。」(2) **并行**上卑正反、兼也。僉且或作險。謂一日行百廿里。山山沮同。(3) **析**託音、破木皮。《史記》作「斫」字。(4) **自剄**古挺反 (斯一四三九)

校記:

(1)本則敘齊田忌破魏軍於馬陵事。「刺髡」「之誹」二文,《史記》未見。《焦氏易林》十「睽」之「賁」云:「剠刖髡劓,人所殘弃;批捍之言,我心不快。」《後語》蓋據此,而「剠」作「刺」、「言」作「誹」。考前文桂陵之戰,《史記》云:「齊威王欲將孫臏,臏辭謝曰:『刑餘之人不可』於是乃以田忌爲將,而孫子爲師。」孫臏所言與《易林》意可通,唯《後語》挪置於馬陵之戰前耳。

(2)魏武帝云云,見《孫子》卷中〈軍事篇〉注。

(3)「僉且或作險」「山山沮同」二句恐有譌亂,疑不能解。又《孫子・軍事篇》:「卷甲而趨、日夜不處、倍道兼行。」李筌注云:「一日行一百二十里則爲倍道兼行。」

(4)「託」字蓋誤,疑不能解。

案:本則敘馬陵之戰,孫臏與龐涓鬥智事,詳《史記》六五〈孫子吳起列傳〉。〈田完世家〉繫此事於宣王二年,《後語》蓋據此。

十四

淳于髡曰:「夫鳥同翼者聚飛,而獸同足者俱行(1)**,各有儔也。」** (《御覽》九一四・鳥)

挹水於入反(2) (斯一四三九)

校記:

(1)「行」字吳師道引《後語》作「亡」。

（2）此注原文已佚，見《國策》。

案：本事見《國策》十齊三「淳于髡一日而見七士於宣王」章，此蓋繫於《史記》四六〈田完世家〉齊宣王十八年「宣王嘉文學游說之士」下。

十五

顏蠋（1），六國時齊人也（2）。宣王見之，謂曰：「蠋前！」蠋曰：「王前（3）！」宣王不悅。左右謂蠋曰：「何也？」對曰：「夫蠋前者為慕勢，王前為趨士；其使蠋為慕勢，不如王之趨士。」王忿然作色曰：「王貴乎？士貴乎？」對曰：「士貴。昔秦攻（4）齊，令曰：『有敢去柳下惠（3）之壠五十步採樵者，〔死不赦。』令曰：『有能得齊王頭者〕（6），封萬戶，賜千金。是言之，生王之頭不如死士之壠。』」宣王嘿然無言。　（伯二○七二・殘類書引）

顏蠋燭音，齊之高士。或作「僴」。　**壟**力重反　（斯一四三九）

校記：

（1）「顏蠋」，吳師道引《後語》作「王蠋」。案：今本《國策》作「顏斶」《高士傳》同，敦煌本《語對》〔十五〕高尚二八則作「王燭」《廣類林》二高士同，《後語》釋文本作「顏蠋」注文云「或作僴」，又諸祖耿《戰國策集注彙考》引《廣韻》：「歜，尺玉切。齊宣王時有高士顏歜，或作斶。」綜此「蠋」或作「斶」「燭」「蠋」「僴」「歜」，並以从蜀得音而相通；至於「王蠋」「王燭」另有其人，見《史記》八二〈田單列傳〉、《後語》九〔三一〕。《彙考》引朱起鳳說，以爲顏歜、王歜實是一人（詳頁 609），有待商榷。唯二人並齊國，皆高風厲節，易相混耳。

（2）此蓋非《後語》原文，參本卷〔五〕校。

（3）上文兩「前」字原作「知」，疑爲行草形近而誤，據下文及案語引書改正。

（4）「攻」字原形譌作「改」，據案語引書改正。

（5）「柳下惠」《國策》、《高士傳》作「柳下季」。

（6）「死不赦……頭者」十二字原無，下文云「生王之頭不如死士之壠」，則此段不能省，蓋抄者涉「者」字跳抄，今依《國策》補足文意。

案：本則承上亦敘宣王好士之事，見《國策》十一齊四「齊宣王見顏斶」章、皇甫謐《高士傳》卷中。

十六

田駢步田反，韋昭曰：「齊威王時遊於稷下」（1）。　**接子**上子葉反，《史記》曰：「齊人，齊〔稷〕下先生。」（2）　**慎到**《史記》曰：「趙人，齊禝（稷）下生，學黃老〔道〕德之述（術），著書十二論。」。

（斯一四三九）

校記：

(1) 韋昭云云今不可考，蓋所著《漢書音義》遺文，《漢志》：「田子二十五篇。名騈，齊人，游稷下，號天口騈。」由《史記・田完世家》、〈孟子荀卿列傳〉知田騈於宣王時爲稷下先生，襄王時已卒。

(2)「椄子」《史記・田完世家》作「接予」，〈孟子荀卿列傳〉作「接子」，梁玉繩《志疑》二四云：「案：『予』乃『子』字之誤」，王叔岷《斠證》說同（詳頁1712），此亦可證其說。

(3) 所引《史記》云云，見〈孟子荀卿列傳〉，下「愼到」條同。

案：本則蓋敘述宣王好文學遊說之士，見《史記》四六〈田完世家〉。

十七

薛靖郭君曰嬰(1)，嬖妾五月五日生子文，俗云：「此月(2)生子及戶，損其父。妾匿養之。文長，曰：「受命於天，受命於戶？必受於戶(3)，何不高其戶？」（《白帖》三・門戶）

靖郭靜　**愓而**舒亦反，驚也(4)。（斯一四三九）

校記：

(1) 鄭輯本以「曰」字下爲靖郭君所言，非。然此句亦非《後語》原貌，參本卷〔五〕、〔十五〕並此例。

(2) 鄭良樹云：「王輯本引白帖『月』作『日』」。案：「日」字蓋王謨以意改，作「月」字是。《史記・孟嘗君列傳》田嬰曰：「五月子者，長與戶齊，將不利其父母。」《後語》蓋據此。

(3)「必受於戶」句王氏據《白帖》，鄭輯據《合璧事類別集》十五並脫。案：王氏所據乃《白孔六帖》非《白帖》，今所見宋刻《白氏事類集》不脫。

(4)「愓而」二字《白帖》、《史記》並未見。「愓」字《廣韻》作「他歷切」，「舒亦反」蓋方音。《廣韻》「鬄」字與「愓」同音又與「釋」字同音，「釋、施隻切」正與「舒亦反」同音。「愓」字或亦如此，《廣韻》不收此音耳。

案：本則《白帖》所引頗簡略，詳《史記》七五〈孟嘗君列傳〉、《異苑》卷十（《御覽》三一・五月五日亦引），三者文字亦稍異。

十八

田文謂其父靖郭君曰：「君下(1)官蹈綺縠之衣，而士不得短褐。」

（《御覽》六八九・衣）

短褐（2）餘藏在浪反　（斯一四三九）

校記：

（1）「下」字《事類賦》十二衣注作「後」，《史記》同。案：《國策》十一齊四「管燕得罪齊王」章：「下官糅羅紈、曳綺縠，而士不得以爲緣。」鮑注：「下宮、後官下列。」

（2）「短褐」下疑脫釋文，又與「餘藏」誤合，《史記》七五〈孟嘗君列傳〉可證。

案：本則詳《史記》七五〈孟嘗君列傳〉，原文已佚大半。

十九

孟嘗君每待客坐語，屏風後常有侍吏，主記所與客語，知其親戚居處。客去後，使使謝餽（1），無所遺失。　（《御覽》七〇一・屏風）

餽與上巨愧反，餉。　掇食上張劣反（2）　（斯一四三九）

校記：

（1）「謝餽」釋文本作「餽與」。

（2）「掇」字《史記》作「輟」，「輟」「掇」正假字。

案：本則亦見《史記》卷同上則。

二十

木偶五口反、刻木為人形（1）。　（斯一四三九）

校記：

（1）「偶」字《史記》作「禺」，「禺」「偶」正俗字。

案：本則敘孟嘗君納諫不入秦事，見《國策》十齊三「孟嘗君將入秦」章，《史記》七五〈孟嘗君列傳〉、《說苑》九〈正諫〉。《國策》以蘇秦諫止之，吳師道引《後語》作「代」，與《史記》同，《後語》蓋據《史記》。

二一

田文，齊國孟嘗君也，豪俠當世，養客數千，智策謀謨，名震諸國。後因至趙，趙人先聞其名，競住觀囑（矚），乃見其俓（1）（脞）陋皃拙，諸人不覺一時大笑。田文乃怒，今士卒擊之，盡殪，遂即還返。　（《琱玉集》十四・醜人）

魁苦回反。魁，大貌。　妙小上名小反（2）　（斯一四三九）

校記：

（1）「侳」字《說文》訓「安」，此蓋「脞」字之形譌。《尚書》五〈益稷〉：「元首叢脞」、傳曰：「叢脞、細碎無大略。」《釋文》引馬融曰：「脞、小也。」

（2）「妙」字《史記》作「眇」，此並訓爲小意。《廣雅・釋詁》二「妙、小也。」

案：本則亦見《史記》七五〈孟嘗君列傳〉，繫湣王二十五年後。釋文本所出注並見《史記》，而《琱玉集》所引《後語》反無，此蓋《琱玉集》據《後語》文意修改而成，如「豪俠當世」以下四言對句，不似《後語》文筆，必後人潤飾無疑。

二二

登徒直姓登徒、直者當御事（1）。　**標賣**上卑遙反（2）　（斯一四三九）

校記：

（1）注文「登」字下衍「反」字，今依文意刪。

（2）《國策》云：「象牀之直千金，傷此若髮漂，賣妻息不足以償。」「漂」字此作「標」，《說文》六上：「標，木杪末也。」與髮並喻微小。姚宏引別本作「標」（黃丕烈刊本「標」誤爲「㯹」、點校本同。吳師道十卷本引不誤），諸氏《彙考》：「御覽四六七引、七〇六引並作髮標。」與《後語》同。

案：本則見《國策》卷十齊三「孟嘗君出行國至楚」章，《史記》本傳繫孟嘗君入秦在齊湣王二十五年，《後語》蓋從之。《國策》「小國所以皆致相印於君者」句，吳師道校「小國」引《後語》作「五國」，亦本則佚文。

二三

馮瑗（1）之薛，召諸民債者合券，券（2）既合，瑗乃矯孟嘗君之命，所債賜諸氏，因燒其券，民皆呼萬歲。　（《祖庭事苑》五・萬歲）

馮瑗謂孟嘗君曰：「聞狡兔有三穴（3）。」　（《御覽》九〇七・兔）

馮煖許袁反。《史記》作「馮驩」，音同。或作「湲（諼）」。　**人屬之欲食**寺音　**劍鋏**頰，或作挾同。鋏，劍鋒刄（4）。　**食之**寺音　**收責**莊賣反。謂放錢出物（5）。　**賈利**古音。商販曰賈。　**反田**田獵　**三堀**苦骨反　**復鑿**在洛反，傍穿。　（斯一四三九）

校記：

（1）「瑗」字下則《御覽》引、釋文本並作「煖」、《事類賦》注二三兔引作「諼」。此同偕聲偏旁、字相通假。《史記》作「驩」，《集解》云：「復作『煖』」，《索隱》云：「字或作『諼』」歧異與《後語》同。

（2）上兩「券」字原俗作「劵」，此據下文及《史記》改正。

（3）「穴」字釋文本作「堀」，《國策》作「窟」。案：《說文》十三下「堀，突也。」段注云：「突爲犬從穴中暫出，因謂穴中可居曰突，亦曰堀，俗字作窟。」釋本猶存本字也。

(4)《國策》鮑彪注云：「鋏，劍把也。」與此異釋。案：《文選》五左思〈吳都賦〉：「毛羣以齒角爲矛鋏」劉逵注：「刀身劍鋒，有長鋏、短鋏。」與釋文本同。

(5) 此注蓋有錯亂，《史記》有「貸錢者多不能與其息」，「貸」字即「放錢出物」，豈原有此注而相混亂耶？

案：本則敘馮煖事，見《國策》十一齊四「齊人有馮諼者」章，《史記》七五〈孟嘗君列傳〉，《國策》與《史記》頗不同，《後語》蓋據《國策》。

二四

譚拾子上徒南反。譚，國名，屬齊，拾是其大夫。 （斯一四三九）

案：本則蓋敘譚拾子說孟嘗君事，見《國策》十一齊四「孟嘗君逐於齊而復反」章。此在《史記》屬馮驩事，《國策》分屬二人，《後語》從之。

二五

補文上布戶 **血濺**子見反，謂以血迸射之。 **田瞀**茂昔。或作稽，誤。 **勝贅**或作蒙；贅音之稅反（1）。

校記：

(1)「勝贅」《國策》作「勝瞖」。又釋文「贅」字大寫，別立一注，今依其常例屬「勝贅」注。

案：本則見《國策》十齊三「孟嘗君讌坐」章。

二六

代（貸）之上他得反 （斯一四三九）

案：此蓋敘齊湣王三六年蘇代（《國策》作「秦」）說齊王伐宋事，見《史記》四六〈田完世家〉、《國策》十一齊四「蘇秦謂齊王」章。《史記》蘇代曰：「釋帝而貸之以伐桀宋之事」「貸之」二字疑即本則出注所據。

二七

盛血成 （斯一四三九）

案：此蓋倒述宋君偃無道之事，《史記》三八〈宋微子世家〉：「君偃十一年（〈六國年表〉齊湣王六年），自立爲王……，盛血以韋囊，縣而射之，命曰『射天』。」「盛血」疑此注所本。

二八

鄒魯《史記》音誅　（斯一四三九）

案：此蓋敘湣王三八年伐宋事，《史記》四六〈田完世家〉云：「泗上諸侯鄒魯之君皆稱臣」，「鄒魯」疑此注所本。

二九

供居共反（1）　**淖齒**卓　**洽衣**或作沾衣（2）　**地坼**丑白　**遂煞**試　（斯一四三九）

校記：

（1）《史記》四六〈田完世家〉齊湣王四十年：「衛君辟宮人舍之，稱臣而共具。」「共」蓋此注所本《後語》作「供」耳。

（2）《說文》十一上「洽、霑也。」，「洽」字今本《國策》作「沾」，與注文或作同。

案：本則敘湣王四十年燕、秦、楚、三晉伐齊，湣王奔，爲淖齒所煞事。事詳《史記》四六〈田完世家〉及《國策》十三齊六「齊負郭有孤狐咺者」章。《後語》合此二者。繫年蓋從《史記》在湣王四十年（《御覽》八七七，雨血引《國策》敘此事繫以「齊湣王三十一年」）。《國策》敘齊王答淖齒之言有三「不知」，吳師道曰：「春秋後語皆作『知之』，《通鑑》從之。」

三十

倚門於彼　（斯一四三九）

案：本則敘王孫賈刺殺淖齒事，詳《國策》十三齊六「王孫賈年十五事閔王」章。

三一

盡邑劉熙曰：「齊西近邑名也。」息忍反。或作「晝」非（1）。　**王僞**觸音，齊之忠臣（2）。　（斯一四三九）

校記：

（1）「盡」《史記》作「晝」，《說苑》作「蓋」。所引「劉熙曰」見《史記集解》引，作「齊西南近邑」，與此稍異。

（2）「僞」之《史記》作「蠋」，《說苑》作「歜」。

案：本則敘王僞高義事，見《史記》八二〈田單列傳〉、《說苑》四〈立節〉。

三二

燕王使騎劫代樂毅，〔樂毅〕奔走，士卒離心（1）。**田單乃令城中食者先**

祭祖先於庭中。飛鳥悉飛舞其上，或下啄其食。燕人皆怪之。（《御覽》九一四・鳥）

田單，田常之踈屬。守城拒燕軍（2）。乃夜取牛千頭，衣以絳繒，畫五綵龍文，束兵刃於其角，灌脂束葦□（於）其尾，燒其端。鑿城數十穴，夜縱牛，令壯士隨其後。牛尾熱，怒而奔燕軍。燕軍視之，皆龍文也，所觸皆死傷，遂復齊七十城。迎襄王〔於〕莒（3）而立之。封單為安（4）平侯（5）（《卷子改裝本蒙求》上「田單縱牛」）

田單守即墨，使老弱女子乘城上偽約降，燕軍皆呼萬歲。（《祖庭事苑》五・萬歲）

騎劫姑葉反　僇六　版插上百服反，下楚洽反。　編於上婢然反、補縫。　虜掠獲生□　束炬巨、束葦燒之。　炫爚上玄音，下羊略反，火光照（6）。　銜枚鄒衍云：「狀蕭（箸），口銜之，以繩繫兩頭，洽（結）耳項，以靜聲」（7）。　鼓譟先到反，眾聲。（斯一四三九）

校記：

（1）鄭輯本上二句作「奔趙王，卒離心。」「奔」字上疑脫「樂毅」二字之重疊符。「士」字原形譌作「壬」，《史記》三四《燕召公世家》：「使騎劫代將，樂毅亡走趙。」又八二〈田單列傳〉：「使騎劫代樂毅，樂毅因歸趙，燕人士卒忿。」茲據改正。

（2）上三句依文意在《御覽》引前。

（3）「莒」字原形譌作「筥」，此據《史記》八二〈田單列傳〉改正。

（4）「安」字原形譌作「女」，此據《史記》八二〈田單列傳〉改正。

（5）本則卷子改裝本《蒙求》「田單縱牛」條原引「志後語曰史記」「志」字爲「齊」字簡體形譌，即「春秋齊後語」也。「史記」二字乃後人不見《後語》原書，因旁注而竄入。今所見《蒙求》如龜田本、日本國會藏增廣本、徐子光補註本並改引《史記》，文字亦改從《史記》，如「田單，田常之踈屬。」龜田本、增廣本無，而徐註本改從《史記》作「田單，諸田疏屬也」。又「迎襄王於莒而立之」（「襄王」《後語》恐當作「王子法章」），《史記・田完世家》、〈田單列傳〉並以莒人共立法章爲襄王，非田單所立。此云「而立之」，猶存《後語》原貌。卷九〔三三〕斯二〇七二引《後語》「田單破燕軍，還復齊國，乃求王子法章，立爲齊王。」即其證。此所據乃《國策》十三齊六「齊負郭之民有孤孤咺者」章、《新序》三〈雜事〉，非《史記》。卷子改裝本「燕昭築臺」「齊后破環」並引《春秋後語》，而他本燕昭王事改從《史記》，齊后事改引《國策》，皆其例也。然釋文本所出注不見於此，蓋有節略耳。

（6）「爚」字《史記》作「耀」。案：「爚」字蓋「焲」字之俗，《說文》十上：「焲，火光也。」段注：「或借爲耀字。」

(7)《史記》八〈高祖本紀〉二世二年「秦益章邯兵，夜銜枚擊項梁。」《集解》云:「周禮有銜枚氏。鄭玄曰:『銜枚，止言語囂讙也。枚狀如箸，橫銜之，繣結於項者。』」本則引「鄒衍」云，蓋「鄭玄」之譌，「蕭」字蓋「箸」字之譌，「洽」字蓋「結」字之譌。

案:本則敘田單復國事，見《史記》八二本傳。又此事亦見胡曾《詠史詩》一「即墨」陳蓋注引，文字改易頗多，今附於此以備檢:(「〔　〕」此符號他處未用，此括號內疑爲衍文。)

昔燕噲〔王被齊〕湣王所殺，燕昭王次立，遣樂毅將兵伐齊。齊王〔遂率〕大兵掠之，被樂毅破之，王崩。毅得勝，阱陷齊七十城，唯莒與〔王〕〔曰〕即墨兩城未拔。齊公子田單乃保護太子，守於即墨，立爲王。燕將樂毅以單賢，不敢攻即墨，且收齊七十城，盡輸於燕。後昭王死，太子立，謚爲惠王。惠王信譖，乃疑樂毅猶未伐之。田單令人作貨於燕讚之:「齊人不怕樂毅，毅雖收七十城，而數年不敢圍即墨。」人(又)云:「我即畏騎劫。」惠王乃令騎劫將兵伐(代)毅，毅遂奔趨(趙)矣。騎劫至，縱兵攻即墨軍，〔即墨軍〕且不出戰，令人謂騎劫曰:「我齊人，惟怕燕人投〔降〕而割耳鼻，我不忍，當降。」騎劫信之，齊人益固不敢出之。又曰:「我人懼燕〔掘〕先入(人)墳墓，出骸骨鎚之，我不忍，當降。」騎劫不(又)信之，齊人益怒，老少皆〔欲〕出戰。乃令人告云:「欲降!」圖其不備，乃揀牛五千頭，束刀於角，五綵纏身，繫葦於尾，以火燒之。夜穿城，四面繫(擊)鼓威牛，牛奔而出於後。大破〔燕軍〕，燕軍斬騎劫。

三三

太史激(1)，六國時齊大夫(2)。齊被燕敗，齊被燕敗，齊王出奔。王子法章乃變姓名，投太史激家庸力，激女見其非凡，每竊衣食供給(3)，遂與私通。及田單破燕軍，還復齊國，乃求王子法章，立為齊王(4)，即以激女為皇后。太史曰:「女自嫁，汙吾種族，雖為王后，吾不忍見。」遂終身不與相見。(斯二〇七二，殘類書)

又

齊襄王之后，太史激之女。初，樂毅(5)屠齊，襄王出奔，為激家傭。激女奇其狀皃，竊衣食之，遂與之私通。後襄王復位，激女為后。(6)(《卷子改裝本蒙求》上・齊后破環)

太史激《史記》音「古弔反」，今古狄反。　**衣食**於既反，下寺。　**洿吾世**烏臥(7)(斯一四三九)

校記：

(1)「激」字《史記・田完世家》作「敫」《國策》六「齊閔王之遇殺」章同。〈田單列傳〉作「嬓」，姚宏引劉逵本作「徼」。《集解》引徐廣曰：「音躍，一音皎」。

(2) 上二句與《蒙求》所引前兩句並引書者所增，非《後語》原文。此事與上則田單事同時，依《後語》例，此當有「初」字，《蒙求》所引，猶存原貌也。

(3)「供給」二字《蒙求》引作「之」是，此蓋引書者以意改也。案：釋文本「衣食、於既反，下寺。」並作動詞解，謂與之衣，與之食，與《蒙求》文意合。《國策》、《史記》並作「衣食之」同。

(4)《史記・田完世家》、〈田單列傳〉、《國策》六「齊閔王之遇殺」章並以莒人立法章為襄王，與此異，說詳前則校 (5)。

(5)「毅」字原抄形誤作「殺」，今據《史記》改正。

(6)「后」字下尚有「破環」事，今依釋文本之序移置〔四〇〕。

(7)「洿」字前引作「汙」《國策》、《史記》同，二字通用。詳參卷九六校 (4)。

案：太史激事見《國策》十三齊六「齊閔王遇殺」章，《史記》四六〈田完世家〉、八二〈田單列傳〉。又《蒙求》所引與斯二〇七二互有詳略，姑並存之。

三四

淄水莊師　巖下五咸反，岸礎下。　食寺　（斯一四三九）

案：本則敘齊襄王疑田單事，見《國策》十三齊六「燕攻齊齊破」章。（斯一四三九）

三五

貂勃常惡田單曰：「安平君，小人也。」安平君聞之，故為酒而召貂勃，曰：「單何以得罪於先生，常見惡〔乎〕(1)？」貂勃曰：「然，跖之狗吠堯 (2)，非貴跖而賤堯，狗自吠非其主也 (3)。且公孫子賢而徐子不肖，然而公孫子與徐子鬪、徐子之狗攫公孫子之腓而噬之 (4)。若乃得去不肖 (5)，為賢者狗，豈特攫而噬之哉？」安平君曰：「敬聞命矣！」明日單任之於王 (6)。（《御覽》九〇四・狗上）

貂勃丁遼反　蹠之犬之石反，盜跖。　吠堯扶廢反　攫公孫居縛　之腓肥音，脛內肉　啞誓　（斯一四三九）

校記：

(1) 上文《事類賦》注二三狗引作「貂勃常惡田單於朝，單召而問之……」「於朝」二字《御覽》引未見，此或據《國策》「常見譽於朝」而改耳。

(2)「跖」字釋文本作「蹠」，「跖」「蹠」古通用；「狗」作「犬」。又「狗」字下《事類賦》注引有「可使」二字。

(3)「也」字《事類賦》注引作「者」。

(4)「子」字《御覽》引原無，今據上下文及《事類賦》注引補。又「攫」字《國策》同，釋文本作「擢」，《說文》十二上「擢，爪持也。」《集韻》九「燭」：「擢，或作攫」。二字蓋通用。然「居縛」乃「攫」字之反切（見《廣韻》五「藥」及《御覽》原注，則注者所據或本作「攫」，後以傳鈔而省耳）。又「噬」字釋文本作「啞」，「啞」蓋「噬」之省譌。《御覽》引「之」字下原有注云：「獸以足曰攫，攫者居縛切。腓、腨腸也，音肥。噬、囓也。」

(5)《事類賦》注引無「得」字，「肖」字下有「而」字。

(6)「任」字上《事類賦》注引有「乃」字，「之」字作「貂勃」。

案：本則敘貂勃惡田單事，見《國策》十三齊六「貂勃常惡田單」章。

三六

惡得烏　**單與**余　**之闢**扶亦反　**惴惴**之瑞反、恐懼。　**棧道**士板反　**劇**巨逆(1)　（斯一四三九）

校記：

(1)《國策》「益封安平君以夜邑萬戶」，姚校云：「『夜』一作『劇』」，釋文本與姚校一本合。

案：本則承上亦屬貂勃事，《國策》同屬一章，今以原文亡佚，敘事不同，析爲二。《國策》「闔城陽而王」吳師道補曰：「春秋後語『闔』作『舍』」，亦本則佚文。

三七

秦攻趙長平，齊、楚救之。趙人無食，請粟於齊，齊欲勿與。周子曰：「不如與之以退秦兵，不與則秦兵不卻，是秦之計中而齊、楚之計過也。且趙之於齊、楚，桿蔽也，猶齒之於脣，脣亡則齒寒。今日亡趙，明日患及齊、楚。是故趙之務，宜若奉漏甕、沃燋釜也。夫救趙，高義；卻秦兵、顯名也。義救亡國，威卻強秦之兵。不務此而務愛粟，為國計者過矣。」齊王不聽。秦破趙於長平，遂圍邯鄲焉。　（《御覽》三二五・乞師）

相倍步昧(1)　**漏甕**烏貢　（斯一四三九）

校記：

（1）「相倍」二字未詳何指，《史記》敘此前有「親則退兵，不親遂攻之。」或謂此「不親」二字。

案：本則見《國策》九齊二「秦攻趙長平」章，《史記》四六〈田完世家〉、《史記》繫此年於王建六年。

三八

拒全巨　反外飜　墠場上善音，大除地於中為壇（1）　忿悁烏玄　（斯一四三九）

校記：

（1）「墠場」《史記》作「壇坫」，「墠」「壇」古多通用，「場」爲「場」字之俗，言祭場也。《史記》十《文帝紀》十四年：「其廣增諸祀墠場珪幣」「墠場 J 同此。《考證》於「壇坫」句下云：「中井積德曰：『壇坫』之『坫』字，以類帶說耳。只是謂壇上也。『坫』字無意。」蓋是，此亦可爲佐證。

案：本則敘魯仲連遺燕將書事。見《國策》十三齊六「燕攻齊取七十餘城」章、《史記》八三〈魯仲連列傳〉。釋文本所出注，多與《史記》同，蓋據《史記》也。

三九

攻狄《漢書》云：「田儋，狄人。」羊（韋）昭：「縣，屬千乘。」即是邑名（1）。織簣巨伍反、土籠（2）。　杖插楚洽反　之俸扶共反、祿。　之慮意所思慮　淄繩（3）下食升反、水〔名〕、出齊地。援桴上爰音，下浮，打鼓椎。　（斯一四三九）

校記：

（1）《漢書》三三〈田儋傳〉：「田儋，狄人也。」師古曰：「狄、縣名也，地理志屬千乘。」釋文本引韋昭云云，蓋所著《漢書音義》也，師古承之而不標其名耳。（案：韋昭《漢書音義》七卷，見《隋志》二、《舊唐志》上、《新唐志》二，今亡。顏師古漢書敘例所列諸家注釋亦有之）。

（2）「簣」字《國策》、《說苑》並作「蕢」，蕢爲草器，與此異。

（3）「繩」字《國策》、《說苑》作「澠」。

案：本則敘田單攻狄事，見《國策》十三齊六「田單將攻狄」章、《說苑》十五〈指武〉。

四十

秦始皇聞齊后賢，嘗使遺之連環，曰：「齊人多智，能解此乎？」后以示

群臣，莫能解，乃引椎破之，謝秦使曰：「謹以解矣！」使者(1)以報，始皇壯其志，益不敢謀齊。　（《御覽》六九二・環）

椎直隹　於共居凶反，今汲郡恭成懸是（2）。　（斯一四三九）

校記：

（1）「使者」二字《御覽》引無，文意欠順。今據《蒙求》上「齊后破環」引補。

（2）「於兵」二字指《史記》四六〈田完世家〉齊王建四四年「王建遂降，遷於共。」事「恭成懸」蓋「共城縣」之譌。《正義》云：「今衛州共城縣也」是。《舊唐書》三九〈地理〉二：「衛州望、隋汲郡，本治衛縣。武德元年，改為衛州……貞觀元年，州移治於汲縣，又廢殷州，以共城、新鄉、博望三縣來屬……天寶元年，改為汲郡。乾元元年，復為衛州。」是唐代多稱衛州，獨於天寶元年（742）至乾元元年（758）稱衛州為汲郡，張守節《正義》序於開元二十四年八月（736），宜其稱「衛州共城縣」也。又「共城」漢至隋並稱「共縣」，唐武德元年始稱「共城縣」（並詳《舊唐書・地理志》二），則釋文稱「今汲郡恭成懸」，宜在天寶元年至乾元元年問世。

案：本則敘君王后事，及君王后死後齊滅，齊王建遷於共事，詳《國策》十三齊六「齊閔王之遇殺」章、《史記》四六〈田完世家〉、《史記》繫於王建四十四年，《後語》蓋據此。然齊后卒於王建十六年，此例敘其事，《御覽》引前蓋有「初」字也。

〈燕語〉卷第十

一

朝鮮潮。地理志：「樂浪郡」大汕水與海通潮，故曰朝鮮。（1） **呼池**徒何（2） **東垣**袁（斯一四三九）

校記：

（1）「郡」字原形譌作「部」，據《漢書》二八下〈地理志〉改正。「汕」字原作「仙」，原悉旁改作「汕」，從之。《史記》一一五〈朝鮮列傳〉《集解》引張晏曰：「朝鮮有濕水、洌水、汕水，三水合爲洌水，疑樂浪、朝鮮取名於此也。」又《索隱》云：「朝音潮，直驕反。鮮音仙。以有汕水，故名也。」二家只述「鮮」字得名之由，未見「朝」字（說已見張森楷《史記新校注稿》六稿下頁 6391）《後語》釋文兼釋之。

（2）「呼池」《史記》作「嘑沱」。案：《國策》「嘑」亦作「呼」、「嘑」「呼」古今字。又《廣韻》下平歌韻：「池，虖池，水名，在并州界。出《周禮》。」與此同。

案：本則蓋敘蘇秦說燕文侯（侯字燕召公世家年表並作公）事，詳《國策》二九燕一「蘇秦將爲從北說燕文侯」章，《史記》六九〈蘇秦列傳〉。《史記三四〈燕召公世家〉》繫此事於文公二八年。

二

蘇秦如齊，見王，拜而慶，仰而吊。齊王曰：「是何慶吊相隨而速速也。」蘇秦曰：「臣聞飢人之所以不食烏喙者，以為雖充腹而與死人同患也（1），今燕雖弱小，秦王之女婿。大王利其十城而長與強秦為仇。今使弱燕為鴈行而強秦繼推其後，是食烏喙之類也。」（《御覽》九九〇附子）

烏喙許穢反。《本草》名烏頭。 **偷充**（2）**腹**《史記》本作「愈充腹」 **鴈行**戶郎反 **愀然**在酉反，色變貌。 （斯一四三九）

校記：

（1）《御覽》引原有注云：「烏喙，毒藥，與烏頭、附子同本也。飢人食之，雖充腹而死也。喙音許穢反。」

（2）「充」字原形譌作「光」今從原卷旁改改正。

案：本事亦見《國策》十九燕一「燕文公時」章，《史記・蘇秦列傳》。由釋文知尚有「齊王愀然變色」云云，今佚。王輯本、鄭輯本並以此爲〈齊語〉，此未見釋文本也，今正，後文〔四〕並同此。

三

左右賣言東西賣弄　佯僵羊　（斯一四三九）

案：本則敘蘇秦在燕被讒，因說易王事。見《國策》二九燕一「人有惡蘇秦於燕王者」章、《史記》本傳。

四

蘇秦在齊，齊大夫多與爭寵，而使人刺之，不殊而走（1）。齊王求賊，不得。蘇秦將死，乃謂王曰：「臣死之後，王車裂臣殉於市，曰：『蘇秦為燕作亂於齊如此。』則刺臣之賊必得矣。」齊王如其言，殺蘇秦者果自出，齊王因而誅之。（《御覽》八二七市）

王噲快（2）　不死殊裴駰云：「『不死殊而去』者，蘇秦雖不即死，然是死創，故云『殊』」（2）（斯一四三九）

校記：

（1）《御覽》引原有注云：「殊，絕。」。又「不殊」二字釋文本作「不死殊」與《史記》同。

（2）《史記》載此事前有「燕易王卒，燕噲立爲王。」《後語》蓋亦有之，今佚耳。

（3）此注文原錯亂譌脫，原有四小行，今錄於此「裴駰云不死殊而去」「者蘊然是死創故」「云殊風俗殊秦」「雖不即死：形也」今依《史記集解》乙正，然「風俗殊」「死形也」六字無所屬，《集解》前有引《風俗通義》云云，或其殘文，今姑存疑。

案：本事見《史記》六九儀本傳、《御覽》六三三賞賜引《說苑》佚文。

五

鉏耨（1）上士居反，下奴豆反。　蓄聚上丑六反　嚮（南）首狩音，向也。　惡所烏　數戰朔　清濟子禮反　鉅防拒，下扶放。　（斯一四三九）

校記：

（1）「鉏」字原形譌作「鈉」，此據原卷旁寫改。

案：本則敘蘇代欲承蘇秦，因說燕王事。見《國策》二九燕一「蘇秦死其弟蘇代欲維之」章、《史記》六九〈蘇秦列傳〉。

六

蘇代欲見齊王，齊王怨蘇秦，欲困蘇代，不肯見代(1)。代乃說淳于髡曰：「人有賣駿馬者(2)，比三旦立於市，人莫知之。往見伯樂曰：『臣有駿馬，欲賣之，比三旦立於市，人莫與言，願子還而視之(3)，去而顧之，臣請獻一朝之價。』伯樂乃如其言，一旦而馬價十倍。今臣欲以駿馬見於王，莫為臣先後(4)，足下有意為臣伯樂乎？請獻白璧一雙，黃金十溢(5)，以為馬食(6)。」淳于髡曰：「謹聞命矣。」入言之於王而見之，王果善蘇代矣。（《御覽》八九六馬四）

還而放（旋）音，迴澆（繞）而領（顧）。先後眉見反，謂道引。（斯一四三九）

校記：

（1）鄭良樹云：「事文類聚（後集三八）、合璧事類（別集八一）引『肯』並作『說』。」

（2）「馬」字下《御覽》引原有「欲賣之」三字，無「者」字，此蓋涉次行「臣有駿馬欲賣之」而衍。鄭良樹云：「事文類聚、合璧事類、韻府群玉（十一）引並作『人有賣駿馬者』」據改正。鄭氏又以天中記五五（原誤五四）馬所引與御覽同，實非。天中記作「人有駿馬欲賣之」「有」字下無「賣」字，此實襲抄《事類賦》二一馬所引，此二者並省下文「臣有駿馬欲賣之」七字，因挪至於前，故無「賣」字。

（3）「之」字下《御覽》引原有「如旋」二字，此蓋釋文錯入本文，「還」即音「旋」，釋文本云「迴繞而顧」者是，「如旋」與此意重，今據前引諸類書刪。

（4）《御覽》引原有注云：「先後，導引也。」此注先寫本文，後寫釋文，猶存釋文本之芻形。今所殘存《後語》諸寫本，本文與釋文皆不合鈔，《御覽》所據原本蓋亦如此。

（5）「溢」字《事類賦》注引作「鎰」，「溢」「鎰」正假字，古相通用。又「十」《國策》作「千」；王念孫《雜志》二之三：「念孫案：〈秦策〉言『白璧百雙，萬金萬溢。』此獻白璧一雙，則黃金不得有千溢之多，且與下『以爲馬食』之意不合。《太平御覽・獸部》引此『千』作『十』，於義爲長。」蓋是。此所稱《御覽》引即《後語》。

（6）《御覽》引原有注：「不斥言人欲，云爲馬之芻草。」上句文意略不明，《事類賦》注引並出注云：「馬食，不欲斥言之。」《天中記》引同，蓋是。

案：本事見《國策》三〇燕二「蘇代爲燕說齊」章，前四句《國策》無，《史記》六九〈蘇秦列傳〉：「蘇厲因燕質子而求見齊王，齊王怨蘇秦，欲囚蘇厲。」《史記》敘此在蘇代欲襲兄故事說燕王之後，可知《後語》敘事之次即據此，而以《國策》補入，因改「蘇厲」作「蘇代」耳。「不肯見代」句二書並無，蓋孔衍據此二文所補。

七

其霸布嫁　**貴重主斷**丁亂　（斯一四三九）

案：本則敘蘇代貴子之於燕王噲事，「其霸」蓋指《史記‧蘇秦傳》燕王噲問代「齊王其霸乎？」句，「貴重主斷」蓋指《國策》二九「燕王噲既立」章、《史記》三四〈燕世家〉「子之相燕，貴重主斷。」句。《國策》、《史記》三四並以「貴重主斷」在蘇代說燕王之前，《後語》蓋乙倒其事。事又見《韓非子》十四〈外儲說右下〉三（二則）、《國策》二九「初蘇秦弟厲因燕質子而求見齊王」章。

八

屯壽上張倫反，或作「廣屯」。（1）　**屬國**燭音，託寄。　（斯一四三九）

校記：

（1）「屯壽」《通鑑》三慎靚王五年注引劉伯莊曰：「春秋後語作『唐毛壽』」。《史記》三四《索隱》引《後語》作「厝毛壽」，釋文本云或作「廣屯」。《國策》、《史記》並作「鹿毛壽」，《集解》引徐廣曰：「一作『厝毛』」。《韓非子》作「潘壽」名多歧異。

案：本則敘鹿毛壽說王噲讓國事，詳見《韓非子》十四〈外儲說右下〉說三（二則）、《國策》二九燕一「燕王噲既立」章、《史記》三四〈燕世家〉。

九

市被扶彼反，漢有五被。（1）　**恫**怨通音　（斯一四三九）

校記：

（1）「五被」蓋指「伍被」，見《漢書》四五伍被本傳。注者引此蓋謂其音同。然師古注云：「被，音皮義反。」與此異。（《廣韻》收此二音一在「講」韻，一在「寘」韻。）

案：本則承上敘子之當國，燕大亂，齊破燕事。見同上則案語。

十

燕昭王即位，單身厚幣以禮賢者。郭傀曰：「宜先尊傀，賢於傀者豈遠千里！」於是築臺而師事傀。樂毅自魏而往，鄒衍自齊往，劇辛自趙而往。遂破齊。　（卷子改裝本《蒙求》上）

又

昔燕噲王被齊大王所殺，燕昭王次立，乃謂大臣曰：「安得賢士與同大，以報先王之〔恥〕。」郭隗曰：「王能築臺於碣石山前，尊隗為玄王即（師），天下賢士以王好賢，必自至也。」王如其言，作此臺，多以金玉崇之，號黃

金臺（1）。樂毅聞之，自雒而往，鄒衍自齊而往，劇辛自趙而往，天下賢士並湊於燕。　（胡曾《詠史詩》一「黃金臺」陳蓋注）

郭隗五罪反　走燕趣音，向。（2）　（斯一四三九）

校記：

（1）「黃金臺」之說《國策》、《史記》、《說苑》、《新序》並未見。《御覽》一七七臺上引《史記》佚文：「燕昭王置千金於臺上，以延天下士，謂之黃金臺。」稍不同，今存疑。餘說詳見明董說《七國考》繆文遠《訂補》卷四燕宮室「黃金臺」「小金臺」「金臺」諸條。（頁 384、385）。又陳蓋所引「黃金臺」下有「已尊隗爲賢，隗賢（實）不賢，以招天下賢士也。」十六字，與上下文不相連屬，蓋陳氏所補注說明者，今刪去。

（2）「走燕趣音向」五字原並屬上注小字，此鈔者誤合，今依其文意析出。《史記》三四〈燕世家〉有「士爭趨燕」「趨燕」此作「走燕」也。本書卷八齊語十三「直走，趣音，向也，赴也。」「直走」《史記》作「直趣」，例並同此。又《新序》三雜事敘此亦作「士爭走燕」益可爲證。

案：本事又見《國策》二九燕一「燕昭王收破燕後即位」章、《史記》三四〈燕世家〉、《說苑》一〈君道〉、《新序》三〈雜事〉。右二則所敘內容差異頗大，今並存之。陳蓋所引如「齊大王」，即指「齊湣王」；「與同大」，《史記》作「與共國」；此皆改《後語》文字爲俗俚語，張政烺所謂「皆雜以俚語不盡原文」者謂此。（張政烺《講史與詠史詩》中研院史語所集刊十頁 621）

十一

狼顧郎　齊紫徐廣曰：「下敗素口染以為紫。」（1）　如桃徒了反　接收上子葉反　脫躧所解反　石交《史記》作「厚交」。　（斯一四三九）

校記：

（1）《集解》引徐廣曰：「取敗素染以爲紫。」

案：本則敘蘇代爲宋遺燕昭王書事，見《國策》二九燕一「齊伐宋宋急」章、《史記》六九〈蘇秦列傳〉。

十二

趙（1）將伐燕，蘇代為燕說趙王曰：「今者臣來，過小水（2），見小蚌方出暴（3），而鷸啄其肉，蚌合而挾其啄（4）。鷸曰：『今日不雨，明日不雨，必見蚌脯（5）。』蚌亦謂鷸曰：『今日不出，明日不出，必見死鷸。』兩不相捨。

漁父得而併擒之。今趙且伐燕，燕趙久(6)相支，以弊其眾，臣恐強秦之(7)為漁父也，故願大王熟計之。」趙王於是(8)乃止。　（《御覽》九四一蚌）

蜯步項反　鷸聿，水鳥。翠形、青色、膺赤。　而挾頰，又夾。　擒之禽　（斯一四三九）

校記：

(1)「趙」字上原有「齊」字。案：《止觀輔行傳宏決》五之四、《弘決外典鈔》三、《涅槃玄義發源機要》三引並無，《國策》同；且下文云「今趙且伐燕」亦無「齊」字。知「齊」字衍，據刪。

(2)「小水」二字《涅槃玄義發源機要》引同，《國策》作「易水」。王、鄭二輯本輯此則亦據《御覽》，而「小」作「易」，未知所據。

(3)《涅槃玄義發源機要》引無「小」字，「蜯」作「蚌」。又上三句《輔行傳宏決》引作「今者目從外來，遇小水蚌方出暴。」文略異，《外典鈔》引同，唯「蚌」作「蜯」，「暴」作「曝」，無「水」字。案：「蜯」「蚌」古通用，「曝」為「暴」之後起俗字。

(4)「挾」字《外典鈔》引同；《輔行傳宏決》、《涅槃玄義發源機要》引並作「夾」，與釋文本注文「又夾」合。《國策》作「拑」。又《御覽》引原有注云：「喙，口也。上『喙其肉』音張角切；下『喙』音許穢切。」

(5) 姚宏引《後語》「必見死蚌脯」，「死」字衍。王念孫《讀書雜志》二之三「即有死蚌」條注文引《御覽・鱗介部》、《止觀輔行傳宏決》證之云：「姚所見本作『必見死蚌脯』，多一『死』字者，又宋人據誤本《戰國策》加之也。」其說是。

(6)「久」字校（1）所引三書並無。

(7)「之」字校（1）所引三書並無。

(8)「於是」二字與「乃」字意重，校（1）所引三書並無「於是」二字，蓋是。

案：本書亦見《國策》三十燕二「趙且代燕」章。

十三

燕昭王使樂毅伐齊，下七十城，唯即墨與莒未拔。齊用田單計，燕敗。（《太平寰宇記》十九河南道長清縣）

又

王乃以樂毅為將，伐齊，六旬之內，大破十城，殺閔王於陣上。齊太子與田單東走即墨矣。　（胡曾《詠史詩》一「黃金臺」陳蓋注）

啗秦徐廣曰：「嚪，謂進說之意。」音徒濫反。(1)　分魏上扶問反，謂處分指畫　懟對直愧反，怒。　濟上子禮反(2)　勞軍力到反(3)　侵掠力上（六）(4)　阿鄄居變反，今云東河（阿）鄄。　王燭之欲反，或作僪同。　呼吸許及反　剹之上六音，煞也，從刀。若「勠力」字從力。　巨

怵思律反，誘其郭說。(5)　**亂沮**慈與反，敗亂。　（斯一四三九）

校記：

(1) 注文「意」字原卷無，蓋涉「音」字而奪，今據《史記》八十《集解》引補。

(2)「濟」字原作「齊」，此音注「子禮反」，即指「濟水」而言，今據《史記》改正。

(3)「勞軍力到反」五字原並屬上注小字，今據《史記》「燕昭王大說，親自濟上勞軍……」云云析出。

(4)「王燭」即「王蠋」，《史記》一見（〈田單列傳〉）、《國策》無，《後語》卷九〈齊語〉三作「王僪」。

(5)「誘其郭說」句恐有譌誤，「怵」借爲「訹」，《說文》三上「訹，誘也。」

案：本則所敘多不詳所出，「啗秦」至「勞軍」蓋敘樂毅攻齊事，見《史記》八十《樂毅列傳》，而「分魏」「怨懟」二注未見所出。「侵掠」以下，未可考，蓋亦敘樂毅耶？

十四

秦欲攻安邑，恐齊救之，則以宋委於齊，曰：「宋王無道，為木人以像寡人，射其面。寡人地絕兵遠，不能攻也。王苟能破宋有之，寡人如自得之。」(1)　（《御覽》三九六偶像）

得枳巴郡有枳縣，音君爾反，(2)　**於汶**己貧反，江水出汶山，故號汶山（江）。(3)　**五渚**《戰國策》曰：「秦與荊人戰，大破荊軍，襲郢，取洞庭，五渚。」。**洲：**洲也，在洞庭左右。《春申君傳》：「越王會（禽）吳王三渚之浦。」此謂三江之浦，在吳地。(4)　**少曲**上式照反，地名。　**盡流**(5)**女戟**地名　**太原卷**去員反　**銛戈**上息廉反，利也。或作「錟」，音羊冉反。(6)　**宿胥**徐廣：「《紀年》曰：『魏救中山塞集宿胥之口。』」(7)　**虛頓丘**徐廣曰：「秦始皇取魏酸棗，燕虛，長平之地。」(8)　**踐阝亢陵**(9)**知**或作制(10)　**龍賈**《史記》：「魏襄王五〔年，秦〕廢我龍賈軍」是也。姓龍名賈，將軍。(11)　**岸門**韓宣惠王十九年，秦破我軍於岸門。岸門，地名。(12)　**封陵**魏襄王十九年，秦拔我封陵。封陵，地名。(13)　**高商**　**趙壯**裴駰云：「此戰趙壯不見出。」(14)　（斯一四三九）

校記：

(1) 王、鄭二本並以此爲〈秦語〉，此乃蘇代約燕王之言，今置諸釋文之前。

(2)「巴郡有枳縣」見《集解》引徐廣曰。

(3)《索隱》云：「即江所出之岷山也」，「汶山」即「岷山」，此以「汶」爲水名，與《索隱》爲山名異。鮑彪云：「汶江水出岷山」說同此。

(4) 注引《國策》云云，全據《集解》引徐廣曰，今本無「軍」字（案：此出《國策》三秦一「張儀說秦王」章，亦無「軍」字。）。又「二洲：洲也」當有譌誤，《索隱》

云：「五渚，五處洲渚也。」。又引〈春申君傳〉云云，今本作「吳之信越也，從而伐齊，既勝齊人於艾陵，還爲越王禽三渚之浦。」《集解》引《戰國策》曰：「三江之浦。」。

(5)「盡流」下恐脫釋文，而與下則注文誤合，《史記》作「盡縣」。

(6)「銛」字《史記》作「錟」，王叔岷云：「『銛』『錟』正假字。」說詳《斠證》頁 2224。

(7) 徐廣曰云云，見《集解》引。「中」字疑衍，今本作：「紀年云：魏救山塞集胥口。」

(8)「燕」字原作「無」。《史記》云「決宿胥之口，魏無虛，頓丘。」蓋誤以「無虛」爲地名，今據《史記集解》引改正。

(9)「陵」字下疑脫釋文，又誤合下則注。「踐阞陵」《史記》作「殘均陵」《國策》同。

(10) 此蓋指《國策》「用兵如刺蜚，母不能制，舅不能約。」「制」字，《後語》作「知」也。

(11) 引《史記》見〈魏世家〉。此蓋據《集解》，下二注並同。

(12) 事載《史記・韓世家》。

(13)「十九」年蓋「十六」年之誤，《集解》云：「魏哀王十六年，秦敗我封陵。」是，〈魏世家〉同，又《史記》所載魏有惠王、襄王、哀王，《竹書紀年》以哀王爲襄王，而《史記》之襄王爲惠王後元，故注文所稱襄王，或則有據，未必誤也。

(14)「壯」《史記》、《國策》並作「莊」。《集解》於「高商之戰」下云：「此戰事不見。」；「趙莊之戰」下云：「趙肅侯二十二年，趙莊與秦戰敗，秦殺趙莊河西。」此蓋《後語》釋文本作者誤合《集解》於《史記》本文，故有此謬誤。

案：本則蘇代止燕昭王勿入秦語，見《國策》三十燕二「秦召燕王」章、《史記》六九〈蘇秦列傳〉，釋文所出多據《集解》，蓋當時《史記》通行本也。

十五

曝露步卜　**亞卿**或作「客卿」　**僅以**巨斬反　**珍器**或作「練器」　**元英**於京反　**磨室**史記音歷，服虔曰：「齊南歷城。」張晏曰：「磨，山名，然別城中有宮，故得返舊處。」(1)　**曼臺**史記作「寧臺」。　**薊丘**計　**之鸖**史記：「薊丘之鸖，植於汶篁。」(2)　**汶篁**上問；皇（篁），竹聚生，徐廣曰：「謂燕之壃界移於齊之汶水。」(3)　**慊於志**上苦簟反，愜也，當也。或作「愴」、「慊」同。服虔曰：「人相匿蒲之匡滿。」(4)　**不頓**頓猶挫辱　**慎庶孽**上市忍，下迎竭。　**施及**羊智　**鴟夷**昌之反。以馬革如樹（榼）形，盛屍，投之於江。(5)　**而不化**化，變。　**毀辱**史記音□作辱，音越，訓輕。(6)　**誹謗**上甫吠反，腹內非之。　**樂間**閒　**為昌國**地各（名），屬齊。(7)　（斯一四三九）

校記：

(1)「磨」字蓋「磿」字之譌（說見梁氏《志疑》〈高祖功臣年表〉「磿侯」條），《史記》

作「磿」，《集解》引徐廣曰：「磿，歷也。」。注文引服虔，張晏云云，今未見。服虔有《漢書音訓》、張晏有《漢書注》，師古注《漢書》所引亦未見。

(2)「鸖」字不可解，今本《史記》、《國策》、《新序》並作「植」字。

(3) 徐廣云云見《史記集解》引。

(4)《史記》「嗛」作「慊」，《索隱》云：「作嗛」（作字上當有「或」字），與此合。王叔岷《斠證》云：「荀子正名篇楊注引慊作嗛（非十二子篇引同）……慊、嗛並愿之借字，說文：『愿，快也。』今字作愜。」釋文本云或作「愴」同，「愴」《說文》十下訓傷，與「愜」字意舛，疑涉「慊」字而衍。服虔云云，蓋其《漢書音訓》文，文辭恐有譌亂。

(5)《史記》六六〈伍子胥列傳〉：「乃取子胥尸盛以鴟夷革，浮之江中。」《集解》引應劭曰：「取馬革爲鴟夷，鴟夷，榼形。」

(6) 釋文恐有譌脫，今不可解。

(7)《史記》四三〈趙世家〉惠文二五年「燕周將，攻昌城。」《集解》引徐廣曰：「屬齊郡。」

案：本則敘燕惠王與樂毅以書對答事，見《國策》三十燕二「昌國君樂毅爲燕昭王合五國三兵而攻齊」章，《史記》八十〈樂毅列傳〉、《新序》三〈雜事〉。

十六

鄗鄉上火各反(1)　**慶奏**軍將姓名(2)　**飲人之主**於榮　**將渠**燕將姓名　**王蹵**七六反，蹋。　（斯一四三九）

校記：

(1)「鄉」字《國策》、《史記》並無，《史記》「慶秦」作「卿秦」，此蓋涉《史記》而衍，又譌爲「鄉」字。作釋文者所據已如此，今存舊。

(2)「秦」字原卷譌作「泰」，今據《國策》、《史記》改正。吳師道引《後語》作「慶奉」，蓋亦形近之譌。又注文「軍」字恐「燕」字之譌當如下文注「將渠、燕將姓名。」之例。

案：本則敘燕王喜攻趙事，見《史記》三四〈燕世家〉，《史記》繫於王喜四年，《後語》蓋據此。又略見《國策》燕三「燕王喜使栗腹以百金爲趙孝成王壽」章。

十七

荊軻謂樊於期曰：「願得將軍之首以獻秦王，秦王必喜而見臣，臣左手把其袖，右手揕其胷。」　（《御覽》三七一胸）

燕太子丹豫求天下名(1)利匕首，得趙人徐夫匕首，取之百金，使工以藥淬之，以試人，血濡縷，無不立死者。(2)　（《御覽》三七五血）

荊軻將行，太子及賓客知其事者二十餘人(3)，皆白衣冠以送之。至易水之上，既祖取道，高漸離擊筑，荊軻和歌，為濮上聲(4)，士皆流涕。　（《御覽》四八八涕）

鞠武上之六反　**批其逆鱗**上普迷反，又普結反，撥動也，或「挑」字。《韓子》：「驪龍頷下有逆鱗，撥動立〔殺人〕。」，舟書無故聯犯皇作怒。(5)　**於期**其反音(6)　**謂委肉**於為(7)　**構單于**上古豆反，連也；或音古侯反，列也。單于，骨（匈）奴號。　**惛然**昬音，或作「焰」非。　**俛而笑**俯音(8)　**僂而行**上力勾反，曲身者示敬受命。　**距障濮**上章，下業。(9)　**數困**朔　**視以**古示字，或作「規」非。(10)　**其贄**至音　**曹沫**音昧；左傳作「劌」，居衛反。　**擅兵**市戰反(11)　**購之**上古豆反　**督亢**徐廣曰：「方城縣有督亢亭。」《別錄》劉向曰：「督亢，膏臾之地。」名（亢）音古郎反。(12)　**涕泣**他禮反　**揕其匈**《史記》音「苦感反」，徐廣音「丁鴆反」。字或作「梲」。請以劍刺其匈也。(13)　**扼捥**烏革反，下烏翫。　**腑心**撫(14)　**徐夫人**一作「陳」　**藥淬**七對反，劍刃。(15)　**血濡縷**儒，下力注反。裴駰曰：「言以匕首試人，血出足以沾濡絲縷，便立死。」(16)　**與忤視**上吾故反，逆。人不敢逆視，〔畏〕其害己。　**改悔**本或作「悛悔」　**而**叱昌一反，呵也。(17)　**漸離**晉　**擊筑**竹音，應邵（劭）曰：「狀似琴而大，頭安絃，以竹擊之，故曰『竹』。」(18)　**濮上**卜音，昔殷紂之樂師師延自投於濮水，後衛靈公聞有異聲音，令師涓寫之，國（因）謂之「濮上之音」。(19)　**垂髮涕泣**言哀音感人，皆魂傷志但（怛），故髮垂而泣下。(20)　**衣題羽聲**本作「衣題羽聲，悽愴慷慨。」　**蒙毅**是蒙恬弟，或作「加」非。(21)　**奉地圖匣**上芳勇反，下胡甲反，小函。(22)　**振慴**之業反　**操其室**執也。言劍長，秦王不得拔出，但合削（鞘）拔之。　**卒起不意**七忽反　**搏之**博　**夏無且**子余反，《史記》曰：「秦王賜之黃金。」(23)　**提軻**上章氏反，擊也；或音直益反，是「擲」字。　**軻廢**廢，頓□也。晉灼曰：「廢，手足不收。」(24)　**箕距**居庶反，安坐。　（斯一四三九）

校記：

(1)「名」字《國策》、《史記》並無。《白帖》卷四匕首「徐夫人匕首」條不引出處，亦作「名利匕首」。

(2)《御覽》引原有注云：「裴駰曰：『言以匕首傷人，血出霑濡絲縷，便立死。』讀如儒也。」

(3)「二十餘人」四字《國策》、《史記》並無，此蓋別有所據。

(4)「濮上」《國策》、《史記》並作「變徵」，姚宏云：「一作『濮上』」，又梁玉繩《志疑》三一云：「風俗通聲音卷引史記作『濮上音』，並同此。

(5)《韓子》卷四〈說難〉：「失龍之為蟲也，柔可狎而騎也，然其喉下有逆鱗徑尺，若人有嬰之者，則必殺之。」「舟書」以下文句譌脫不可解。

(6)「其」字原卷大字，較之《國策》、《史記》，此蓋注「樊於期」也，「其」字乃釋音錯入本文，今正。

(7)「謂」字原譌作「踾」，今據《史記》改正。又「謂委肉」三字原卷爲小字，錯入上條釋文：「於爲」二字原卷爲大字，錯入下條，「搆」字上。《史記》鞠武之言「是謂委肉當餓虎之蹊也」即此注所本，今據改正。

(8)「俛」原譌作「倪」字，今據《史記》及釋文改正。

(9)「濮」字《國策》、《史記》並作「鄴」，釋文音「業」，則「濮」字蓋「鄴」字之形譌。

(10)《國策》作「窺」，《史記》作「闚」，並可通。

(11)「擅兵」原卷形譌作「擽丘」，《史記》云：「彼秦大將擅兵於外而內有大亂」，此蓋注文所本，且釋文「市戰」切「擅」字亦合，今據改正。

(12)此引徐廣、劉向言並見《集解》。「膏」字上原卷有「煞」字，今據《集解》引刪。

(13)《集解》引徐廣曰：「揕音張鴆切。一作『抗』。」「抗」「梲」二字恐並「抌」字之譌，說詳王念孫《讀書雜志》三之五。

(14)「腑」字疑誤，《史記》云：「此臣之日夜切齒腐心也」姚本《國策》「腐」作「拊」，並可通。

(15)吳師道引《後語註》云：「以藥水鑒匕首爲淬」，與釋文本異，蓋非一人之注。此云「劍刃」，恐有脫文，鮑彪云「堅刀刃也」（《說文》十上焠）蓋是。

(16)裴駰云云見《史記集解》，今本重「人」字。又「匕」原卷形譌作「比」，今據《集解》及《御覽》三七五引（詳校(2)）改正。

(17)「叱」字原卷形譌作「比」，《史記》云：「荊軻怒，叱太子曰……」《國策》同，《後語》「叱」上蓋有「而」字，今據改正。

(18)應劭云云見《漢書・高帝紀下》十二年「上擊筑」師古注引（《史記》八《正義》、《國策》吳師道注並出此），原卷「大頭」二字倒，「安」形譌作「要」，今據改正。

(19)「濮上之音」詳載《韓非子》三〈十過〉、《史記》二四〈樂書〉、《論衡・紀妖》，又略見《淮南子》二十〈泰族訓〉。「濮上之音」「濮」字原省譌作「漢」，今據上文及諸書改正。

(20)「垂髮」《國策》、《史記》並作「垂淚」，《風俗通・聲音篇》引（梁氏《志疑》三一），《史記》楓山、三條本（見瀧川氏《史記會注考證》）亦作「垂髮」與《後語》同。

(21)「蒙毅」《國策》、《史記》並作「蒙嘉」，此云「或作『加』」者蓋即指此。「蒙嘉」

《史記》、《漢書》〈鄒陽傳〉敘此事同，他書未見。蒙毅爲始皇寵臣，《史記・蒙恬列傳》云：「（始皇）甚尊寵蒙氏，信任賢之。而親近蒙毅，位至上卿，出則參乘，入則御前。」《後語》蓋亦有據。

（22）「奉」字原卷形譌作「春」今據釋文及《國策》、《史記》改正。

（23）「黃金」二字原作「音令」，《史記》云：「賜夏無且黃金二百溢」蓋形近之譌，茲據改正。

（24）《淮南子》卷六〈覽冥訓〉「往古之時，四極廢，九州裂。」高誘注云：「廢頓也。」又《史記》九二〈淮陰侯列傳〉「項王喑噁叱咤，千人皆廢。」《集解》引晉灼曰：「廢，不收也。」（《漢書》三四師古注引同）收謂振也，《廣雅・釋言》：「收，振也。」

案：本則敘燕太子丹及荊軻刺秦王事，見《史記》八六〈刺客列傳〉、《國策》三一燕王「燕太子升質於秦亡歸」章，釋文本始「鞠武」，依《後語》例，蓋自燕太子丹質秦亡歸燕始，《史記》三四〈燕世家〉繫此於王喜二十三年，《後語》蓋從之。

又案：胡曾《詠史詩》一「易水」陳蓋注引《後語》載太子丹、荊軻事特詳，然考其字句與《御覽》、釋文本所出注皆不合，且事涉怪誕，文辭俚俗，恐已非《後語》原貌。而所敘荊軻刺秦王事，與《史記》、《燕丹子》所載並異，可備一說。又《類林雜說》七感應引《後語》亦稍及「烏頭白，馬生角。」事，又與陳蓋注所引不同。今並附於後，且出校記、案語以說明之。

昔燕太子名丹，入質於秦，秦皇不禮，太子怨。後燕王病，太子請歸侍養，秦王不聽，乃謂曰：「馬生角，乃放子還。」太子志感，馬生角，秦王乃放太子還燕。太子由是怨秦王，謀欲挾客之，謂壯士田光，光曰：「聞騏驥少壯，日行千里，及(1)其老矣，駑馬先之。光今年老，慮不濟事，衛人荊軻志勇，願為太子結之。」太子乃贈千金詔（召）軻，軻喜而行。光謂軻曰：「願速報，太子囑勿泄，光致死以不泄。」乃枳輪而死。軻至燕，燕太子甚敬重之，乃言人（入）秦之事，軻云欲要燕地圖進之，又要秦將樊於期首進。太子曰：「地圖可，於期首不可，但於期事窮投寡人，寡人不忍殺之。」軻乃私謂於期曰：「將軍得罪於秦人，家族盡被奏誅滅，今秦搆（購）千金，邑萬戶，求將軍頭，今願得將軍首并燕地圖進秦王，秦王必喜，軻得近而刺殺之，以報將軍之讎，答燕太子恥。」於期乃自刎，太子聞之，奔往，乃見於期已死矣。太子乃伏屍而哭，悲不勝忍。遂乃以函盛之，詔（召）士十人，以秦武

陽為使。太子與賓餞，送至易水之上，置酒大宴。高漸離擊筑，宋意和之(2)，為壯聲，感悲歌，眾將涕泣，或慷愷髮上衝冠(3)。荊軻至秦，乃進地圖，王乃以御掌接之。武陽捧於期首，盛戰懼，不敢進。軻乃復取進之。秦王又以御掌接之。軻乃擒秦王袖，秦王大驚，軻謂曰：「欲作秦地之鬼？欲作燕國之囚？」秦王懼死，答之「願為燕國囚」，軻乃不煞。秦王謂軻曰：「請與別後宮。」軻許，遂置酒與軻飲。秦宮女乃鼓琴送酒，琴曲中歌云：「軻醉教王掣，御袖越屏走。」軻不會琴音而秦王會之，遂掣袖而走。軻以匕首擊之，不中，中銀柱，火出，軻大笑。秦王左右遂煞荊軻。秦王大怒，後（役）兵伐燕，燕與太子東保遼東，秦將李斯攻之，宋意、燕王乃煞太子，送首於秦。秦王怒，不解圍，遂發大軍併滅六國矣。（胡曾《詠史詩》一「易水」陳蓋注）

燕太子丹使荊軻刺秦王，事敗，秦王怒，興兵虜燕丹入秦拘留，久之，丹求歸，秦王曰：「烏頭白，馬生角，放汝歸。太子丹至館舍，仰而歎，烏頭白；俯而呼，馬生角。秦王聞而異之，遂放還。（《重刊增廣分門類林雜說》七感應。）

校記：

(1)「及」字原形譌作「乃」，茲據《燕丹子》卷中改正。

(2)「宋」字原作「崇」，「和」字原作「知」，並形近之譌，茲據《燕丹子》卷下改正。又「之」字原在下句「壯」字下，文意不明，此亦據《燕丹子》乙正。

(3) 上四句《燕丹子》作「爲壯聲則髮怒衝冠，爲哀聲則士昏流涕。」文意稍明確。又「冠」字下陳蓋注原有「文選云：荊軻擊劎而歌曰『風蕭蕭兮易水寒，壯士一去兮不復還。』士皆淚」二八字。此蓋《後語》無之，而陳氏據《文選》（卷二八）補入也，今刪去。

案：此敘燕太子丹、荊軻事，略見《燕丹子》及《史記》八六〈刺客列傳〉，文辭與《燕丹子》稍近。「烏頭白馬生角」事，又略見《風俗通》二〈正失〉，《論衡·感應》、〈是應〉、《博物志》八。《類林辨說》所引丹囚於秦，在荊軻事敗之後，與陳蓋注及諸書所載異，恐又經小說家改易。而陳蓋所引荊軻刺秦王，乃有秦王與軻飲酒後宮之事，爲《燕丹子》、《史記》所無，此或陳氏據俗說附會者，而《詠史詩》宋崇吉評注又據此爲說云：「夫勇士者懷須其智，先立其功，荊軻雖決烈之心，臨事因循，豈不勞而無功者哉！」則似本有此說，姑存之，可備一說。

十八

榆次(1)　孟聶《史記》作「蓋」，音古盍反。　目攝之式業反，目送之。　句踐上右（古）

侯反　**雖遊於酒人**(2)　（斯一四三九）

校記：

(1) 原卷脫釋文，《正義》曰：「并州縣也。」

(2) 原卷脫釋文，《集解》引徐廣曰：「飲酒之人。」

案：本則倒述荊軻事，見《史記》八六〈刺客列傳〉。

十九

柙中胡甲反　**乃矐**古木反，又角音。謂熢（燻）瞎其目。(1)　**以鉛**羊專反　**朴始皇**上普卜反，猶擊也。(2)　（斯一四三九）

校記：

(1)「矐」字原卷形譌作「矔」，今據《史記》改正。又「古不反」「古」字誤，《集解》音「海各反」，《廣韻》五鐸韻「何各反」。

(2) 此條下原卷尚有「煞智於鑿臺之下徐廣曰：『在楡次。』」一條，此黃歇說秦昭王語，不宜在此，今移於卷八〈楚語〉十二，說詳八〔十二〕校（4）。

案：本則敘始皇統一天下，高漸離刺始皇事。見《史記》八六〈刺客列傳〉，又略見《國策》三一燕三「燕太子丹質於秦亡歸」章。

存疑

一

秦穆公將兄三人囚於內宮。　（《初學記》二〇囚）

案：本則《初學記》始引之，其後《說郛》本、《青照堂叢書》本承之。又王謨《漢魏遺書鈔、春秋後傳輯本》輯此，注云：「一本作春秋後語。」。今以此事他書未見，與史實又不合，考之《史記・始皇本紀》，二世誅殺諸公子，有「公子將閭昆弟三人囚於內宮」事，而斯七一三〈秦秋後秦語下卷第三〉亦及此事，「昆弟」作「兄弟」，適與《初學記》引合。余以爲此乃《初學記》誤引，而後世相因，不知考覈，鄭輯不錄此則，蓋亦有見於此矣。下所列諸條例並同此。

二

晉太史屠黍，見晉之亂，以其國法歸周。　（《御覽》二三五太史令）

案：《說郛》本、《青照堂叢書》本、《王輯》本、《鄭輯》本並收此則。此敘晉國事，見《呂氏春秋》十六〈先識〉、《說苑》十三〈權謀〉，考《御覽》太史令引此則及《國語》二則與《北堂書鈔》五五太史令引《呂氏春秋》、《國語》二則順序文辭並略相同，唯今本《呂氏春秋》所載「見晉之亂」下尚有「見晉公之驕而無德義也」十字，而《書鈔》所引省去，適與《御覽》引本則同。余疑《御覽》所引或即《呂氏春秋》而非《春秋後語》也，今以他書無得徵驗，存疑可也。

三

魏以犀首宮公孫衍　（《七國考》一〈魏職官〉）

案：此文諸書未見。今所見《後語》並以犀首稱公孫衍（詳輯校卷七魏語〔十二〕），《國策》、《史記》亦互見，《史記》七十〈張儀列傳〉云：「犀首者，魏之陰晉人也，名衍，姓公孫氏。」則犀首似其專稱，非官名。以爲官名者始《集解》引司馬彪曰：「犀首，魏官名，若今虎牙將軍。」（餘說詳繆文遠《七國考訂補》頁144）

今未詳董說引此文所自出，姑且存疑。

四

東里子，趙之客卿也。 （《七國考》一〈趙職官〉）

案：本則他書未見，東里未知何人，恐有譌誤。繆文遠《七國考訂補》曰：「史記樂毅傳：『樂毅往來復通燕，燕、趙以爲客卿。』」（頁 116）

五

吳入楚，燒高府之粟，破九龍之鼎。 （《七國考》八〈楚器服〉）

案：此春秋時事，《後語》不當有之；或以戰國時人論述徵引，今未見。繆文遠《訂補》以爲乃《淮南子》二十〈泰族訓〉「闔閭伐楚，五戰入郢，燒高府之粟，破九龍之鐘。」（頁 493）之傳訛。今考于大成師《淮南子校釋》云：「大成案：藝文類聚七十三〔鼎〕引此文『鐘』作『鼎』，是高本，下有注云：『高府，大倉也。形九龍於鼎以爲名，言大鼎也。』是高注，故與今許注本不同。」董說蓋據《類聚》所引《淮南子》而誤作《春秋後語》也。

六

魏惠王擁土千里，帶甲三十六萬。十八年，拔邯鄲，西圍定陽，從十二諸侯朝天子，以西謀秦。秦王恐，衛鞅謂魏王曰：「大王不如先行王服，然後圖齊、楚。」魏王說於衛鞅之言也，故身廣公宮，制丹衣柱，建九斿，從七星之旗。此天子之位也，而魏王處之。於是諸侯伐魏，覆其十萬之軍。 （《七國考》八〈魏器服〉）

案：本則見《國策》十一齊五「蘇秦說齊閔」章，文較略。董說《七國考》引此，他書未徵引，今以敦煌本及《後語》體例考之，恐非《後語》文字。今所見伯二五八九號寫卷尚存《後語》原貌，魏惠王前後之事詳卷七〔九〕〔十〕〔十一〕三則，而未見此事，知必非〈魏語〉明矣。若以《國策》所載，乃蘇秦說齊閔王語又非。蘇秦合縱遊說諸國並見卷四〈趙語〉上，其在齊、燕之間事又詳卷九〈齊語〉、卷十〈燕語〉。〈趙語〉今有伯三六一六號寫卷，乃《後語》原缺，未見此文；〈齊語〉、〈燕語〉有斯一四三九釋文本，經還原亦無此事。諸祖耿《國策彙考》（頁 640）以此爲蘇代說齊閔王事，《後語》載蘇代事並見〈齊語〉、〈燕語〉，亦未見。則《後語》當無此文可知。董說引此並注云「亦見國策」，知此文當非董說誤引，蓋董說著《七國考》，多非徵引原書（說詳繆文遠《七國考訂補》自序），此或承他書轉引，未辨其眞僞耳。

輯佚書目及版本

本輯校所用素材如敦煌《後語》殘卷及諸輯本，已見研究篇中。此所列乃類書、古注、佛教經疏、地理志、童蒙書等，凡引及《後語》而有獨得或足爲參校者。茲略依類別排列之，而類別之中又以撰述先後爲次。

1. 《聖賢群輔錄》（一名「四八目」），晉・陶淵明，文光出版社《藝文類聚》所附類書景覆刻汲古閣《陶淵明集》本，民國 63 年 8 月初版。
2. 《初學記》，唐・徐聖，鼎文書局景點校本，民國 61 年 9 月量初版。
3. 《白氏六帖事類集》，唐・白居易，新興書局景宋紹興刊本，民國 58 年 5 月新一版。
4. 《琱玉集》，撰者不詳，文光出版社《藝文類聚》所附類書景《古逸叢書本》，民國 63 年 8 月初版。
5. 〈伯二○七二〉、〈伯五五四四殘類書〉，撰者不詳，文化大學中研所藏膠卷影本
6. 《類林雜說》，唐・于立政撰，金・王朋壽增廣，新興書局《筆記小說大觀》三十編第九冊景劉氏嘉業堂刊本，民國 68 年 10 月。
7. 《太平御覽》，宋・李昉，平平出版社景《四部叢刊》三編本，民國 64 年 6 月初版
8. 《事類賦注》，宋・吳淑，新興書局景明刊本，民國 61 年 4 月。
9. 《皇朝類苑》（一名「宋朝事實類苑」），宋・江少虞，中文出版社景董康刊本，1981 年 10 月再版。
10. 《文選》，唐・李善注，石門圖書公司景南宋淳熙八年尤袤刻本，民國 65 年 1 月。
11. 《史記》，劉宋・裴駰集解，唐・司馬貞索隱，唐・張守節正義，鼎文書局景中華書局點校本，民國 74 年 3 月 7 版。

12. 《荀子》，唐・楊倞注，清王先兼集解，世界書局《新編諸子集成》二，民國 72 年 4 月新四版。
13. 《新彫注胡曾詠史詩》，唐・胡曾撰，唐・陳蓋注，五代・米崇吉評注，商務印書館《四部叢刊續編》，景鐵琴銅劍樓影宋鈔本，民國 65 年 6 月臺二版。
14. 《帝範注》，唐・李世民，注者不詳，藝文印書館《百部叢書》景《粵雅堂叢書》本，民國 54 年。
15. 《說文解字繫傳通釋》，南唐・徐鍇，商務印書館《四部叢刊》初編本，民國 64 年 6 月臺三版。
16. 《戰國策》，漢・高誘注，宋・姚宏續注，藝文印書館景讀未見齋刊本〔士禮居本〕，民國 63 年 3 月三版。
17. 《戰國策校注》，宋・鮑彪注，元・吳師道補正，商務印書館《四部叢刊》初編景元至正刊本，民國 64 年 6 月臺三版。
18. 《一切經音義》，唐・釋慧琳，六通書局景《高麗藏》，民國 59 年 4 月初版。
19. 《止觀輔行傳弘決》，（一名「輔行記」），唐・釋湛然。
（1）明崇禎十年～十二年嘉興楞嚴寺刊本（藏中央圖書館「善本室」）。
（2）新文豐出版社景日本《大正藏》排印本（四六冊）。
20. 《宏決外典鈔》日本・具平親王，日本寶永六年京都書林刊本（1709）（藏故宮圖書館「觀海堂藏書」）。
21. 《涅槃玄義發源機要》，宋・釋智圓，新文豐出版社景日本《大正藏》排印本（38 冊）。
22. 《萬松老人評唱天童覺和尚頌古簌容庵錄》，宋・正覺頌古，元・行秀評唱，新文豐出版社景日本《大正藏》排印本（48 冊）。
23. 《祖庭事苑》，宋・陳善卿，中國佛教會影印卐續藏經委會，《卍續藏經》（113 冊），民國 60 年。
24. 《三教指歸覺明注》，
案：此本未見，凡稱引此書，並承新美寛、鈴木隆一輯《本邦殘存典籍による輯佚資料集成・同續》，日本京都、京都大學人文科學研究所，昭和 43 年 3 月（1968）。
25. 《元和郡縣圖志》，唐・李吉甫撰，賀次君點校，中華書局，1983 年 6 月一版。
26. 《太平寰宇記》宋・樂史，文海出版社，景明嘉靖八年（重刊序）刊本，民國 60～民國 70 年。
27. 《蒙求》，唐・李瀚，日本古鈔卷子改裝本（平安末）（藏故宮圖書館「觀海堂藏書」)。

28. 《長短經》,唐・趙蕤,藝文印書館百部叢書景《讀書齋叢書》周廣業校勘本,民國 57 年。

29. 《七國考》,明・董說,世界書局景點校本,民國 52 年 4 月二版。

參考及引用書目

凡例

△ 本書目收錄以主要參閱及徵引爲限，凡屬索引等工具書並從省。

△ 本書目先分著作及論文兩部分：著作以下分經學、史學、子學、類書、敦煌學及其它共六類，近人研究例列該子目之後，論文不分類，依中文、日文、法文列出。

△ 凡作者係清代以前人物，例先列其朝代名，民國以後者從省。

△ 凡論著撰述在三人（含）以上者，例列其代表，餘並從省。

△ 中文、西文出版年月，一依該書所用紀年，日本紀年則改爲西元。

△ 本論文所引用書如無標明版本，例指首列書。

一、著　作

（一）經學類

1. 《尚書正義》，漢・孔安國傳，唐・孔穎達正義，藝文印書館景《十三經注疏》本，民國 70 年元月八版。
2. 《毛詩正義》，漢・毛亨傳，鄭玄箋，唐・孔穎達正義，藝文印書館景《十三經注疏》本，民國 70 年元月八版。
3. 《周禮注疏》，漢・鄭玄注，唐・賈公彥疏，藝文印書館景《十三經注疏》本，民國 70 年元月八版。
4. 《禮記正義》，漢・戴德撰，鄭玄箋，唐・孔穎達正義，藝文印書館景《十三經注疏》本，民國 70 年元月八版。
5. 《春秋左傳正義》，晉・杜預注，唐・孔穎達正義，藝文印書館景《十三經注疏》本，民國 70 年元月八版。
6. 《論語集解義疏》，魏・何晏集解，梁・皇侃義疏，世界書局，民國 69 年 5 月三版。

7. 《孟子注疏》，漢・趙岐注，宋・孫奭疏，藝文印書館景《十三經注疏》本，民國70年元月八版。
8. 《焦氏易林》，漢・焦延壽，商務印書館景《四部叢刊》初編本，民國64年6月臺三版。
9. 《經典釋文韻編》，唐・陸德明撰，潘師石禪主編韻編，國學整理小組。
10. 《經典釋文敘錄疏證》，吳承仕，崧高書社，民國74年4月。
11. 《方言》，漢・楊雄撰，晉・郭璞注，商務印書館景《四部叢刊》初編本，民國64年6月臺三版。
12. 《廣雅疏證》，魏・張揖撰，清・王念孫疏證，鼎文書局，民61年9月初版。
13. 《急就篇》，漢・史游撰，唐・顏師古注，商務印書館景《四部叢刊》續編本，民國65年6月臺二版。
14. 《說文解字注》，漢・許愼撰，清・段玉裁注，藝文印書館，民國68年6月五版。
15. 《玉篇索引》，（大廣益會玉篇、原本玉篇零卷、玉篇索引），南朝・顧野王撰，潘師石禪主編韻編，國學整理小組。
16. 《釋名》，漢・劉熙，育民出版社景明嘉靖三年刊本，民國59年9月。
17. 《宋本廣韻》宋・陳彭年，民國・林尹校訂，黎明文化事業公司，民國70年9。月四版。
18. 《集韻》，宋・丁度，中華書局景《四部備要》本，民國59年1月臺二版。
19. 《經義考》清・朱彝尊，商務印書館文淵閣《四庫全書》本（冊677～680），民國75年3月初版。
20. 《經義考目錄》，羅振玉，廣文書局《書目續編》，民國57年。
21. 《經傳釋詞》，清・王引之，華聯出版社，民國58年元月。
22. 《說文通訓定聲》，清・朱駿聲，京華書局，民國59年10月。
23. 《碑別字新編》秦公，文物出版社。

（二）史學類

1. 《史記》，漢・司馬遷撰，劉宋・裴駰集解，唐・司馬貞索隱，唐・張守節正義，鼎文書局景點校本，民國74年3月七版。
2. 《史記附編》（(1) 校刊史記集解索隱正義札記，清・張文虎，(2) 史記書錄，賀次君，(3) 張森楷年譜，楊家駱），鼎文書局，民國70年9月二版。
3. 《史記三家注》，（同前），商務印書館百衲本景宋慶元黄善夫刊本，民國56年7月臺一版。
4. 《史記三家注》，（同前），清・張照考證，藝文印書館景武英殿本。
5. 《史記新校注稿》，張森楷，中國學典館復館籌備處景楊家駱家藏手稿本，民國56年10月初版。

6. 《史記志疑》，清・梁玉繩，學生書局景光緒十三年廣雅書局刻本，民國 57 年 7 月。
7. 《史記會注考證》，日人・瀧川龜太郎，洪氏出版社，民國 66 年 5 月五版。
8. 《史記會注考證訂補》，施之勉，華岡出版有限公司，民國 65 年 5 月。
9. 《史記斠證》，王叔岷，中央研究院歷史語言研究所，民國 72 年 10 月。
10. 《漢書》，漢・班固撰，唐・顏師古注，鼎文書局景點校本，民國 72 年 10 月五版。
11. 《後漢書》，劉宋・范曄撰，唐・李賢注，鼎文書局景點校本，民國 70 年 4 月四版。
12. 《三國志》，晉・陳壽撰，劉宋・裴松之注，鼎文書局景點校本，民國 73 年 6 月五版。
13. 《三國志附編》鼎文書局，民國 70 年 12 月二版。
(1)《魏略輯本》，魏・魚豢撰，清・張鵬一輯。
(2)《三國新志》，劉公任。
(3)《三國志人名錄》，王祖彝。
(4)《三國志裴注引用書目》，王祖彝。
14. 《晉書》，唐・房玄齡，鼎文書局景點校本，民國 72 年 7 月四版附：
(1)《晉書音義》，唐・何超
(2)《九家舊晉書及晉諸公別傳輯本》，清・湯球輯
(3)《十六國春秋輯補》，清・湯球輯補
(4)《十六國春秋纂錄校本》，清・湯球輯，清・吳翊寅校
(5)《三十國春秋輯本》，清・湯球輯。
15. 《晉書斠注》，清・吳士鑑、劉承幹，新文豐出版社，民國 64 年 6 月初版。
16. 《補晉書藝文志》，清・文廷式，開明書局《二十五史補編》冊三（據宣統元年湖南排印本），民 48 年 6 月臺一版。
17. 《補晉書藝文志》，清・丁國鈞撰，丁辰注，開明書局《二十五史補編》冊三（據宣統元年湖南排印本），民 48 年 6 月臺一版。
18. 《魏書》，北齊・魏收，鼎文書局景點校本，民國 72 年 12 月四版。
19. 《隋書》，唐・魏徵，鼎文書局景點校本，民國 72 年 12 月四版。
20. 《隋書經籍志考證》，清・章宗源，開明書局《二十五史補編》冊四（據湖北崇文書局刻本），民 48 年 6 月臺一版。
21. 《隋書經籍志考證》，清・姚振宗，開明書局《二十五史補編》冊四（據快閣師玉山房稿本），民 48 年 6 月臺一版。
22. 《舊唐書》，後晉，劉昫，鼎文書局景點校本，民國 72 年 12 月四版。
23. 《新唐書》，宋・歐陽修，鼎文書局景點校本，民 48 年 6 月臺一版。
24. 《宋史》，元・脫脫，鼎文書局景點校本，民國 72 年 11 月 3 版。

25. 《國語》，周・左丘明撰，吳・章昭注，漢京文化事業公司，民國 72 年 12 月。
26. 《左傳事緯》，清・馬驌，商務印書館文淵閣《四庫全書》本（冊 175），民國 75 年 3 月初版。
27. 《古本竹書紀年輯證》，方詩銘、王修齡，華世出版社，民國 72 年 2 月影印初版。
28. 《世本八種》，漢・宋衷注，清・秦嘉謨等輯，西南書局，民國 63 年 1 月初版。
29. 《戰國策》，漢・劉向集錄，里仁書局景上海古籍出版社匯注姚宏、鮑彪、吳師道、黃丕烈校本，民國 71 年 1 月。
30. 《戰國策》，漢・高誘注，宋・姚宏續注，藝文印書館景士禮居本，民國 63 年 3 月三版。
31. 《戰國策校注》，宋・鮑彪注，元・吳師道補正，商務印書館景《四部叢刊》續編本，民國 64 年 6 月臺三版。
32. 《戰國策集注彙考》諸祖耿，江蘇古籍出版社，1986 年。
33. 《戰國策研究》，鄭良樹，學生書局，民國 71 年 3 月增訂三版。
34. 《戰國紀年・戰國策釋地》，清・林青溥，清・張琦，世界書局，民國 51 年 8 月初版。
35. 《周季編略》，清・黃式三，國防研究院・中華大典編印會，民國 56 年臺初版。
36. 《六國紀年表・六國紀年表考證》，陳夢家，學海出版社景 1955 年學習生活出版本推本。
37. 《帝王世紀輯本》，晉・皇甫謐撰，清・顧觀光輯，藝文印書館《百部叢書》景《指海》本，民國 56 年。
38. 《春秋後傳輯本》，晉・樂資撰，清・王謨輯，藝文印書館《百部叢書》景《漢魏遺書鈔》，民國 59 年 4 月。
39. 《大事記》，宋・呂祖謙，藝文印書館百部叢書景「金華叢書」，民國 57 年
40. 《繹史》，清・馬驌，廣文書局，民國 58 年 1 月初版。
41. 《七國考訂補》，明・董説撰，民國・繆文遠訂補，上海古籍出版社，1987 年 4 月。
42. 《資治通鑑外紀》，宋・劉恕，商務印書館景《四部叢刊》縮印明刊本，民國 64 年 6 月。
43. 《資治通鑑》，宋・司嬰光編撰，胡三省注，洪氏出版社，民國 69 年 10 月修訂再版。
44. 《通鑑紀事本末》，宋・袁樞，華世出版，民國 65 年 5 月初版。
45. 《古列女傳》，漢・劉向，商務印書館景《四部叢刊》初編景明刊本，民國 64 年 6 月臺三版。
46. 《高士傳》，晉・皇補謐，新興書局《筆記小説大觀》四編冊一，民國 63 年 7 月。

47. 《孔氏祖庭廣記》，金・孔元楷，廣文書局景蒙古王寅年（宋淳熙二年）刊本，民國 57 年 12 月初版。
48. 《孔子世家譜》，清・孔尚任，國立中央圖書館，民國 58 年 7 月初版。
49. 《闕里文獻考》，清・孔繼汾，中國文獻出版社，民國 55 年 9 月初版。
50. 《元和姓纂》，唐・林寶，中文出版社景《四庫全書》本，民國 65 年 6 月。
51. 《元和姓纂四校記》岑仲勉，台聯國風出版社（中央研究院歷史語言研究所專刊二九），民國 64 年 11 月再版。
52. 《元和郡縣圖志》，唐・李吉甫，民國・賀次君點校，中華書局，1983 年 6 月第一版。
53. 《讀史方輿紀要》，清・顧祖禹，洪氏出版社，民國 70 年 1 月再版。
54. 《通典》，唐・杜佑，新興書局景殿本，民國 54 年 10 月。
55. 《文獻通考》，元・馬端臨，新興書局景殿本，民國 54 年 10 月。
56. 《史通釋評》，唐・劉知幾撰，清・浦起龍釋，民國・呂思勉評，華世出版社，民國 70 年 11 月新版。
57. 《中國史學史》，金毓黻，鼎文書局，民國 75 年 3 月六版。
58. 《中國史學史稿》，劉節，弘文館，民國 75 年 6 月初版。
59. 《兩晉史部遺籍考》，廖吉郎，嘉新水泥公司，民國 59 年 6 月初版。
60. 《大理古代文化史稿》，徐嘉瑞，明文書局，民國 71 年 4 月初版。
61. 《國史史料學》，崧高書社編輯部，崧高書社，民國 74 年 8 月。
62. 《史諱舉例》，陳垣（新會），文史哲出版社景排印本，民國 63 年 9 月。
63. 《歷代人物年里碑傳綜表》，姜亮夫纂定，陶秋英校，文史哲出版社，民國 74 年 2 月再版。
64. 《中國古代史籍校讀法》，張舜徽，地平線出版社（原 1962 年中華書局出版），民國 61 年 2 月初版。
65. 《日本國見在書目錄》，日本・藤原佐世，藝文印書館《百部叢書》景《古逸叢書》本，民國 54。
66. 《崇文總目輯釋》，宋・王欽若撰，清・錢侗輯，華聯出版社《粵雅堂叢書》第十五集，民國 54 年 5 月。
67. 《直齋書錄解題》，宋・陳振孫，廣文書局《書目續編》，民國 57 年三月初版。
68. 《史略・子略》，宋・高仙孫，廣文書局《書目續編》，民國 57 年三月初版。
69. 《通志略》，宋・鄭樵，里仁書局景何天馬校本，民國 71 年 8 月臺一版。
70. 《四庫全書總目》，清・紀昀，藝文印書館，民國 68 年 12 月五版。
71. 《日本訪書誌》，清・楊守敬，廣文書局《書目叢編》，民國 56 年 8 月初版。

（三）子學類

1. 《孫子》，魏・曹操等十家注，世界書局《新編諸子集成》八，民國 72 年 4 月新四版。
2. 《商君書》，清・嚴萬里校正，世界書局《新編諸子集成》五，民國 72 年 4 月新四版。
3. 《荀子集解》，唐・楊倞注，清・王先謙集解，世界書局《新編諸子集成》二，民國 72 年 4 月新四版。
4. 《韓非子集釋》，陳奇猷集釋，世界書局，民國 70 年 3 月三版。
5. 《韓非子集解》，清・王先愼集解，世界書局《新編諸子集成》五，民國 72 年 4 月新四版。
6. 《呂氏春秋校釋》，陳奇猷校釋，華正書局，民國 74 年 8 月初版。
7. 《呂氏春秋》，漢・高誘注，藝文印書館，民國 63 年元月三版。
8. 《呂氏春秋集釋》許維遹集釋，鼎文書局，民國 73 年 10 月二版。
9. 《燕丹子》，撰者不詳，清孫星衍校，民國楊家駱注，世界書局《新編諸子集成》八，民國 72 年 4 月新四版。
10. 《韓詩外傳》，漢・韓嬰，新興書局《筆記小説大觀》三編冊一景明程榮校本，民國 63 年 5 月。
11. 《淮南子》，漢・劉安撰，高誘注，世界書局《新編諸子集成》七，民國 72 年 4 月新四版。
12. 《淮南許注異同詁》，清・陶方琦，文海出版社《國學集要》二編第十八景光緒十年續補本，民國 56 年 8 月臺初版。
13. 《淮南子論文集》，于大成，木鐸出版社，民國 64 年。
14. 《淮南子論三種》，于大成，文史哲出版社，民國 64 年。
15. 《説苑疏證》，漢・劉向撰，趙書詒疏證，文史哲出版社景華東師大排印本（題作「趙善治」），民國 75 年 10 月臺一版。
16. 《新序》，漢・劉向，新興書局《筆記小説大觀》三編冊一景明程榮校本，民國 63 年 5 月。
17. 《論衡》，漢・王充，世界書局《新編諸子集成》七，民國 72 年 4 月新四版。
18. 《鹽鐵論》，漢・桓寬，世界書局《新編諸子集成》二，民國 72 年 4 月新四版。
19. 《風俗通義校注》，漢・應劭撰，民國・王利器校注，明文書局，民國 71 年 4 月初版。
20. 《孔子家語》，魏・王肅注，世界書局《新編諸子集成》二，民國 72 年 4 月新四版。
21. 《博物志校證》，晉・張華撰，民國・范寧校證，明文書局，民國 73 年 7 月再版。
22. 《魏晉世語輯本》，晉・郭頒
(1) 商務印書館景文淵閣《四庫全書》《説郛》卷五九上，民國 75 年 3 月初版

（2）廣文書局《五朝小說大觀》二，民國 68 年 5 月初版。

23. 《世說新語箋疏》，劉宋・劉義慶撰，梁・劉孝標注，民國余嘉錫箋疏，王記書坊景北京中華書局排印本，民國 73 年 10 月。

24. 《異苑》，劉宋・劉敬叔，藝文印書館《百部叢書》《學津討原》本，民國 54 年。

25. 《顏氏家訓集解》，北齊・顏之推撰，民國・王利器集解，明文書局，民國 71 年 2 月初版。

26. 《帝範》，唐・李世民，藝文印書館《百部叢書》
（1）《粵雅堂叢書》本（景成豐伍崇曜刊本），民國 54 年。
（2）《聚珍版叢書》本（《永樂大典》輯本）民國 58 年。

27. 《蒙求》，唐・李瀚
（1）卷子改裝本（藏故宮博物院圖書館觀海堂藏書）。
（2）龜田本，藝文印書館《百部叢書》景《畿輔叢書》本，民國 55 年。
（3）日本國會藏增廣本，中文出版社，1979 年 10 月再版。
（4）徐子光補註本，藝文印書館《百部叢書》景《學津討原》本，民國 54 年。

28. 《長短經》，唐・趙蕤，藝文印書館《百部叢書》景《讀畫齋叢書》，周廣叢校勘本，民國 57 年。

（四）類書類

1. 《北堂書鈔》，唐・虞世南，清・孔廣陶校，宏集書局景光緒十四年刊本，民國 63 年 10 月。

2. 《藝文類聚》，唐・歐陽詢，文光出版社景 1965 年 11 月中華書局汪紹楹校本，民國 63 年 8 月初版。

3. 《白氏六帖事類集》，唐・白居易，新興書局景安紹興刊本，民國 58 年 5 月新一版。

4. 《白孔六帖》，唐・白居易，宋・孔傳，新興書局景明嘉靖刊本，民國 65 年 10 月。

5. 《秘府略》日人・滋野貞主，日本東京續群書類從完成會排印本（第參拾輯下），1928 年 7 月（藏中央圖書館「日韓室」）。

6. 《太平御覽》，宋・李昉，平平出版社景《四部叢刊》三編本，民國 64 年 6 月初版。

7. 《冊府元龜》，宋・王欽若，大化書局景明崇禎十五年刊本，民國 73 年 10 月初版。

8. 《皇朝類苑（一名《宋朝事實類苑》）》，宋・江少虞，中文出版社景董康刊本，1981 年 10 月再版。

9. 《玉海》，宋・王應麟，華聯出版社景元後至元三年慶元路儒學刊本，民國 56 年 3 月再版。

10. 《事文類聚前集、後集、續集、別集、外集、新集、遺集》，宋・祝穆，元・富大用、祝淵，中文出版社，1982 年 12 月。
11. 《古今合璧事類備要》，宋・謝維新、虞載，新興書局景明嘉靖刊本，民國 58 年 10 月新一版。
12. 《韻府群玉》，元・陰幼遇，商務印書館景文淵閣《四庫全書》（冊 951），民國 75 年 3 月初版。
13. 《永樂大典（殘）》，明・解縉，世界書局，民國 51 年 2 月初版。
14. 《天中記》，明・陳耀文，藝文印書館《叢書集成》三編《續聚珍版叢書》，民國 61 年 6 月。
15. 《廣博物志》，明・董斯張，新興書局景明萬三五年刊本，民國 61 年 2 月。
16. 《敦煌本古類書語對研究》，王三慶，文史哲出版社，民國 74 年 6 月山版。
17. 《類書流別》，張滌華，大立出版社，民國 74 年 4 月。
18. 《中國古代的類書》，胡道靜，中華書局，1982 年 2 月第一版。

（五）敦煌學類

1. L. Giles, Descriptive Catalogue of the Chinese Manuscripts from Tunhuang in the Bri-tish Museum, London, 1957.
2. 《敦煌遺書總目索引》，王重民，源流出版社（原 1962 年 5 月北京商務印書館），民國 71 年 6 月初版。
3. 《鳴沙石室佚書》，羅振玉，宸翰樓影刊本（原藏中國文化大學圖書館）。
4. 《敦煌古籍敘錄》，王重民，木鐸出版社（原 1958 年 6 月北京商務印書館），民國 70 年 4 月倫敦博物館敦煌漢文寫卷顯微膠卷（斯一～六九八〇），文化大學中文研究所藏。
5. 《巴黎國民圖書館藏敦煌漢文寫卷顯微膠卷》（伯二〇〇一～四八〇〇）中央圖書館善本書室藏。
6. 《敦煌寶藏》，一～四輯，黃永武，新文豐出版社，民國 70 年 9 月～75 年 8 月。
7. 《敦煌俗字譜》，潘石禪，石門圖書公司，民國 69 年 8 月。
8. 《敦煌學概要》，蘇瑩輝，國立編譯館中華叢書編審委員會，民國 70 年 10 月增訂再版。
9. 《敦煌論集》，蘇瑩輝，學生書局，民國 72 年 6 月修訂三版。
10. 《敦煌論集續編》，蘇瑩輝，學生書局，民國 72 年 6 月初版。
11. 《敦煌吐蕃文獻選》，王堯・陳踐譯注，四川民族出版社，1983 年 8 月一版。
12. 《講座敦煌六——敦煌胡語文獻》，東京大學出版社，1985 年 8 月。
13. 《1983 年全國敦煌學術討論會文集（文史・遺書編）上》，敦煌文物研究所，甘肅人民出版社，1987 年 3 月第一版。
14. 《敦煌學研究論著目錄》，鄭阿財・宋鳳五，漢學研究資料及服務中心，民國 76 年 4 月。

15. 《羅振玉敦煌學析論》，林平和，文史哲出版社，民國 77 年 3 月初版。

（六）其　它

1. 《楚辭補註》，漢・高誘注，宋・洪興祖補註，藝文印書館景《惜陰軒叢書》本，民國 57 年 11 月三版。
2. 《文選》，唐・李善注，藝文印書館景清嘉慶十四年胡克家刊本，民國 56 年 10 月 5 版。
3. 《文心雕龍注》，梁・劉勰，民國・范文瀾注，開明書局，民國 58 年 8 月 7 版。
4. 《説郛》，元・陶宗儀編，明・陶珽重編並續
   （1）清順治丁亥（四年）兩浙督學李際期刊本（藏中央圖書館善本書室）。
   （2）《四庫全書》本，商務印書館景文淵閣本，民國 75 年 3 月初版。
5. 《説郛考》，昌彼得，文史哲出版社，民國 68 年 12 月初版。
6. 《青照堂叢書》，清・劉學寵，清刊本（藏中央研究院傅斯年圖書館）。
7. 《漢魏遺書鈔》，清・王謨，藝文印書館《百部叢書》景印，民國 59 年 4 月。
8. 《黃氏逸書考》，清・黃奭，藝文印書館《百部叢書》景印，民國 61 年 6 月。
9. 《玉函山房輯佚書》，清・馬國翰，中文出版社，1979 年 9 月。
10. 《全上古三代秦漢三國六朝文》，清・嚴可均輯，中文出版社，1981 年 6 月三版。
11. 《本邦殘存典籍による輯佚資料集成同續》，日人・新美寬・鈴木隆一，京都大學人文科學研究所，1968 年 3 月。
12. 《讀書雜誌》，清・王念孫，洪氏出版社，民國 65 年 9 月。
13. 《雪堂校勘群書敘錄》，羅振玉，大通書局，《羅雪堂先生全集》，四編，民國 61 年 12 月。
14. 《仰風樓文集初編》，楊家駱，台北市楊門同學會，民國 60 年 1 月。
15. 〈倫敦博物館敦煌書〉，羅福萇，《國學季刊》一・一，頁 160～187，民國 12 年 1 月，台灣學生書局 56 年 2 月景印。
16. 〈巴黎圖書館敦煌書目〉，羅福萇，《國學季刊》一・四，頁 717～749，民國 12 年 12 月，台灣學生書局 56 年 2 月景印。
17. 〈倫敦所藏敦煌卷子經眼目錄〉，向達，《北平圖書館季刊》新一卷四期，頁 397～419，1939 年 12 月（收入明文出版社《唐代長安與西域文明》頁 195～239，民國 71 年 10 月再版）。
18. 〈六百號敦煌無名斷片的新標目〉，黃永武，漢學研究一・一，民國 72 年 6 月。
19. 〈春秋後語輯校〉，鄭良樹，《書目季刊》四・四頁 9～35，民國 59 年 6 月。
20. 〈敦煌藏文寫本手卷研究近況綜述〉，王堯，《中華文史論叢》，1984 年第二輯。
21. 〈P.T.1291 號敦煌藏文文書譯解訂誤〉，馬明達，《敦煌學輯刊》六，頁 14～26，1984 年 11 月。
22. 〈敦煌卷子俗寫文字與俗文學之研究〉，潘石禪，《敦煌變文論集》，頁 279～

322，石門圖書公司，民國70年12月初版。

23. 〈聖賢群輔錄新箋〉，潘石禪，《新亞書院學術年刊》七，收入《藝文類聚》，頁2307～2337。
24. 《史記屈原賈生列傳疏證》，金榮華，《師大國研所集刊》九，民國54年6月。
25. 《淮南子校釋》，于大成，師大國研所研究生畢業論文，民國58年7月。
26. 《講史與詠史詩》，張政烺，《中研院史語所集刊》十（頁601～645），中研院史語所員工福利委員會出版，民國60年1月再版。
27. 〈史記索隱引書考略〉，程金造，《國立北平圖書館館刊》十、一～三，民國25年2～6月，學生書局民國56年影印。
28. 〈今存三國兩晉經學遺籍考〉，簡博賢，師大國研所博論，民國69年6月。
29. 〈經驗與材料——斠讎學問題之一〉，王叔岷，《文史哲學報》九，民國59年1月。
30. 〈談輯佚書〉，于大成，《木鐸》一，民國61年9月。
31. 〈日本國見在書目錄考〉，日人．狩野直喜，藝文一、一，1910年4月（收入江俠奄編譯《先秦經籍考》下冊頁282～288，新欣出版社，民國59年9月初版）。
32. 〈弘決外典鈔引書考並索引〉，日人．尾崎康，斯道文庫論集三，頁299～328，1964年3月。
33. 〈帝範臣軌源流考附校勘記〉，日人．阿部隆一，斯道文庫論集七，頁171～289，1969年10月。
34. YOSHIRO IMAEDA（今枝由郎）,L'IDENTIFICATION DE L'ORIGINAL CHINOIS DV PELLIOT TIBETAIN 1291- TRADUCTION TIBETAINE DU ZHANGUOCE 戰國策. A. TA. ORI-ENTALIA ACADEMIAE SCIENTIARUM HUNG. TOMUS XXXIV （1-3）, 53-68. 1980.
35. R.A.STEIN, TIBETICA ANTIQUA I –LES DEUX VOCABULAIRES DES TRADUCTIONS INDO-TIBETAINE ET SINO-TIBETAINE DANS LES MANUSCRITS DE TOUEN-HOUANG. PARIS. BULLETIN DE I'CECOLE FRANCAISE D'EXTREME-ORIENT. TOME LXXII, 149-236. 1983.